板垣鷹穂著

建築

武蔵野美術大学出版局

目次

凡例

板垣鷹穂『建築』は、一九四二（昭和一七）年一〇月に育生社弘道閣より刊行された。本書はその復刊である。

復刊にあたって、あきらかな誤植を訂正し、新字体・現代かなづかいにあらため、読みづらい漢字はルビを付すか、適宜ひらがなに直した。ただし、カタカナ表記は原著を踏襲し、「ヴティカノ」「ジェスキタ」など現在では使用しない独特な表記をそのまま残した。「ガラス」「グラス」など表記の混在があるのはそのためである。

文中には差別的な表現もみられるが、著者は故人であり、あえて発表当時のままとした。

写真図版、註、〔 〕の補足説明、ルビは原著にはなく、弊社編集の判断により補ったものである。

板垣哲子氏、竹内禮子氏、酒井道夫氏、髙橋節子氏、長谷川堯氏には、貴重な資料をご提供いただいた。書影は山田能弘氏の撮影による。

翻訳にあたっては、秋山聰氏、沢良子氏、志郎匠子氏、高市美千佳氏、長尾重武氏、安松みゆき氏のご協力を得た。

建築

階段

一

劇場と映画館とは似たような興行建造物であるが、考えかたによっては正反対な性質の建物だともいえる。しかし、専門技術上の諸問題は別として、観衆の心理に深く関係している点を拾い出すとすれば、それは階段の使いかたである。

映画を享楽する現代の都市生活者は、遊歩道を歩いたままの気持で映画館に入る場合が多い。舗道の大衆が自然と切符売場に吸い寄せられるのであるから、街路と映画館の入口とは連続していなければならない。したがって、両者の間に明瞭な境界を画するような階段は、ないほど都合が良いのである。

ところが、その反対に劇場は、なるべく堂々とした大階段を必要とする。日常の街路からまったく切り離された雰囲気を愛するとともに、伝統的な格式をできるだけ誇示しようとするからである。

服装をととのえて劇場にゆくものは、正面の階段を昇るときにまず一種の悦びを経験する。階段は観劇のプレリュードであるから、傾斜ゆるく、肉体の負担にならない限り、観衆の心にある程度の期待感と、少しばかりの誇りとを与える。

劇場建築のクラシックとしていつでも引き合いに出されるパリのオペラ座＊が建物として旅行者の記憶に残る部分は、恐らく、あの劇場の外と内とを飾る二つの大掛りな階段であろう。交通の殊更に錯雑している広場から華やかな劇場の雰囲気を画然と分かつものは外部の正面階段であり、観衆を導いて伝統的な格式を誇る客席に案内するものはホールの装飾階段である。

二

昔の「東宮御所」が完成した頃私はまだ子供であった。夜のシャンデリアの美しくともった室々を隈なく拝観しながら、子供心にはしなくも、活動写真に出て来る王様の御殿を思い出していた。三〇年の遠い昔ではあるが、大人になってから外遊中にみた欧州諸国の宮殿よりも印象はかえって鮮やかであるし、数々の調度の類まで記憶に残っているのである。中でも、色々の大理石に装われた階段と緋の絨毯を敷きつめた広間とは、不思議な思い出を止めている。拝観していた美しい夫人達は、この広間まで来ると、あたかも緑の草原を悦ぶ少女のように、快い感激の声をたてて膝を折り、

＊オペラ座
L'Opéra, Paris

絨毯を撫でながら色彩の美しさを味わっていた。

貴族階級が文化を統制していた時代のフランスでは、正面の車寄せに向かう階段は賓客を接待する役割を帯びていた。馬車から降りた賓客は階段を昇り廊下を通って、自分に提供された居室に導かれるのである。まず、厳しい館の外観をみてから入口で馬車を降りると、迎えるように正面の階段が儀式的なポーズをとっている。その階段を昇ったあたりから建築装飾も次第に柔味を増し、居室に入ると中にはアンティームな気分がただよっていて、客の心を和やかに包んでくれる。館の外観から居室の中までに、建築装飾の調子が少しずつぼかされながら変わってゆくのである。そして、賓客の心を車寄せから居室に伴う一番主だった接待役は、正面の階段が受け持っているのである。

『会議は踊る』という映画があった。小間物屋の店で女友達仲間と戯れているリリアン・ハーヴェーが、迎えの馬車に乗って離宮に案内される。彼女の歌う Das gibt's nur einmal〔ただ一度だけ〕の歌は馬車の移動につれて、市場のところでは群衆の混声となり、市の入口を固める兵士の前では男声となり、洗濯女の働く川辺では女声となり、離宮の門前では遊ぶ子供の声となり、コーラスの形式を様々に変える。やがて彼女は車寄せで馬車を降り、ホールを抜け、階段を昇り居室に入る。その間の仕草がまったく舞踏の振付け通りになっていたが、あの場合にも階段は面白い接待の役割を演じていた。

三

外遊中に私が観たものの中で階段についての興味を深く感じたのは、ローマ市の都市装飾に見受けられるその役割であった。新しくできた巨大な建国記念碑なども、いわば階段本意のモニュメントであるが、『即興詩人』に出て来るスペイン階段*のごときは、装飾建築の歴史に輝くもっとも典型的な作例である。ローマの七丘と昔からいわれただけに土地の起伏の著しく多いこの都特有の魅力は、その起伏を巧妙に利用して都市の外観を整理し、大掛りな装飾法を使っているところにある。したがって、ローマ市の装飾意匠が階段の設計に重心を置いているのはきわめて自然である。

かかる事情が前提されている上に、一七世紀の好みとして、空間の大きさから生ずる儀式的な壮麗さを尊ぶ傾向があったので、階段の利用法はますます巧妙をきわめている。建築内部の階段にしても、例えばベルニニの設計になる法王宮内のスカラ・レジア〔20頁〕のように、遠近法の効果を特に誇張して階段の奥行きを実測以上にみせたものも多い。しかし、ローマ市の都市形態を考える上で特に興味深いのは、サンタ・マリア・マジオーレ寺院の背面*に設けられた階段であろう。

広場の中に孤立しているこの大寺院は、前後両面に階段をもっているが、実用上にはなんらの意味もない背面の階段が、正面よりは遥かに大規模に盛り上がっているのである。寺の背後は緩やかな下り斜面になって大きな広場を形作っているから、その広場を装飾しながら広場と寺院とを融合させるため、この巨大な階段は二重の役割を

*スペイン階段
Scala della Spagna, Roma

帯びているわけである。

ただ観るための階段に、どれほど大きい役割が課せられているか、どれほど大きい魅力が潜んでいるか――それを私に理解させてくれたのはローマである。

四

現代の大都市で働いている人の日常生活には、階段が深く食い込んでいるのである。官庁や会社のある都心と、市の外廓に散在する住宅地と、二つの地域の間を連絡しているのは高速度の電車である。これらの輸送機関は、街路の交通に障害されないため、地下線か高架線かいずれかの形式をとっている。したがって郊外の住宅から毎日オフィスに通う勤め人は、少なくとも一日に二回ずつ、相当に高い階段を昇ったり降りたりしなければならない。

これは多くの都市生活者にとって勤労に付随する一種の負担であるに相違ない。階段を昇るときにその日の体の状態が解る――といっている人もあるくらいだから、大都市の勤労生活者から無駄な体力の消費をはぶき、少しでも生活苦を軽減するためには、高速電車の停車場にある階段をできるだけ改善することが、当事者の是非とも研究すべき問題であろう。理想からいえばエスカレーターを豊富に使うことなども考えられるかも知れないが、階段の設計にしても、昇降者の連続的な運動に好都合な寸法

＊サンタ・マリア・マジオーレ寺院背面｜S. Maria Maggiore, Roma

を研究するとか、足をすべらさないような材料を選定するとか、昇る者と降りる者とを適当に整理するとか、そういった問題に関する懇切な考慮を充分にはらう必要があろう。

かつてある駅では多数の見送り人が一時に階段に押し寄せたため死傷者を出したことがあったが、特殊な時期に大量的な群衆を整理する方法も、停車場のコンディション次第では考慮する必要があるに相違ない。

これに類する問題としては、百貨店の火災の場合に出会った苦い経験を思い出す。そういう点で私が特に興味深く思ったのは、東宝劇場の各階から直接街路に向かって下っている非常階段であった。この階段は常の閉場時にも使ったら混雑しないで便利だろうと考えたが、私を案内してくれた人の説明によると、それでは等級別に階段と出口とを使うことになるから、「サービスの平等」を標榜する方針と矛盾するので好ましくない——そうである。

五

映画のセットに出て来る階段なども、その効用は決して簡単ではない。例えば、エルマー・ライスの『街の風景』に使ってあるアパートの入口の階段は、多数の人物を平等に扱うこの劇の性質上、画面の構図をまとめる上で非常に重要な役を演じていたが、所謂《いわゆる》「レビュー映画」にあるセットの効果の半ば以上は、いずれも階段が受け持っているようである。

映画監督の中で階段をいつも巧妙に使うのはルビッチであるが、そういう常規的な方法以外に、特に階段に重要な役割を与えていた映画は、『泉』と『マズルカ』とであったろう。道ならぬ恋の接吻を一度もさせずに重苦しい三角関係を示すため、『泉』では階段だけを使っていた。日本の検閲でこの映画が鋏厄《きょうやく》を免れたのは、ひとえに階段の功績だといえる。

同様に『マズルカ』のラスト・シーンは、稀にみる大胆な階段の使いかたのために、非常に感銘の強い映画にまとまったのである。母親の心づかいで娘は無事に救われながら、法廷を出て階段を下って帰ってゆく。遠ざかる娘の後ろ姿をふりかえりながら守衛に引かれて階段を昇ってゆく母親の心には浄罪の満足がある。娘の姿はますます下にますます小さくなってゆく。その後ろ姿をふりかえる母親は、どこまでも高く階段を昇ってゆく。現実の裁判所の階段は、いつの間にか天に通ずる階段に変わっている。裁判所から天上へ、母親は静かに昇ってゆくのである。

一つの「象徴」としての階段が、この映画ほど大胆に使われたものも私は知らないが、この映画ほど深い感銘を与えたものも私は経験したことがない。

柱

一

真冬のアクラガス〔アグリジェント〕は晩春のように暖かく、神殿の廃址を半日もさまよっていると顔の皮膚は陽焼けする。ヘラの神祠の柱列を濃く染める夕陽の色の美しさを味わった翌日、私はゼウスの神殿を訪れて、竣工の期待に輝いた頃の有様を心のうちに描いてみた。

シチリアを舞台とする興亡史を私はよく知らない。カルタゴ軍に打ち勝ったアクラガスの民が、カルタゴの捕虜を使役してこの神殿を築きはじめながら、竣工の悦びを知るに先立ってカルタゴに征服され、神殿を毀《こぼ》たれたのだといわれている。ほど近い海の岸辺に沿うてつづく丘の高まるところに、一つずつ神殿を建て七つの廃址を残しているアクラガスは、さだめし美しい都だったであろう。水平線の彼方にアフリカ大陸を想像してみると距離は幾らもなさそうである。

イタリアの旅を北から南につづけてペストゥムの草原にポセイドンの神殿＊を仰いだときには、予想を遥かに超えた雄大な印象を受けた。シチリアにわたり、島を横断してアクラガスまで来る気になったのも、あの神殿の魅力を深く感じたからである。しかし、そのポセイドンの神殿もこのゼウスの祠に比べると、わずか四分の一に足りぬ平面積しかもっていない。

ゼウスの祠の残礎の上を歩きながら支柱の石の組みかたを調べてみた私は、眼を通したどの建築史にもこの構造を記した図面がないのを思い出し、ベデカー〔旅行案内書〕の間に挟んでいた絵葉書の裏に粗い略図をとったりした。「… Qu'un homme peut se tenir debout dans chaque cannelure〔註1〕」という案内記の文句に従い、桃のような花の長閑《のどか》に咲いている下に頃合いな柱の断片を探し、戯れに体を寄せてもみた。

この神殿の址《あと》をみながら私は、遥かなエフェソスに広大な残礎を止めるアルテミスの祠を思い出していた。イタリアに旅立つすぐ前、大英博物館でみて来たアルテミス神殿の支柱の断片は、美事な高肉彫に灯光を受けて輝いていた。この神殿の発掘に成功したウッドの著書はまだ読む機会を得ないが、Ephesus Room の静寂な中に石柱の巨大な断片を仰ぎ、この石塊一つを頼りに壮麗比類なき大神殿の面影を描きながら、ドーヴァ海峡をわたりサンゴタルドの地下をくぐってイタリアに入った私は、ミラノの旅宿で偶然に会った友からアルテミス神殿の現状を聞くことができたのである。

小アジア、バルカン、イタリア、とクリスト教の聖地を苦労しながらたどって来たこの巡礼は、死海の水に浮かんで肌についた塩の結晶をヨルダンの流れに洗い、パウ

＊ポセイドンの神殿
Tempio di Nettuno, Paestum

ロの追憶を求めてエフェソスまで行ったという。友の話は敬虔なクリスト教徒のみが知る深い感激を秘めていたに相違ないが、異教徒にすぎぬ私の「耳」には、アルテミス神殿の址を訪ねたという言葉ばかりが、とりわけ強く響いたのである。

贅沢な避寒地になっているシチリア島の南岸から、荒廃しつくした小アジアを遠く心に描いてみる。東と西とにあたかもギリシャ文化の空間的な広がりを示すかのごとく建てられた二つの巨大な神殿は、わずかに柱の断片を残しているにすぎない。しかし、保存の良いペストゥムのポセイドン神殿や、讃えつくされたアテネのパルテノンすら、二千数百年の昔を偲ばせる美しさは、深い青空に黄ばんだ肌を輝かせて秋の公孫樹《いちょう》のような色彩を浮かす石柱の他にないのである。

二

「柱のヴィルトゥオーゾ〔名手〕」という言葉が使えるかどうか知らないが、一七世紀のイタリア建築家達を讃えるには甚だ好都合な称号である。当時の建築家の作品の中には、眼の錯覚を巧みに利用して空間効果を著しく増している興味深い示例が少なくないが、ヴァティカノ宮〔ヴァチカン宮殿〕のレジア階段＊とサンタ・マリア・イン・カムピテルリの堂内＊とは、もっとも典型的な代表作であろう。

レジア階段は、サン・ピエトロ寺院の前廊とシクストゥス礼拝堂〔47頁〕とを結ぶ位

＊レジア階段
Scala regia. Pal. Vaticano, Roma

置にある。円弧を描く広場の柱廊がつきるところから、真っ直ぐな長廊下が法王宮の外廓に沿うてヴァティカノ丘の斜面を軽く上り、本堂の前廊と交わるところから、階段となってそのままつづく。この階段がスカラ・レジアである。刻みのこまかく傾斜のゆるい階段は、昇るに従い幅を狭めながら、両側に円柱を列ねている。程良い抵抗を視覚に与え、遠方の縮小度を誇張することによって、実測と見通しとの間にできるだけ大きい差違を計量した試みである。広場と同じく設計者はベルニニであるが、柱列を利用した空間効果の表現は流石《さすが》に美事である。

サンタ・マリア・イン・カムピテルリの設計者はライナルディである。奥行の非常に少ない堂内の見通しを拡大するために、両側の壁を三段に狭めながら、壁面に沿うて的確な位置に円柱を配ってある。したがって、入口から堂奥を見通す者は、三段に狭められた壁を意識することなく、円柱の暗示にかかって奥行の遠近効果と誤認してしまう。そういう仕掛けにできているのである。「美術の愛好者」や「名所の見物人」にはまったく縁のない寺だから、ベデカーをひらいてみても別に敬意を表していないし、アリナリの店によってみても特に役立つ写真を用意してない。けれども、イタリアの建築家がどれほど柱を活かして使ったか――その点を注意している人達は、決して見逃さぬ大切な資料である。

スカラ・レジアの円柱には表面の縦溝がほどこしてないが、サンタ・マリア・イン・カムピテルリの円柱にはこれが使ってある。こんな初等級の問題にさえ、後世の凡庸な建築家達には貴重な教訓が含まれているのである。しかし、イタリアの国土に

＊サンタ・マリア・イン・カムピテルリ
S. Maria in Campitelli, Roma

栄えた建築史を反省してみると、古典時代の伝統が根強く残っているせいか、柱の使用法は常に巧妙である。

マゾリノの美しい壁画をみるため、ミラノから日帰りでカスティリヨーネ・ドロナを訪れたとき、路傍にたつ鄙びた小寺が私の微笑を誘った。外壁面に装飾柱を組み、ブルネレスキの構想をまねていたからである。建築意匠家としてのブルネレスキは、柱を図案風に手際よく扱いながら、構造と装飾とを的確に融合させた第一人者であった。サン・ロレンツォ*、サント・スピリト、カペルラ・パッチ〔349頁〕、スペダーレ・デリ・インノチェンティ〔61頁〕と、一五世紀特有の明朗な光は、ブルネレスキの柱に描き出された美しさといえよう。

寺院建物の外観に壮麗な装いをはじめて試みたピザの本山も、白色大理石の小柱を豊かに使っている。上の重く下の軽い大胆な構想をあえてしたヴェネチアのパラッツォ・ドゥカレも、柱の扱いかたに明確な自信をもっていたのであろう。サボテンの繁るパレルモの山上にたつ僧院は、廻廊の柱列に空想的な贅沢さを誇っている。そう考えて来ると、中世期のイタリア建築家もまた、柱の用法に特殊な興味を感じていたことを想像し得るであろう。

*サン・ロレンツォ
S. Lorenzo, Firenze

三

『ローマの光』という不思議な文化映画がある。歴史博物館の蔵品めいたものが次々に現れるだけで、およそ「映画」の概念とは縁遠い象徴的なものである。鉄道省の国際観光局に最初の交換映画として贈って来た作品だが、省内の映写室でこれを観ながら、もっと映画的な『ローマの光』の着想をただ独り味わっていた。ローマ市に現存する建物の柱をモーティーフに求めて永遠の都の文化変遷史を象徴的にスケッチする――というそのアイデアは、少なくとも、弄ぶに楽しい一つの遊戯である。

コロセウムの建築は、ローマに征服されたギリシャ人の創造物を、あたかも奴隷のように使役している。その巨大な外壁面を三階に区画してアーチの間に装飾柱を組み込み、一階にドリス、二階にイオニア、三階にコリントとギリシャ神殿の外観を構成していた三様の柱を取り、これを壁面の装飾意匠に転用したのである。似たような現象は、コロセウムの側に立つコンスタンティヌスの凱旋門にも窺われる。

中世期に建立された幾つかの寺院は、異教時代の建物を崩して得た石柱を使っているので、堂内の柱列には雑多な型のものを混えている。古風な小寺サンタ・マリア・イン・コスメディン＊などその例である。異教徒の迫害に堪えて「神国の勝利」を克ち得た悦びを表示する簡明素朴な方法である。サン・クレメンテがミトラの祠を地下層にもっていたり、サン・ピエトロが闘技場のオベリスクを正面広場に飾ったりするのと、ある程度まで共通なサイコロジーである。

＊サンタ・マリア・イン・コスメディン
S. Maria in Cosmedin, Roma

「一切の寺の母にして主なる」と呼ばれたサン・ジョワンニ・イン・ラテラノ〔242頁〕は、コンスタンティヌス大帝の建立以来幾度かの火災にあい、現在では堂の内外とも一七世紀の様式に統一されている。この由緒深い寺が中世期の名残として誇る部分は、一三世紀に造営された僧院の柱廊ぐらいであろう。カトリック教会の革新期を豊かに象徴するファッチアタ〔ファサード〕の豪壮な装飾柱を高く仰いでから、物寂びたキオストロの柱列を愛づる旅人は同じ寺の二つの部分を距てている時の流れに、クリスト教会の推移を淡いながら感じるであろう。

サン・ピエトロの旧堂を飾ったという東方の大理石柱の後に、その形式を模してペテロの墓を守る巨大なブロンズの柱ができた。テーベレの岸に残る異教の神祠と、河向こうの僧院にたつルネサンスの小堂とは、いずれも円形の外廓に柱列をめぐらしながら面白い対比をみせている。しかし、とりわけ興味深いのは、全世界のクリスト教徒を総本山の広場＊に抱く柱廊と、イタリア民族の建国記念碑＊を飾る柱廊と、もっとも壮大な「柱のパレード」を二つ並べて眺めることである。

古典文化の遠い伝統を誇るファッショ・イタリアは、建国五〇年の後に革新の営みをはじめ、古代の精神を現代の技術に活かし、国家と法王庁とを完全に和解させた。新しい科学の大殿堂 Università di Roma〔ローマ大学〕には古風な装いをした柱がなくなった代わりに、ムッソリニのフォルムが築かれてアウグストゥスの陵墓が再生し、ベルニニの柱廊を遥かに見通す Via della Conciliazione〔コンチリアツィオーネ通り〕ができあがろうとしている。

＊サン・ピエトロ広場（総本山の広場）
Piazza di S. Pietro, Roma

柱をモーティーフとする文化映画『ローマの光』を私が作るとすれば、やがて完成するであろう「和解の大路」を総本山に向かって移動し、ベルニニの柱廊を見渡してからミケランジェロの大穹窿《きゅうりゅう》を仰ぐところに、そのハッピー・エンディングを求めることであろう。

四

『柱の研究』という一冊の著書を想像してみるとする。人によっては「蒐集」と「研究」とを混同して、古今東西の柱の型を無暗《むやみ》に集め、限定版で刊行する物好きもいるであろう。そうかと思うとまたその反対に、公式的な合理主義の立場から古来の建築に使われた柱の「非合理性」を指摘しながら、勇壮な『批判的建築史』を著したり『建築家のための建築史』と称する啓蒙書を計画したりして、教訓を垂れようとする新進気鋭の士もいるであろう。

そういう種々雑多な試みの中で、もっとも常識的で手近な役に立つのは、恐らく「柱の物理学」であろう。それから、ちょっと考えると役に立ちそうで案外に無能なのは、ドイツの衒学《げんがく》的な観念論者が思い付くにふさわしい「柱の美学」であろう。

しかし、私が今ここで空想しているのは、もっと違った書物である。随分厖大な本になるだろうと想像するが、その目次は、「柱の心理学」「柱の社会学」「柱の生理学」

＊イタリア建国記念碑
(ビットリオ・エマヌエレ二世記念碑)
Monumento a Vittorio Emanuele II, Roma

「柱の病理学」と、およそそういう風な項目から成り立っているのである。

こういう書物は、建築史と建築技術とに関する充分の知識を予想するとしても、実際にまとめてみたら多少は嫌味なものになるかも知れない。しかし少なくとも、無理のない試みが成立する可能性は認められそうに想像する。例えば、ウィルヘルム・ウントが『民族心理学』の芸術篇で扱っているようにギリシャ時代の神殿やゴート風の寺院を考案して、それをもっと正確に考え直してみる試みのごとき、あるいはまた、アロイス・リーグルが一七世紀のローマ建築について述べている学説をさらに展開させた試みのごとき、「柱の心理学」を充分可能ならしめるように思われる。

ところで建築のように、工学的技術と芸術的感覚とが複雑に織り合わされている世界では、専門家を養成する教育法が非常に難しいことはいうまでもない。その関係からでもあろうが、複雑な意味の造形的感覚を養う訓練は、現在の進歩した教育機構でさえ特に加えていないようであるし、また、誤った訓練をほどこしたためかえって不健全な建築思想を植えつけてしまったような場合も少なくないようである。

したがって、例えば「建築史」のごとき学科は、技術家を養成する本来の立場からいえば、正しい意味で「建築の精神」を理解させる一つの手段として教授されなければならないにかかわらず、ときにはむしろ、便利な図案辞書ぐらいにしか扱われていない場合もある。その結果、辞引を丸飲みにするような態度で様々の「様式」を覚え込むに適したハンドブックだけが調法がられて、文化史上の複雑な関係などは、中学校の歴史程度にしか扱われない場合もあるらしい。

自然科学の研究や教育について寺田寅彦先生が繰り返し指摘しておられた弊害が二つある。その一つは、初等の科学教育を授ける場合に、何でも簡単に説明して片付ける教育方針が知識欲の健全な発達を阻止することであり、その二は、専門研究の場合に形式上のアカデミズムのみを尊重して、卑近な物象の具体的な観察を軽蔑する点である。

これに類する弊害は、建築学の場合にも痛切に感じられるわけであるが、これを訂正する一つの手段として、上記の空想に描かれた著書『柱の研究』などを演習用の教科書に使用し、柱を通して建築学上の複雑な諸問題を注意させるのも面白いであろう。

五

ある機会に私は、日本銀行の地下にある金庫室の扉を片手だけで動かしてみた。著しい重量をもつというこの巨大な扉が、その重量を私の手の平に感じさせながら滑らかに動いたときには、一種不思議な快感を経験した。およそ扉と名のつくものの中で、金庫室の扉ほど科学的な精密さと視覚的な美しさとを有するものは他にあるまい。しかも興味あることに、日本銀行本店の金庫室の扉が方形であるに対し、三井銀行の本店では円形のものを採用している。円形の扉の方がみた眼にも美しく写真に撮っても派手なことはいうまでもない。

かかる金庫室の分厚な扉は、「絶対の必要」から設計されているにかかわらず、一種の象徴的な意味と装飾的な役割とをもっている。あの巨大な扉は、自身の重量を支えながらしかも滑らかに動くため、裏側からみると複雑な構造にできているが、その裏側がみる眼にはいかにも荘重で美しい。ピタリと閉ざされた扉の表面には何の味も面白味もないが、開かれているときの裏側が示す魅力は他に類例がない。そしてその魅力は、「保管の安全さ」を極度に強調してみせ、預金者大衆に向かってもっとも雄弁に信頼の念を注ぎ込むのである。

現代の銀行建築にとって中心の生命ともいうべき金庫室の扉は、実用的にもっとも重要な部分であるが、それだけにまた、純視覚上の効果も、同程度に重用視されるわけである。ところが、同じ銀行建築等で、この扉とともに視覚上の効果のもっとも重要視されている外壁部の石柱は、普通の意味の「実用」にはなんらの価値がないばかりか、むしろ有害な存在となる場合さえ考えられる。

二千数百年前のギリシャ人が神殿を装うために考案した石柱が、鉄骨構造法の著しく進歩した現代の建築にまで残っている——という不思議な伝統の存続する必然性を、詳細に分析してみたら随分面白かろうと考える。一八世紀の末に近く古典主義の全盛期に新築されたロンドンのイングランド銀行が範を垂れたためでもあろうが、ギリシャを自国文化のクラシックとは考えていない日本ですら、住友銀行を除く他の大銀行はどれも石柱の愛用者である。

太い荘重な石柱が並んで立っている建物は、その銀行の経済的基礎が確実そうにみえ、そこに、大金庫の扉と同様な「安全感」を醸し出すから、預金者の信用を前提する銀行としては、この古風な衣裳をいつまでも脱ぎ切れないわけであろう。伝統的な外観に一種の象徴的性質を求める場合は、建築史上に無数の例があるが、考えてみれば、現代社会の権威ある職責を象徴する衣裳の中には、ギリシャ神殿の石柱に近い伝統性をもつものも少なくないようである。

六

古画の筆者について真偽を鑑定する目標の一つに「模写のくずれ」というものがある。原作を描く場合にはその時の必然的条件に規定されながら製作するから偶然に生じたような不自然さがないが、模写をする場合には画工の仕事が機械的になるため、気付かぬ不注意によって生ずる不自然な個所が、なんらの必然性なしに混入して来るのである。

例えば、レオナルド・ダ・ヴィンチの作として伝えられている二枚の《岩窟の聖母》について、ロンドン蔵の作品の方が少なくとも余計に模写であることを証明するため、ある美術史家は、聖子の頭上に開かれた聖母の左手をクローズ・アップに撮っている。そして、パリ蔵の作品が解剖学的に不自然でないに対して、ロンドン蔵の作品のように手の指を開くことは不可能だと指摘している。

しかし、この「模写のくずれ」に類する現象は、現代日本の欧風建築にも随分多い。その中で特に眼につく一つの例は、三菱銀行本店*の正面にある柱廊であろう。東京市庁舎の雑多な建築群と向かい合って建つこの大銀行は、内部の設計がいかにも快く、その点では、日本にある銀行建築の中で一番優れているかも知れない。平面設計が簡明で使い良く、意匠が上品で落ち着いているのである。ところが、内部と反対に正面外部に並ぶ石柱は、イオニア様式の拙い「模写」にすぎず、何となく愚鈍な印象を与えるのである。

ここに「柱のABC」を繰り返すわけではないが、元来イオニア式の柱は、あの柱頭の特殊な性質と柱幹のエンタシスとの具合から、非常に使いにくいもののようである。ギリシャ盛代の製作になる模範的なイオニア柱を一本だけ取り出して博物館内に陳列したのをみれば解るが、その柱は、建物のエレヴェーション全体の中に組み込んではじめて、その典雅な魅力を表示する性質をもっている。そこで、イオニア柱を使いこなすためには、一本の柱そのもののモルディングやプロポーションを誤りなく設計し施工することは勿論であるが、それ以上に、この柱を幾本か並べたときの効果と、建物のエレヴェーション全体の中におさめたときの具合とを、きわめて的確に考慮しておかなければならないはずである。したがってもし仮に、三菱銀行の設計者と施工監督とがイオニア柱の「常識」を忠実に守ったとしても、あの建物の外観がどの程度に引きしまってみえるかは解らない。それほどにイオニア式の柱は難しいのである。

そういう意味では、この柱列も、一種の教訓を暗示しているのである。

*三菱銀行本店（東京）
設計：櫻井小太郎
竣工：一九二二（大正一一）年

窓と壁

一

さびしいラヴェンナの町から洗礼堂を拾い、廃《すた》れたパドヴの草原から礼拝堂を取り出してみる。

ラヴェンナの洗礼堂*は、簡素な窓に張ってある白い大理石の薄板を通して鈍い外光を堂内に導き、壁面を掩いつくす美しいモザイコに渋く沈んだ輝きを与えている。壁が主であり窓が従であることはいうまでもない。

パドヴの礼拝堂は、内壁を埋めつくすジョットのフレスコによって、絵画史上の大切なモニュメントとなっている。両側の内壁面を規則正しく区画して、その框《わく》の中に聖伝を一節ずつ描いてあるが、片側の壁は数個の窓に中断されているので、壁画の配列にも不便であるし、絵を観る人の眼にも煩わしいのである。

イタリアの旅を楽しんだ建築家を相手に、一つの皮肉な諧謔を弄ぶとする。ヴェネ

*ラヴェンナの洗礼堂
Battistero Neoniano, Ravenna

チアのサン・マルコやパレルモのカペルラ・パラティナのように堂内の装飾の殊更に絢爛な建物を選び出して、窓の形や配列の具合を質問してみるとする。満足に答えることのできるのは、恐らく余程特殊な人だけであろう。

もし仮に私が、古風な洋式の本格的な大建築を企画するとして、その設計者を日本人の中から選定しようという場合には、上記のような質問を口述試験に利用してテストする方が、懸賞設計などを募集するより良いかも知れない。正確な感覚をもつ技術家を探すにも適当であろうし、職業的な「応募屋」を撃退するにも好都合であろう。それに第一、高価な懸賞金を犬死にさせるという悲しむべき結果を避けることができるから便利である。

ところが、同じヨーロッパの宗教建造物でも北方のものになると、窓と壁との関係がまったく逆になって来る。

例えば、北欧の礼拝堂のクラシックになっているパリのサントゥ・シャペルをみても明らかなように、その絢爛な美しさは、外光を透す大型の窓のステンド・グラスに集中されているのである。大寺院の中では、パリのノートル・ダームほどにステンド・グラスの魅力を味わい得るところは少ないであろうが、シャルトゥルやルーアンの本山が参詣人を包む神秘な気分は、半ば以上は尖頭アーチの巨大な窓が醸し出しているのである。ケルンの本山の堂内＊に一歩を踏み入れた旅行者は、柱と窓との奏する壮大なフーゲの力にまず圧倒されるに相違ない。

が、それだけに、これらのゴート風の建物には、壁の受け持つ役割がどこにもない。

＊ケルンの本山（ケルン大聖堂）
Kölner Dom, Köln

誇張していえば、北欧の寺院建物がもっとも栄えた期間には、どこにも壁は存在しなかったのである。

南欧と北欧との寺院建物に窺われるこの興味あるコントラストは、断るまでもなく、風土の条件、民族の特質、伝統の制約、工人の組織、といったような複雑な事情から総合的に規定されているのである。しかし、アルピ〔アルプス〕の連峰を北から南に越えた者は、スキスとイタリアとの国境にある長いトンネルを境に、太陽光線の強度が著しく変わることを知っているであろう。当然な常識には違いないが、窓の採光面積の差から割り出される美術史上の影響は注目に値する。一三世紀の末から一七世紀にかけてイタリアに発達した絵画の様式は、壁画風な構想を中心に伸展し装飾の効果を重んじながら、最後にはモザイコの昔に返って純然たる装飾美術に変わってしまう。それに対して北欧では、色彩による装飾をステンド・グラスに委ねて、絵画はただ、小型で地味な額画と祭壇画とに終始したのである。

二

建築に使われている一切の科学的技術が著しく進歩した現在では、窓と壁との関係も非常な変わりかたである。巨大な建物の外被を窓だけで統一してしまったようなものがあるかと思うと、また反対に、窓の一つもない壁ばかりの大建築も試みられている。そればかりではない。「窓」とか「壁」とかいうものの概念からが、現在ではまったく変化しているのである。

ここに「一切の科学的技術」と呼ぶのは、いうまでもなく、鉄とコンクリートによる構造上の技術、暖房・冷房を含む換気法の技術、自然照明と人工照明とに関する各種の技術、グラス板、人造スレート、タイル、その他建築材料の製造技術、スティール・サッシのごとき部分品の製作技術、等、等を含むわけである。

これらの科学的技術が、遊戯的なロマンティシズムの形式をもってまず登場し、歓喜と陶酔とを誘ったのは止むを得ぬことであった。ミース・ファン・デル・ローへが玩具のようなグラスの高層建築を考案したり、ル・コルビュジエがモスコウの消費組合本館で奇怪な気焔をあげたことも、今ではただ微笑のうちに思い出される「幼年期の追憶」に他ならない。

しかし、オランダのロッテルダムにあるヴン・ネルレやオースタリーのリンツに完成した専売局のように、きわめて明快な美しさをもつ煙草工場の形態が科学を的確に使った「現実」の姿であることを考えてみれば、優れた科学者の伝記に見受けられる幼時の空想と等しく、かの遊戯的なロマンティシズムにも一種の歴史的意義を認めなければならぬかも知れない。

けれども、「窓と壁とのロマンティシズム」は、現在でもなくなっているのではない。「日本的」という言葉が芸術ジャーナリズムの流行を支配したときでさえ、窓と壁とで派手な柄を考案したアパートなどができて、所謂「新興建築」の広告塔を連想

＊パラッツォ・ファルネーゼ
Palazzo Farnese, Roma

させているほどである。中でも最近の面白い例は、パリで目下開催中の万国博覧会に沢山並んでいる。「現代生活に適応された芸術と技術」と銘を打ったこの博覧会の会場には、各国の陳列館が思い思いに窓と壁との構成する意匠を凝らして、観衆の注意をできるだけ惹こうとしているのである。

「新興」の絵画が絵画として伸びずにポスター図案の実験として役立ったり、「新興」の彫刻が彫刻として袋路に迷い込みながらショウ・ウィンドウ用のマヌカン人形の新型を創造したように、「新興」の建築家をかつて陶酔させた窓と壁との遊戯は、現代の博覧会建築にその直系の後継者を見出したのである。

三

ローマのパラッツォ・ファルネーゼ＊が東京の丸ビル＊とほとんど同じ高さだということは、コントラストの興味を著しく感じさせる事実である。丸ビルが八階なのにファルネーゼの館がわずかに三階だというためではない。建物の前に立って見上げたときの効果が余りにも相違するからである。

方形の正面をもつ単純な形の建築にこれほどの気品と威力とがあるか――と不思議に思われるほど、ファルネーゼの館は堂々たる雄姿を示している。ローマにいると誰でも大きさの尺度の感じかたが著しく変わり、数字的に余程特別なものでないと大き

＊丸ビル（丸ノ内ビルヂング、東京）
設計：三菱地所部
竣工：一九二三（大正一二）年

さの実感を味わわないのが普通である。が、それにもかかわらず私は、ファルネーゼの広場にただ独り立ってあのパラッツォを仰ぎながら、跪拝《きはい》したくなるほどの厳粛さを実際に経験した。一〇〇尺に足りないこの建物が、私の記憶の中では、限りなく高まる壁面の圧迫感として残っているのである。

　大きさの効果を故意に殺し建築固有の品位を強いて卑下しているような丸ビルと、あのファルネーゼの館との相違がどこにあるか？――ということは、非常に面白い問題である。しかし、両者の建築的効果を構成する複雑微妙な要素を分析してみると、窓と壁とのプロポーションに大きな要因の一つがあることはすぐ解るであろう。ファルネーゼの館の窓は、横列にしてみると相互の間隔が著しく狭く、縦列として考えると上下の間隔が非常に広い。高さを強調してみせる一つの秘密は、実にこの「窓と壁」の割付けに存するようである。

　しかし、幾分かこれに類似した問題は、現代の高層事務所建築を色々取り出して比較してみた場合にも窺われる。例えば、手近な例を東京駅前に新築された鉄道省庁舎〔165頁〕に求めてみる。この建物の魅力は、淡い灰青色のタイルを張った巨大な壁面と規則正しく並ぶ多数の窓との間に、交代によって生ずる一種の快いリズムが感じられるところにある。このリズムは、窓の大きさと相互の間隔とが適当に計画されているため、窓と壁との交代を仰ぐものの眼に自ずから描き出す効果である。この建物の設計者程度にデリケートな感覚を持ち合わせている建築家が大勢いれば、東京の官衙《かんが》やビルディングは、いたずらに厖大な壁面を晒さずともすんだはずである。

＊そごう百貨店（大阪）
設計：村野藤吾
竣工：一九三二（昭和七）年

四

各国の現代都市建築の中から、窓と壁との構成する外観の面白い作例を拾い出し、一つ一つその前に立って、ゆっくり眺めてみたら定めし楽しみであろう。しかし、そういう道楽を味わうに必要な時間と資力とを持ち合わせていない私は、さしあたり、東京や大阪に新築される建物でもみて、諸外国の作例を対比的に連想するくらいで満足しなければなるまい。

大阪市の大路御堂筋に向かって、遠くからみると鶯を飼う鳥籠のような形をしている大建築がある。「そごう」百貨店＊であることはいうまでもない。石材の壁面を細く垂直に切りながら非常に派手な外観をみせているが、同じ派手な外観をもつ商店では、ケムニッツのショッケン＊が一番板についているであろう。軽い弧線を引く道路にそうて九階の高さに聳えているが、壁と窓とが外面の全長にわたって中断されることのない横縞を描いている。昼間には壁が明るく窓が暗く、夜になると反対に、壁が暗く窓が明るくなる。最前端の鉄骨を外壁面より三メートル半ほど引っ込めて設計してあるので、この手際鮮やかでしかもごく自然な外観が可能になったのである。

地盤の恐ろしく弱い東京には、都市の交通を極度におびやかす摩天楼は、「幸いにも」実現の可能性がない。その代わり、聖書館、菊正ビル、共同建物ビル、といった類の模倣形態が現れはじめている。いずれも高さのプロポーションを度外視して、ただ壁と窓との構成法を「摩天楼」風に使っているにすぎない。けれども、世界最高の

＊ショッケン
設計：メンデルゾーン
Schocken, Chemnitz, 1930

「無用」なレコードを誇るニューヨークのエンパイヤ・ステート・ビルディングなどでは、窓と壁との構成法が建物の立体性を強調するように、きわめて的確に使われているのである。都市建築法の許容する限度内で、あたかも記念塔のような立体性をみせながら一二四八フィートの高さに聳えている建物であるが、壁面を「面」として強調しながら立方体の効果を浮き出させるために、窓と壁とをただ一つの「面」に融合する工夫が凝らされているのである。

だが、東京の建築にも、窓と壁との扱いかたの特に優れている作例はある。最近富士見町に新築された逓信病院〔88頁〕は、白色陶製の滑らかなタイルで掩われた壁面に、大型の窓を的確に割付けた明快な外観をもっている。著しく清浄で健康な感じが豊かであるから、病院建築の外観としてはもっとも模範的であるが、こういう性質の美しさは、容易にできそうで実は非常に難しい。窓のスティール・サッシの塗色をどう選ぶかというような微細な点から、鉄骨の配置に制約される窓の型をどうきめるかという根本の問題まで、ここにはデリケートな神経が働いているのである。しかし、個々の窓の縦と横とのプロポーションが、外壁面全体の縦と横とのプロポーションに調和することは、この種の建築にとって絶対に必要な条件の一つであろうと思われる。

屋根

一

フラット・ルーフは現代人に恵まれたもっとも大衆的な贈り物の一つである。昼休みの時間に官庁街を通ると、屋上に談笑しながら群がっている役人達が小児のように可愛らしくみえる。映画に出て来るサラリーマンの生活をみると、彼らは嬉々として屋上のスポーツを楽しんだり甘い恋の追憶に耽ったりしている。敷地の狭い小学校の児童達は、彼らの運動量に従って地上と屋上とを使い分けながら健康に必要な太陽の光に浴しているし、理科の教材に役立つ稲穂もここに実らせることができる。デパートの屋上に子供を遊ばせる母親は、玩具の汽車に愛児を乗せたり猿をからかったりしながら、ともすれば彼女達の忘れがちな大空に親しむ機会を恵まれるのである。

今ではフラット・ルーフがまるで空気のように平凡な存在に化してしまっているから、ふだんはその恩恵を忘れているが、仮にもし、東京市内の屋上を全部封鎖してしまうとすれば、一般市民の感じる不便は精神的にも肉体的にも非常に大きいであろう。

ところが今度は逆に、日本の永い歴史を飾っている幾多の優秀な建築物を追想し、現在まで立派に保存されている古いモニュメントを心に浮かべてみるとする。他の国のいかなる建築にも代え難いその中心の美しさと魅力とが、神代につづく遠い昔から江戸時代まで、屋根に集中されて来たことは、改めて断るまでもないであろう。切妻《きりづま》、宝形《ほうぎょう》、寄棟《よせむね》、入母屋《いりもや》のヴリエーションに、反り具合と勾配とを凝らし、葺く材料を吟味し組物を工夫し、室の使いかたに合わせ、壁面と調和させ、破風《はふ》をあしらいながら、終始一貫して断えず屋根の形態に注意して来た根強い伝統は、現代人の心にまで屋根に対する尊敬と愛着との念を深く植えつけているのである。

木造の時代から鉄・コンクリートの時代に変わった現在、日本の建築界ではこの敬愛する屋根をどう扱ったら良いか迷っているようである。考えかたによれば随分難しい問題に相違ないが、また別な考えかた次第では、甚だ簡単に解決できる問題でもありそうにみえる。

二

日本建築の歴史は屋根の歴史である——という誇張した言葉をこしらえてみるとする。建築の専門家はよく「日本建築の美は屋根にある」というが、誇張の程度は同じでも、この言葉だけでは、屋根の受け持つ役割がまだ充分に表示されていないようである。例えば、日本建築の黎明期に実用から誕生した千木《ちぎ》や堅魚木《かつおぎ》が、後には神社の神聖と宮殿の尊厳とを表示する象徴になったごとき、屋根にも一種の精神的な意味があったことを裏書するであろう。同様に、中世期の中欧都市で寺院塔が占めていたような役割を、封建時代の日本では城の天守閣が帯びていたろうという推察も、屋根に課せられた社会的効用としてみれば可能なように思われる。

しかし、日本建築で屋根の受け持っている役割は、視覚上の美しさと精神的な意味ばかりではない。平面設計と屋根の形態との密接な関係が建物の外観をまとめている点にかけて、日本建築ほど終始一貫して純粋な場合は他にないであろう。かかる事情は、神社建築における平入り妻入りの区別と屋根を中心とする外観全体との関係にも認められるし、平等院鳳凰堂のような建物について、エレベーションをプランと対照してみるときにも感じられる。その中でも、ことに興味深いのは東大寺法華堂＊であろう。寧楽《なら》時代に建築された寄棟造の堂の前に鎌倉期になってから入母屋造の礼堂がつけられ、二つの部分を掩う屋根が、各々の平面設計を明瞭に表示しながら、しかもその屋根によって建物の外観全体を巧妙にまとめている。こういう鮮やかな手際は日本建築特有の妙味であろうと思われるが、軒の線にデリケートな趣をみせる屋根の「柔軟性」を予想しない限り、これほど大胆で無理でしかもこの上もなく美しい仕事は、恐らく不可能に相違ない。

＊東大寺法華堂（奈良）

三

西洋の建築史を通覧すると、屋根に重心の置かれている時代は余り多くないが、その代わり、屋根に生命を打ち込んだ作家や、屋根の魅力が歴史を動かした時代は、鮮やかに回顧することができる。フィレンツェのサンタ・マリア・デル・フィオーレ＊とローマのサン・ピエトロ＊との大穹窿造営史など、いわば、壮大雄渾な二つの叙事詩のごときものである。

しかし、この二つの偉大な建設事業の行われる丁度中間の時代に活きてレオナルド・ダ・ヴィンチが楽しんでいた穹窿建築の空想は、あたかも無邪気な童謡のように愛らしい。

まず正八角形を三つ描く。第一の八角形には一つおきの各辺に、各々一つずつの小さい円形を外接させる。それから第二の八角形には、各辺を直径とする八つの半円を外側に描き、さらに、第三の八角形には、各辺に外接する八つの小さい円を描く。そうしておいて最後に、各々の八角形の内側に一つずつ大きい円形を描く。——この簡単な幾何学模様は、怠惰な中学生がコンパスと定規とを使って講義をよそに描いた落書のようにみえるが、実はレオナルド・ダ・ヴィンチの偉大な「落書」なのである。

建築史家として敬虔な追慕を受けているガイミュルラーは、これら多数の落書を整理して、神のごとき天才の空想の中に建設された幾多の中央穹窿式寺院を、一つずつ、平面図とその外観の見取り図とに分類した。単純な幾何学の作図から自然に組み立て

＊サンタ・マリア・デル・フィオーレ
S. Maria del Fiore, Firenze

られる寺院建築の屋根の変わりかたを楽しみながら、万華鏡をのぞく小児のようにレオナルドは微笑していたことであろう。

四

近頃大阪に新築された軍人会館〔44頁〕*は、タイル張りの純洋風モダン・スタイルである。軍人会館というとかなり前に東京にできた建物をすぐ連想して、鉄・コンクリート構造の洋風建築でありながら日本古来の破風や軒を突出させているものと思いこんでいる人達を驚かせたのである。

木造日本風の屋根を仮令《たとい》その断片なりともつけることが日本の建築家の義務であると考える思想や、こういう形式でしか鉄・コンクリート構造の「日本的」様式は生れ得ないという解釈は、今でもまだ残っているが、東京の軍人会館を懸賞で募集した頃は、そういう考えかたが、所謂「新興建築」の反動期としてたかまっていたように追想されるのである。

今度大阪に新築された軍人会館は第四師団経理部工務科の設計監督になるという。この建物が外部意匠そのものとしてどの程度に優れているかは別問題であるが、新興イタリアの輝彩ある建築事業とある程度まで共通した一種の革新的機運をここに認めることはできそうに思われる。

*サン・ピエトロ寺院（背面）
S. Pietro in Vaticano, Roma

しかし、一般に現代の日本建築界をみると、古来の木造屋根は様々な形式で残存しているし、どうにかしてこの誇るべき伝統を現代に再現したいという要求も一概には拒否し難いに相違ない。が、それにもかかわらず、いずれも不徹底だったり不調和だったりして満足に成功した作品はないようである。勿論そこには、構造、材料、目的、費用、法規等の複雑な制約もあるし、設計者の才能の限度もある。けれども私が特に面白く思うのは、あまりに屋根を大切にする結果、他の部分を著しく等閑視しているような傾向である。

帝大の構内に新築された弓術道場は、屋根の反り具合などきわめて快く、この種の「日本風」建築としてはもっともできの良い作例であるにかかわらず、軒下の組物から外壁面にかけての形はどうも感心しない。したがってこの建物を相当の距離からみると美しいが、接近してみると何となく間が抜けてみえるのである。

この建物とは別に一般の場合として、もし現代の建築家が本格的に日本建築の伝統を尊敬するのなら、単に屋根だけでなく、屋根の美しさを活かすに役立った他の部分の使いかたをも合わせて尊重すべきはずである。屋根だけに拘泥し、屋根だけを切り離した結果、終に屋根そのものの魅力を殺してしまうばかりでなく、敬愛すべき屋根の伝統に対して逆に嫌悪の情を抱かせるようになった実例は、現代日本の建築界に沢山見受けられる。ところが面白いことに、日本の作家が西洋建築の歴史的伝統を取り入れた場合をみると、反対に壁面だけを大事にして屋根をまったく無視している場合が多い。例えば、同じ帝大の構内に一種のユニフォームのごとく使われている「モダ

*大阪軍人会館
設計：第四師団経理部
竣工：一九三七（昭和一二）年

ン・ゴシック」と称する様式のものは、あたかも屋根の部分だけを切り取って棄てたような形になっている。

壁に拘泥して屋根を忘れた外来様式と、屋根に拘泥して壁を無視した国粋様式とを並べてみると、何となく現代日本の文化現象と一味の共通性があるように思われる。

天井

一

世界戦争以前の静かな時代であった。第一高等学校の医科に籍だけ置いて休学をつづけながら、眼移りする幼い心の貪欲さで、無暗に本を読み散らしていた私は、ほとんど毎日の何時間かを丸善の書棚の下ですごしていた。贅沢な獣皮を豊かに使った上品な装釘の新刊書が、日常の糧のように絶え間なく輸入されていた。

ある日、私は在庫品の目録をあさりながら、Steinmann の大著 Die Sixtinische Kapelle〔シクストゥス（システィーナ）礼拝堂〕を出してもらった。つまらぬ本の恐ろしく高価な今から考えれば、あの大著が七五円で買えたということすら遠い昔の懐かしい思い出になるが、親がかりの一学生にとってはどうにも手が出せない金額だったので、家に帰ってから父の帰宅するのを待ってたのみ、あくるあさ丸善の店が開く時間になるとすぐに電話で取り寄せたが、その電話をかけたときの気持は二五年後の今になっても忘れることができない。

ドイツ政府とローマ法王庁との助力に恵まれながら完成したシタインマンの『シクストゥス礼拝堂』は、大掛りで堅実な研究調査であるに止まらず、非常にプラスティックな叙述技巧に優れていたので、最初の一頁から私の心は強く惹かれた。この尊敬すべき著書には、美術のディレッタントを感激させる才ばしった面白さはない。それだけに、歴史学上の的確な表現技巧が快く読む者の心に沁み込むのである。

この著書に親しんだ頃から、シクストゥス礼拝堂の天井*は、青年期の私にとってもっとも神聖な憧憬の対象となった。世界戦争が始まってから独墺の飛行機がイタリアの空を脅かしているという新聞記事は、当時の私にとって恐るべき報道であった。折角この地球に生を受けながらシクストゥス礼拝堂の天井画も観ないで死んでしまうということが、幼い心には忍び難い不幸だったのである。

その後一〇年ほど経って、私は冬の日の二カ月をローマで送った。見物人に煩わされない朝のうちから、ヴァティカノ宮殿の長い廊下を曲がったり下ったりしながらシクストゥス礼拝堂に入る。しばらく待っているうちに明るい陽の光が高窓にさして来る。すると、それまでは暗く沈んでいた天井画の色彩と輪郭とが急に浮き上がってみえる。あたかも黎明を迎えるようなその時の気持も、ローマ滞在中の忘れ難い思い出の一つである。

この天井画に学生時代の私が抱いていた感激は、壮大な叙事詩や大掛りな歴史小説から受けるようなものにやや近かった。しかし、ローマ滞在以後の私がこの天井画に

*シクストゥス（システィーナ）礼拝堂　天井｜Cappella Sistina, Pal. Vaticano, Roma

感じた興味は、むしろ建築史学上の面白味であった。ヴィラ・ファルネージナの天井に窺われるラファエルロの装飾意匠やパラッツォ・ファルネーゼの天井に見出されるカラッチの構想を、シクストゥス礼拝堂の天井画と連関させてみることは元より興味深いが、そればかりでなく、この天井画の構成形式と性質を同じくする純粋の建築意匠が、ミケランジェロ自身の設計をはじめ当代の建築家の作品からも明瞭に観取できる——という事実は、建築史学上注目に値する資料である。

建築家としてのミケランジェロが空間的構成の形式をいかに発展させたか？　という問題は、イタリア・バロックの建築様式を考察している多くの美術史家が特に注目しているところである。そういう観点からシクストゥス礼拝堂の天井画を詳細に分析して、この作品の後に現れて来る天井装飾意匠の数多い示例と関係させてみることは、非常に興味ある研究題目に相違ないのである。

シクストゥス礼拝堂の天井は、首の筋肉を著しく疲労させるという肉体的苦役だけを、数限りない見物人に課しているようである。しかし、一切の「感激」を超越して地味な研究を完成させた幾人かの優秀な美術史家にとっても、「空前絶後の大天井画」であることには変わりないであろう。

二

遠い昔に読んだものだから確かなことは解らないが、ヤコブ・ブルクハルトの書簡の中に面白い旅の通信があったように記憶する。何でも、満月の晩にローマのパンテオン＊を訪れてみたが、夜中には入れない規則になっていたので、あの堂の不思議な魅力を味わうことができなかった——というような意味の言葉だったと覚えている。仮にもし、これがまったく私の思い違いであるとしても、少なくとも、面白い空想を誘う言葉であるには相違ないであろう。

ローマのパンテオンを訪れた人は誰でも感じているであろうが、あの堂内から受ける印象は他に類例を見出し難いほど独特なものである。この独特の効果が、穹窿天井の形式とその採光法とから生じているのはいうまでもないことで、ブルクハルトがCicerone〔チチェローネ、註2〕の中で簡明に述べている文句を借用すれば、Im Innern überwältigt vor allem die Einheit und Schönheit des Oberlichtes, welches den riesigen Rundbau mit seinen Strahlen und Reflexen so wunderbar anfüllt〔註3〕といえる。半球凹面の天井の中央に開いた無蓋の円形窓から入って来る外光が、ただ一つの光源となって円筒形の堂内に均等なトップ・ライトを与えるのである。非常に明朗でしかも落ち着いた静かな光の雰囲気が、柔らかく堂内を充たしているのである。

この不思議な快さを殊更効果的にしているのは、穹窿の内壁面を均等に装う古典ローマ風のモルディングである。この種のモルディングほど、天井の空間的効果を簡明

＊パンテオン
Pantheon, Roma

な的確さで浮き出させている装飾は、他になさそうであるが、かかる装飾の機能が、パンテオンの天井ほど完全に発揮されている場合も、他にはないようである。

パンテオンの堂内の円筒形の壁面は、柱列に装われ龕《がん》〔ニッチ〕を深めながら、半球形の天井に極まっている。その半球の直径が四三メートル五で床から天井の頂に至る高さと等しく、天井の中央に開いている円形窓の直径が九メートルある。したがって、床の上に立って天井を仰ぐ者からみれば空間の実測は非常に大きいのであるが、その大きいスケールの効果を充分に活かしながら、しかも全体の印象を著しく引きしめているのである。

この建物が満月の晩に現す魅力は具体的に想像し難いが、あるいは人の世の建造物とも思われぬほど不思議な美しさをみせるかも知れない。

しかし、ローマの太陽を豊かに受け入れたパンテオンの天井は、何物にも代え難い独特の魅力をもっている。その魅力は、クリスト教時代のイタリアに輩出した偉大な建築家達に、伝統的な憧憬の的となって凝結した。フィリッポ・ブルネレスキ、ドナト・ブラマンテ、ミケランジェロ・ブォナルロティと、建築の歴史上に二人とは出そうもないほどの大作家の名が、ここに燦然と輝くのである。

ところが、奇怪なことに、クリスト教文化歴代の穹窿式寺院を代表する数多い作例の中に、一つとしてパンテオンの天井の魅力を継承した傑作がない。フィレンツェのサンタ・マリア・デル・フィオーレとローマのサン・ピエトロ〔43頁〕とが誇る二つの大穹窿は、屋根の上に聳える外観としてこの上もなく美しいが、内側から仰ぐ天井

＊カンピドリオ広場
Piazza del Campidoglio, Roma

装飾は、むしろ、この大穹窿の美しさを故意に抹殺する役割しか受け持っていないのである。イタリア建築の伝統的な憧憬から生れたこれらの後継者が、内面の天井にパンテオンの魅力を伝えず、かえって、外側の形態に最高の気高さを示すようになったことは、きわめて興味深い建築史上の現象であるとともに、また、いかにも面白い不思議な運命である。

三

イタリアの建築意匠には、遠近法の効果を利用した面白い作例が少なくない。ローマ市の数多い広場の中でことに美しい二つのもの——カピトリノの丘上にあるカンピドリオ広場*とヴァティカノ丘の斜面に位するサン・ピエトロ広場*とが、二人の偉大な建築意匠家のミケランジェロとベルニニとを代表する同性質の優秀な設計であることは、あらためて述べるまでもないであろう。イタリアの建築家達は、こういう遠近法の使いかたから一種のトリック技巧を案出して、ヴァティカノ宮殿のスカラ・レジア〔20頁〕や小寺サンタ・マリア・イン・カムピテルリの堂内〔21頁〕のごとく、空間の奥行を実測よりも遥かに深める試みをみせているが、一層甚だしいものになると、ミラノのサンタ・マリア・プレッソ・サン・サティロのように、実際には存在しない奥堂を巨大な浮彫のようにこしらえ、その遠近法を利用して、あたかも奥堂が存在するか

*サン・ピエトロ広場
Piazza di San Pertro, Roma

のごとくみせかけたものがある。祭壇に近く立っていてさえ誤魔化されるほど巧妙にできているのであるが、そういうトリック技巧をもっとも大胆に使った興味ある一例は、ジェスキタ宗の寺院サン・イニアチオ〔サンティニャーツィオ〕の天井＊であろう。

サン・イニアチオ寺院を正面から堂内に入って見通すと、軽い曲面をなす天井に錯雑した装飾画が隙間なく描いてあるのをただ漠然とみるだけである。それから、床に眼をおとしたまま堂の中央と思われるあたりまで歩み、急に顔をあげて天井を仰いでみる。すると、平たい天井に描いてあった装飾画はいつの間にか天井ごと消失して、無限の大空が遠く深まり、その大空の遥かな深みに、十字架を負うクリストと、クリストに導かれて天に昇ってゆく聖イグナチウスとの姿が現れる。そして、この聖者をとりまく天使の群れをはじめ、天国の住民が下界までつづいているのを発見する。

サン・イニアチオ寺院を訪れた者は、霊感に酔う一七世紀の狂信者でなくとも、この寺の天井画に応用されている遠近法の効果に、建築装飾としての興味を感じるに相違ない。この種のトリックは、建築内部の壁面を構成する「実物」から観衆の眼をひそかに導いて、気付かれぬうちにヴィジオンの世界に引き入れてしまうところにある。したがって、実際の堂内とヴィジオンの空間とを媒介するに役立つものは天井に描かれた建築の部分であり、この「描かれた建築」の配列のしかたと遠近法の扱いかたとに技巧の重心が置かれているのである。

遠近法のトリック技法を豊かに使った典型的な他の示例としては、ヴェネチア画家ティエポロの装飾画の方が、一般には広く知られている。私は、ヴェネチアに滞在し

＊サン・イニアチオ寺院　天井
S. Ignazio, Roma

ていた一週間の最終日にこのトリック画家の二つの代表作をみるつもりで、カナル・グランデを小蒸気に乗り廃れたラビアの館を訪れてから、その近くにある小寺スカルチに行ってみた。この寺の天井画をローマに入ってからサン・イニアチオの天井画と比較するのが前から楽しみにしていた私のプログラムだったのである。

ところが、堂内に足を踏み入れて驚いたのは、天井全体が乱暴に打付けた板に掩われていたことである。寺僧に聞いてみると、世界戦争のときオーストリアの飛行機が空襲して来てこの寺の天井を破壊したのだという。その談を聞いてにわかに思い出したのは遠い学生時代の記憶であった。何かの雑誌に「ティエポロの名画破壊さる」という見出しでこの天井画の写真が掲げてあったのを覚えているが、ヴェネチアに来てその惨《いた》ましい現状をみてさえ思い出さなかったのは、何となしに滑稽であった。

だが、第二次の世界戦争が欧州の天地を掩うときが来るとしたら、今度はどんな災害をみるであろうか？　爆弾の威力の遥かに発達した現在から推察すれば、スカルチの小寺など天井どころか建物全体を痕跡もなく吹き飛ばしてしまうであろう。しかし、恐らくそういうことは起るまい。遥かに発達した空襲の技術は、戦術上何の役にも立たない寺院などを目標にして貴重な爆弾を消費することもないであろうし、また、目標のねらいかたも非常に正確になっているに相違ない。

四

近頃外国で刊行される日本建築の紹介書や雑誌の類をみると、天井と床とが転倒している写真を掲げたものが少なくないようである。これまで試みられた日本文化紹介のあらゆる仕事の中でもっとも堅実で正確で懇切な模範であろうと思われる吉田鉄郎氏の著書Das japanische Wohnhaus〔日本の住宅〕ですら、きわめて的確に整理された豊富な写真と図解との中に、桂離宮の違い棚を撮した二個の小さい写真が転倒しているのである。これらの写真は棚の部分に視野を限ったもので室内全体をみせてはいないから、恐らく、割付けする者の錯誤であろうと思われるが、こういう誤りでなく、正面から堂々と上下を転倒させて、床を天井にし天井を床にした日本建築の紹介を、時折散見するのである。

この興味ある現象について堀口捨己氏はその著書『一住宅と其庭園』の中で下のような意見を述べている。つまり、西洋建築の通念では、天井は常に床よりも明るいが日本住宅はその反対である。それから、西洋の床は板で張られるという常識から考えれば木目のある日本の天井板は床にみえ、反対に畳はテックス張りの天井のようにみえる。さらに、西洋住宅の窓は床面から相当に離れて切られ天井の近くまで高まっているのが普通であるのに、日本の障子は丁度その反対であり、倒《さかさ》にしてみればあたかも天井からの下り壁が窓下の腰のようになる――というのである。氏の記すところによれば、氏の設計になる住宅の写真を上下転倒してみながら称讃している外国人もいるそうである。恐らく、堀口氏の指摘しているような理由から思わぬ錯誤に陥っている場合も相当多いに相違ない。

しかし、日本から海外に送られる「日本的」住宅のモデル・ルームや外国製の映画に出て来る日本建築には、これよりもは甚しく悪質な誤謬（?）が見受けられる。

最近輸入されて検閲却下に決定したフランス映画『吉原』は、建築セットとしてみても実に不愉快なものであった。板張りの床の上に大型の樽を幾つも置いて遊女達が大勢その中に浸っている奇妙な浴室や、蛮地のキャバレを連想させる二階建ての侘しい妓楼が出て来るかと思うと、帝政ロシアから派遣されたスパイの住む建物などは、支配権の相当に強化された植民地の官宅を思わせる程度に立派なものであった。この「国辱映画」に盛り込まれている様々の怪異なアイデアは、対外事業関係者が多くの機会に弁護しているほど単純な原因から生じたものではない。

けれども、それは別問題として、一つの滑稽な着想が私に苦い微笑を誘うのである。というのは、何でも外国人の低級卑俗な趣味に媚びて輸出向けの考案をねるのが「常識」だと心得ている人達は、今度どこかの国で開かれる博覧会の折にでも、天井と床とを転倒した日本住宅のモデル・ルームを製作して、「外国人に解りやすい」一つの紹介を試みたらどうであろう。その方がむしろ、在来の根強い伝統として万国博を「賑わす」厚化粧のモデル・ルームより遥かに趣味が良く、しかも、「日本を歪める」罪は遥かに浅いであろう。ちょっと考えると、天井と床とを転倒した日本建築の紹介は、もっとも甚だしい誤謬を犯しているように思われるかも知れない。しかし、現実の真相からいうと、これよりも遥かに甚だしく「日本を歪めた」紹介は、日本そのもののの対外文化事業当事者によって、これまでにどれほど多く繰り返されて来たか解らないのである。

正面

一

フランスの大伽藍には左右の鐘楼の形式を異にするものが少なくないが、イタリアでは、寺院建築の正面だけ未完成に終っているものを多く見受ける。フィレンツェのサン・ロレンツォのように、清楚な諧調の快さを豊かに盛った寺院ですら、外部の正面は粗い下壁のままである。ボロニアの大伽藍サン・ペトロニオは広大な企図を三分の一に切りつめて無造作にまとめた建物であるが、正面の入口に精巧な浮彫を留めて工事は中絶されている。こういう例を旅の追憶から拾うとすれば、私のみただけでも随分な数になるであろう。

イタリアの寺院に未完成の正面が多いのは、イタリアの建築家がことのほかに正面の外観を愛し、その意匠を凝り、その贅を誇ろうとしたからである。したがってイタリアには、仕事のこまかい Facciata〔ファッチアタ（ファサード）〕をもつ寺院の数も多いの

いてもっている態度が窺われるのである。こんなところにも、イタリアの建築家がファッチアタにつ慮しないものを多くみる。幾多の提案のうちには、この寺院の様式をまったく無視し外観全体の調和など少しも考世紀の末に近く完成した Facciata がその中の優れたものかどうかは疑わしいが、一九れ、本山付属の博物館に現在陳列してある多数の図面やモデルができあがった。ら、正面だけを永らく未完成のままにしてあった。そこで正面の設計は様々に試みらア・デル・フィオーレ〔42頁〕がある。この大伽藍は外壁の全面を色大理石で掩いなが

そのほか、寺院の正面で変わった興味を誘うものにはフィレンツェのサンタ・マリ

している。

深い青空に高く輝くこの伽藍の正面は、現実の建築とも思われぬ印象を古い追憶に残もある。本山の広場を取りまく建物の壁の乾いた感触とくすんだ色調とにかこまれて絢爛なモザイコをあしらい、正面外部の敷石にまで美しいモザイコを使った贅沢な寺うな具合である。また、シエナの本山のように、白色大理石の外壁面に金色の地肌の過剰なほどに彫刻の装飾をもっている。いわば、大理石の華麗な「面」をかぶったよの外壁面が何の装飾もない煉瓦の表面仕上げになっているにかかわらず、正面だけは

その中でも特に徹底しているのはチェルトーザ・ディ・パビアである。巨大な寺院

の寺院建築には規模の大小を通じて相似た好みを多く見かける。寺から、豪奢の限りをつくしたチェルトーザ・ディ・パビア＊に至るまで、イタリアである。ペルジアのサン・ベルナルディーノ＊のように鄙びた装いを楽しむ可憐な小

＊サン・ベルナルディーノ
S. Bernardino Confraternita, Perugia

したがって、建築意匠に流動的なリズムを悦ぶ一七世紀の作家の中には、正面の結構から故意に直線を避け曲線と曲面とだけで統一し、悪達者な技巧の冴えを誇示しているものもある。ローマの小寺サン・カルロ・アレ・クワトロ・フォンターネなどそのもっとも極端な例であるが、こういう悪戯を寺院のファッチアタに弄ぶ建築家も恐らくイタリアの他にはあるまい。

二

航空写真の技術が進歩してから新しい風景美を楽しむことができるようになり、低空から撮影した風景写真帖の面白い試みが幾種も刊行されるようになった。そういう風景の中には、寺院をかこんで民家の集合するドイツの小都会や、広大な庭園をひろげているフランスの居城を俯瞰したものもあるし、各国の首府の記念地域を観はらした作品もある。

これらの航空写真は、主要な建造物とその環境とを結びつけてみることを解りやすく教えるが、また、平面図をみただけではリアライズしにくい遠近高低の関係を一目で理解させる特徴ももっている。けれども、建物の正面が広場を予想して収めている効果などになると、やはり、狭い視角度と低い位置とに限られた「人間の眼」を使わぬ以上、その価値を評価することができない。これは元より当然な話なのだが、正面

＊チェルトーザ・ディ・パビア
Certosa, Pavia

と広場との関係の中には「人間の眼」をきわめてデリケートに計量して的確に設計された試みも相当にあるわけだから、そういう場合には、ただ無邪気に空中からの展望を楽しめないことになる。

例えば丘の多いローマ市では、ミケランジェロの設計したカンピドリオ広場〔50頁〕とベルニニの意匠になるヴァティカノ広場〔サン・ピエトロ広場、51頁〕などがこれである。この二つの広場は、二人の優秀な美術史家ヤコブ・ブルクハルトとアロイス・リーグルとによって興味深く説明されているが、いずれも、広場の奥に位する中心の建造物の正面を引き立たせてみせるために特殊な技巧が使ってある。遠望の条件の好都合な建物なら広場の設計は常規通りで差し支えないが、この二つの広場のようにコンディションの著しく不利益な場合には、「人間の眼」の錯覚を巧妙に利用する必要が生じて来る。そういう点でイタリア・バロック期を代表する二人の巨匠の設計は非常に的確なのであるが、その効果をみせてくれるものも、また「人間の眼」の他にはない。観光客相手に売っている四つ切りの写真にこの面白味が出るはずはないが、航空写真の「新しい眼」にしても、ただ裏面の「種明かし」をみせてくれるばかりである。

三

Filippo Brunelleschi〔フィリッポ・ブルネレスキ〕という一つの人名は深い尊敬の念を私

＊パラッツォ・ピッティ
Palazzo Pitti, Firenze

に感じさせる。世界の建築史上に回顧される無数の建築家の中から、「建築家らしい建築家」としてブルネレスキほどに傑出した人物を探し出すのは困難であろう。最上級の礼讃めいたこの言葉を嫌う私ではあるが、ブルネレスキの場合には素直な気持で口にすることができるのである。

この優れた建築家の意図の下に完成した作品の中から、正面の印象のもっとも鮮やかな傑作を選ぶとすれば、ピッティの館と育児院との二つであろう。まったく性質の違うこの二つの建築が、その正面の効果を著しく異にしていることはいうまでもない。少し誇張して形容すれば「正反対」だともいえよう。それだけに、この二つのFacciataを創造した一人の建築家を考えてみることは興味深いのである。

パラッツォ・ピッティ*の正面外観は、雄大な延長から来る特殊な迫力と、ルスティカ様式に固有な壁面効果と、著しく有利な地域の好条件とによって、他に類例をみないほど豪壮な印象を与える傑作である。これほどに「量」の威力が気高く迫って来る建物は、ローマのパラッツォ・ファルネーゼ〔34頁〕を除いて他になさそうである。

スペダーレ・デリ・インノチェンティ*はもっとも早く設立された育児院の一つだという。この建物は、アヌンチアタの広場に向かって和やかな廊を開き、清楚な円柱の列の上に軽快なアーチを連ねている。そして、アーチがさがり柱が支える間の壁には、ロビアの陶工の手になる小児の円形浮彫が襁褓《むつき》に包まれ腕を開いて微笑んでいる。アーチと柱と浮彫との反復し交代するところから生ずる明朗なリズムは、あたかも、育児院に成長する子供達が手をつないで戯れながら来訪者を迎えるような効果をもつ

*スペダーレ・デリ・インノチェンティ
Loggia degli Innocenti, Firenze

のである。この和やかに愛らしい育児院の正面は、イタリアの明るい太陽を浴びて白く輝き、紺碧の空に柔らかく浮きあがってみえる。

これほどに簡素で自然で、そして、これほどに謙虚で大胆で、しかも、これほどに美しい建物が他にあるだろうか？ ピッティの館は、いわば、建築家に提供された威力を最大限に利用しつくした美しさをみせた建物であるが、育児院の方は、むしろその反対である。ブルクハルトが『チチェローネ』の中で使っている言葉によれば ein wahres Muster anspruchloser Schönheit〔註4〕である。二通りに使い分けられた才能をこの二つの正面の設計に極限まで発揮し得た作家——そういう作家こそ、時代を超越してあらゆる建築家の模範であるに相違ない。

四

Journal du voyage du〔cavalier〕Bernin en France〔ベルニニのフランス旅行日記〕のうち、一六六五年一〇月六日の日記は、この貴重な滞在記録のクライマクスのようなものである。筆者シャントゥルーの記述は、この一日の部分に歴史小説の一篇を思わせるほど面白く、フランス宮廷の生活環境に置かれたイタリアの巨匠の姿を鮮やかに描き出している。

この日、筆者がベルニニの官邸へ出勤してみると、彼の手に刻まれたルイ一四世の胸像の置いてある室にはすでに大勢の来訪者が集まり、その中にはコルベール夫人の姿もみえる。宮廷の馬車を仕立てて待っているとベルニニが下りて来て、ルーヴル宮殿の設計モデルに手をつけたり彫刻のデッサンをもって来させたりする。彼は機嫌よく芸術について筆者と語り、折から訪ねて来たベネチアの使節を快く迎えて沢山の仕事の目論見などを話す。絵は悪魔の悪戯だが彫刻は神の作品だ。神自身が彫刻家なのだ、というようなベルニニらしく無邪気な言葉もそのうちにある。ベネチアの使節が帰ると彼は筆者を伴ってルーヴル宮殿にゆき、ルイ一四世が閣議に臨んでいる不在中に居室へ入って胸像の置き場所を吟味し、帰ってから役人のペロウに会ってルーヴルの新築に関する用談を始める。寒くなって来たパリは堪え難いから間もなくローマに引き上げたい、したがってその前に新築の基石を置くように取りはかられたい、というベルニニの希望に対し、ペロウは工事を遅らす色々の口実を並べたり差し出がましい意見を述べたりする。ベルニニもはじめのうちは素描や手真似で説明していたが、自分の仕事を批評したと感じるや否や怒り出し、こと芸術に関しては自分——といいながら胸を打って——より優れた者でない限り修正する資格はない、お前などは靴の紐を解く資格もない、と声を高める。そして最後には荒々しく歩きながら非常に興奮して、法王から親愛と尊敬とを受けている自分をかく遇する以上、命にかけても明日は出立する、軽蔑の他に人を遇する道を知らないようなら胸像など槌で叩き壊してしまう他ない、とまで叫ぶ有様である。

現在のルーヴル宮殿は、この日記全巻の中で一番の悪役を演じているシャール・ペ

*ルーヴル（ペロウ・ファサード）
Façade orientale du Louvre, Paris

ロウの兄弟クロード・ペロウの設計した所謂 Perrault-Façade〔63頁〕＊を広場に向けて建っている。ベルニニの設計図＊は火災に失われてわずかに版画の複製しか残っていない。その版画でみると、ペロウの設計の穏和な凡庸さとはおよそ反対に、著しく豪厳なものである。もしベルニニの設計が虚無の中に消えることなく満足に実現していたとしたら、セーヌ河に臨むパリの中心区域は現在より著しく異なったものになったろうと想像する。

しかし、現代の日本を健全に代表する建物でさえ、特にそれが「健全」なため、実現するのに幾多の論争と政策とを必要とする事情にあるらしい。法王の特令によって堅固に守られたミケランジェロの総本山造営事業すら、結局は設計者の意志を裏切ったのである。

あるいはここに「建築」という芸術の常に負うべき一つの「宿命」が潜んでいるのかも知れない。

＊ベルニニの設計図（ファサード案）
Projet de Bernin pour la façade orientale du Louvre

塔

一

積木を弄ぶ子供達は、崩れないように用心しながらできるだけ高い塔を積み上げて悦ぶのが普通である。児童心理学の専門家がこういう子供の習性をどう説明しているか私は知らないが、人間の心に内在する本能の一つをここにみることも可能なように思われる。

建築の歴史を遠い昔からわれわれの現代まで一通り回顧してみると、色々の形をした高い建造物が、様々の時代相を象徴する記念碑のように残っているのを思い出す。けれどもその中には、狭い意味の「実用」から必然的に塔の形態を選んでいるものがほとんどない。もっとも、「実用」とか「目的」とかいう言葉の範囲を極度に拡大して解釈すれば、エジプトのピラミッドでもアメリカのスカイスクレーパーでも目的にかなった形態をもっているわけになるが、普通の意味に考えればその実用的根拠は甚だ弱いようである。現代の世界各国が所謂「ラヂオ戦」の武器として建造を競いつつある鉄塔ができるまで、実用の点から正確な「高さ」を計量して企画された建造物は余りなかったといって良かろう。極端ないいかたをすれば、建築史上に残る大部分の高塔はどれも積木の塔のごときものであろう。童心のうちにすでに内在していた人間の本能の一つが、「不可能という文字」を知らぬ権力意識と結び付いて作り上げたようなものだ――と見做しても甚だしい無理はなさそうに思われる。

しかし、愛すべき童心の発露が科学の歴史に幾多のエピソードを残して来たように、様々の権力意識からある時は無謀に企てられた建造物が、高さを誇ろうとする要求のうちに自ずから将来の建築技術を進歩させている場合も決して少なくない。凡庸な子供達も積木を弄んでいる間に、物理的な制約とその制約に順応してゆく人間の技術を、もっとも初歩な経験として自然に教え込まれる。建築技術発達史の側面から各時代の代表的な塔を計量してみるとすれば、一種の「遊び」に過ぎぬ塔の建設事業にも専門技術上の功績の相当なパーセンテージは分かたれているに違いない。

二

「塔の文化史」というものを考えてみるとする。巨大な建造物を通してその背景に含まれている様々の事情を詳細に分析するときそこに自ずから一種の文化史が成立するのは明らかなことで、その材料も別に「塔」と限ったわけではない。けれども面白いことに塔は、他の巨大な建造物とある程度まで違った性質をもっている。「できるだけ高く見栄えのするものがほしい」という共通な要求から生れた塔は、その建設事業を直接に促している各時代の「時代精神」や「権力意識」をきわめて純粋に表示している上に、その建設事業を許容するものが常に各時代のもつ「技術」の最高限度であり、しかも、塔の形式には各時代の「感覚」が甚だ簡明に具象化されているわけである。したがって一個の塔を複雑に構成している一切の要素を分析してみても、「偶然的なもの」の混入は比較的少なく、それに反して「本質的なもの」の含有量が非常に多いはずであるし、その抽出もきわめて容易なはずである。

しかし、「塔の文化史」の面倒な研究はその方面の専門家に委ねるとして、私はここに一つの玩具を発見し、たわいのない童心の悦びを満足させようと思っている。

世界地図を色々な色で複雑に塗り分けた板を想像し、その上にチェスの駒ぐらいな塔の模型を置き並べてゆくとする。まずはじめに二つの錐体をとる。一つは正方形の底面をもち粗い石でできているが、もう一つの方は少し歪んだ円錐体で鉄とガラスから組み建てられている。正方錐体をエジプトにのせてから円錐体をロシアに置こうとするが、指でつまみ上げただけで壊れてしまう。その次には、方柱型と円柱型の簡純な塔がイタリアの上に沢山置かれるが、その大部分はすぐ取り除かれ、結局は色大理石の綺麗な塔が一本と、危うく倒れそうに傾いたまま立つ三本の塔とが残っている。フランスとドイツを中心に先の尖った精巧な塔が何十となく成長して小さい鐘を鳴らしていると、遥かにはなれたアジアでは、インド、支那、日本にかけて、土饅頭のようなストゥーパと筍のような塼塔《せんとう》と木造の五重塔とが並んでいる。新大陸のアメリカではワシントンのオベリスクを中にかこんで、様々の形をした摩天楼が周囲に密集し、互いに押し合って混雑しているが、パリではエフェル塔を間に挟んでドイツ館とソヴエト館とが向かい、翼を下げた鷲と肩を組み合った人とが、高い屋根の上から睨み合っている。バビロンの神殿の塔が崩れている側に聖ソフィアの細い塔が残っているかと思うと、ランシーのノートル・ダームのコンクリートの鐘楼の傍には、バルセロナのサグラダ・ファミリアの怪異な塔が未完成のまま砲煙に包まれている。天文観測用のアインシタイン塔とライプチヒの戦勝を記念する塔とが似たような趣味の装いをしているところから遠く離れて、東京の新議事堂がマウソロス王の墳墓に似た巨大な影を落としている。チェスの駒を思わせる種々雑多な塔の模型をすっかり並べ終えると、今度は鉄製の細長い塔を何十本となく取り出し、非常に手早く全世界の各地に突き立ててゆくのであるが、その中の大きい二本が最後に東京の近くに置かれる。

傍から想像すると甚だ無能で退屈な玩具のようであるが、これを弄んでいる当人には案外に楽しみな慰みなのである。

三

シエナの古都の狭い街路の両側からせまる建物の石壁がつき、石畳を打つ馬蹄の音の消えたところに、広々としたピアッツァがにわかに開け、そのピアッツァを見通した彼方にパラッツォ・プブリコの高塔が明るい陽の光に浴して立っている。フィレンツェの洗礼堂の扉を装うギベルティの浮彫が街の埃に掩われながら青銅の色を沈ませているすぐ前に、ジョットの作といわれる本山の美しい鐘楼が大理石の色を鮮やかに輝かせながら聳えている。中世期の面影を留めたイタリア都市の魅力は、どこへ行っても塔の印象に結び付いている。

ボロニアに建ち残るアジネルリとガリセンディの二つの塔は、傾きながら間近に並んでいるので特に不思議な印象を与える。アジネルリの塔は一〇〇メートルに近い高さで完成しているが、ガリセンディの塔は五〇メートルに足りないまま中断されている。余り傾いたため未完成に止めたものか、それともまた、完成後に傾いたので上部を取りはらったものか、その点は明らかでない。豪族達の住居に接して建てられたというこの種の高塔がどういう目的に使われたか、それも詳しく調べてみないとよくは解らない。しかし、建築史家の中には、実用よりも見栄えを主にしたものだと解釈している人が相当に多いようである。Ch. Cummings の大著『イタリア中世建築史』のごときは、豪族と市民との対立関係からこの種の高塔を説明し、中世の都市法による塔の高さの制限をも同様な社会事情を背景として解釈しているが、これには異論もあるようである。けれども、C. Ricciの『イタリア・ロマネスク建築』をみても、市街戦の激しかった一一世紀から一三世紀にかけて塔の建造が著しく増加している事実を認めているし、フィレンツェに一五〇、ボロニアに一八〇の塔を数えている。「小さい森のように」と塔の群がる有様を形容した言葉もあったというが、現在でもサン・ジミニアノ＊などは一六個の塔をもつ怪異な形態の町である。私が昔ボロニアの街で戯れに買った絵葉書をみると、Bologna al tempi di Dante〔ダンテの時代のボローニャ〕として塔の林立するいい加減な想像図が描いてある。

豪族と市民との対立関係を塔にちなんで解釈したり、塔の建造に関する都市法の由来を調べたりする興味は、そのままなんらの無理なく、現在のアメリカ都市へ連想を誘うのである。着想の奇を衒《てら》う類推を私は好まないし、「歴史は繰り返す」といったような言葉にも私は嫌悪を感じるが、中世のイタリア都市と現代のアメリカ都市との間に比較考察を試みることは、面白くもあり有益だとも思っている。

四

アメリカが「現代に与えた最大の贈り物」として誇っているスカイスクレーパーは、大都市の交通組織を混乱させ保健状態を悪化させるという甚だ困った存在なのである。数年前こういう問題に興味をもっていた頃私が読んだ色々な本の中では、当時ドイツ

＊サン・ジミニアノ
S. Gimignano

の都市計画委員だったM. Wagnerが皮肉な写真入りで発表した『ドイツ建築新聞』の単行本と、W. Behrendtの建築視察旅行報告として著した書物の二冊が、専門関係者の書いたものとしてはもっとも興味深かった。

けれどもまた反対に、スカイスクレーパーの建設事業が世界の建設史上に与えた功献を拾い出してみると、この中にも興味ある問題は多い。例えば、狭隘《きょうあい》な都市地域内のわずかな面積上に巨大な塔形の建築を施行する場合、材料の運搬方法、構築の順序、勤労者の交通整理、衛生施設の組織、等の大量的で複雑な諸件をいかに扱っているか？——という点だけでも、充分に一冊の著述を必要とするほど面倒で面白い問題を含んでいる。また、高層事務所建築が塔形をとる場合に、都市建築法の許容する範囲内でもっとも効果的な外観をもつためにはいかなる形式が要求されるか？——というような建築様式上の問題もある。それから、底面積の地価と建築体積の利用率との関係を計量してスカイスクレーパーの高さに経済上の限度を測定する特殊な研究も、すでに立派な一冊の本にまとまっている。また、唯一の交通機関であるエレベーターの使用方法に関する諸問題もあるし、テラコッタや軽金属を装飾用に使う建築意匠上の考案などもあり、注目を必要とする側面はきわめて豊富なのである。

その他一般の社会現象としては、この種の高層建築を一個の広告塔と見做し、所謂「商業美術」の観点から扱う試みも可能であるし、「レコード数字の国」に個有な国民史の現れとして考えるのも面白い。一方に著しい破壊的な側面があると同時に、他方には建設的な側面も認められるし、両者の中間には利害を超越した純粋の「遊び」も混入しているわけである。恐らく、塔形の事務所建築ほどに、複雑な問題を含みながら製作意図の単純さを示している不思議な建築は、他には余りなさそうである。

したがってもし仮に、古い時代のウールウォース・ビルディングから最近のロックフェラー・センターに至るスカイスクレーパーの代表作を一つずつ取り出し、その各々について、建築主の立志伝から都市計画の諸問題まで、一切の具体的な事情を詳細に指摘してみたら随分興味深い調査報告ができあがるであろう。

五

S県に新設された放送所は、広い敷地の中に形の悪い粗末な建物を幾棟かもち役宅の群れを並べた侘しい風景だが、その環境と甚だしいコントラストを示す二本の鉄塔の眺めは非常に壮大で快い。日常の慰安から非常時の国防まで、複雑な任務を課せられているこの鉄塔は、高さ三一二メートル余り、三角形構桁式で非常に細い塔身をもっている。三方に広く張った支線は七段に塔身を支え、全体として著しく簡単で軽快な印象を与える。しかし、この塔を仰いでもっとも面白く感じるのは、地面と接触する絶縁部の構造である。いかに軽快でもこの高さだから総重量は一七三〇トンあるというが、塔はその尖端を下にして磁器製の碍子《がいし》の上に平然と乗っている。ちょっと考えると碍子が粉々にくだけそうに思われるが、四ヵ所に各々四個ずつ全部で一六個の碍子は一個につき二〇〇トンの重量に耐え、総体で三二〇〇トンの重さを受けることができるそうである。風圧や震動に対してどの程度の安全率が計算してあるかまだ聞く機会をもたないが、この塔をみて痛切に感じるのは鉄骨構造技術の進歩である。

この鉄塔から誰でもすぐ連想するのは、エフェルが建てたあの歴史的な記念物であろう。一八八九年の万国博覧会に設計されたこのモニュメントはS県の塔よりも一二メートル低く、丁度三〇〇メートルの高さである。J. Prévost が著したエフェルの評伝をひらくと、エフェル塔の建設工程を示す二十余枚の挿絵が一種の感慨を誘うが、その錯雑混沌たる構造をS県の鉄塔の簡明な結構と比べてみることは、技術上の専門科学に縁のない素人にも興味深いのである。エフェル塔はスエズ運河と等しく、近代科学文明の歴史に残された造築工事の巨大なモニュメントであるが、一九世紀の後半期に栄えた博覧会建造物に誘致されて鉄骨構造の技術が発達したことを回顧しながらS県の鉄塔を仰ぐと、あらためてエフェルの功績が偲ばれるのである。

エフェルが高塔を設計したときの意図は、数千年の昔から人間の本能の中に潜んでいる「高いもの」への希求であったろうが、そういうところから発達した技術が、少なくとも一つの貴重な実験として、現代の全世界に純実用的な高塔の建設を可能ならしめたわけになる。

今から後も歴史のつづく限り、新しい目的をもつ新しい形態の塔は、恐らく建造されてゆくことであろう。しかし、愚かしい空想と律儀な教訓とを混ぜ合わせたウェルス風の映画を作ろうとする者でもない限り、その規模を形に現してみる気にはなれまい。

昇降機

一

寺田寅彦先生の随筆『蒸発皿』の中に「エレベーター」というのがある。百貨店の昇降機を乗客のメンタルテストに使ったりインディケーター・ダイアルで交通の配分を調べたりして、小さい感想にまとめたものである。

群衆を押し分けて先を争わないと気の済まないタイプの人間は百貨店のエレベーターを大いに利用したがる類であるが、この種の人間を「善導」するとある時の際に役立つ。そういう意味ではナポレオンもレーニンもムッソリニもヒットラーも、結局一種のエレベーターのようなものなのかも知れない――という先生らしいユーモアは、ただ微笑しながら拝聴しておくとするが、もう一つの交通配分に関する問題は、多少でも建築施設に注意している人達の興味を惹くに相違ない。

「扉の上にあるダイアルに示された各機の時々刻々の位置の分布を注意してゐると、

多くの場合に二つか三つの昇降機が殆ど並んで相角逐しながら動いてゐる。理想的には、週期的運動の位相が略々《ほぼ》等分にちがつてゐる方が乗客の待ち合はせる時間を均等にし、従つて、乗客の数を均等に分布する点で便利であらうと思はれる。尤もさう云う場合だけに注意を引かれ、さうでない場合は特に注意しないために、忽卒《そうそつ》な結論をしてはいけないと思つて、或日試みに某百貨店で半時間位実地の観測を行つてみた。観測の方法は、数秒毎に四つの昇降機のダイアルの示す数字を書きとるだけである。此の観測の結果は矢張り実際に予想通りの傾向を示してゐる。」(一部省略)

この「観測」は寺田寅彦全集「手帳」の中に収めてある。「高島屋食堂前エレベーター観察、四月十一日午後二時過」として、四個の昇降機のダイアルが示す位置を詳細に書き留めてある。先生が盛んに随筆を書いておられた頃雑誌でよんだものの「裏」には全集を通読している間に折々出合ったが、「手帳」の中でこの数字表を見出したときには殊更に深い懐しみを覚えた。

同一区間を上下する数個のエレベーターでは、先行する箱が常に乗客を多くのせ停止の時間を多く要するわけだから、自然に並んで進行する結果になりやすい。この不都合な状態を防止する方法は昇降機を利用するビルディングなどで色々試みているようだが、日本の百貨店のように乗客の訓練を欠くところでは、適当にコントロールすることが困難であろうと想像する。

この問題には私も興味を感じていたので、百貨店について非常に綿密な研究をまとめた専門家の著書を調べてみたがまったく触れてない。欧米の百貨店大衆はエレベーターとエスカレーターとを使い分けることも知っているようだし、経営者の側もエスカレーターを重要視しているらしいから、寺田先生の注目されたような現象は、あるいは日本独特のものかも知れない。その代わり、アメリカなどでは、ラッシュ・アワーの高層事務所建築に当然生じる昇降機の配分問題について、甚だ合理的な解決法を講じているのである。

二

昇降機の発達と高層建築の発達とは、ある程度まで相互補助的な関係にあると考えてよかろう。鉄骨構造の建築とエレベーターとが、その誕生の年代を等しく勧業博覧会の勃興期に回顧するのも面白いが、現代アメリカの高層事務所建築が昇降機を極度に発達させている有様は、付帯施設として特に興味深いものである。

現在のニューヨークを代表している若干の建物について、その平面図を階を追って調べてゆくと、建築法の許容する高度と面積との比率内で面積を漸次に縮小しながら変形させてあるが、中央の相当に広い部分はどこまでもエレベーターに与えられているのが解る。同様にまた、この種の高層建築の内部を紹介した写真などをみると、エレベーター・ロビーの装飾意匠が常に中心になっていて、多くの場合には、昇降箱の内部やディテールをも相当に重要視していることが解る。

巨額な投資事業として高層事務所建築を扱う立場からみれば、階数上の経済限度を厳密に計算すべきはずのものであるが、そこにもエレベーターの関係する範囲は甚だ大きい。まず、各種の建築費と賃貸有効面積との比率を曲線で表したものをみると、建物の高さが増すにつれ、鉄骨材料の線とエレベーターの線とが相当急激に上昇しているのを知る。しかし、建築階数の増加につれて、エレベーターが賃貸床面積を吸収してゆく率は、それよりも遥かに著しい。数年前に刊行された専門研究書の表によると、一〇階以下の建物と七〇階以上の建物とでは、総床面積と昇降機だけの占有する床面積との間の比率が約五倍に上っている。つまり、上層部の要求する急行エレベーターは地階に至る全部の階から莫大な床面積を奪うため、こういう結果を生じるのである。昇降機の著しく進歩した現在ではこの表をそのまま認容し難いであろうが、ここにはなお、将来の解決に待つべき幾多の興味ある問題が含まれているであろう。

したがって、エレベーターの輸送能率を高める工夫は、投資事業の立場から高層建築を設計する場合にもきわめて痛切な問題なのであるが、この問題はさらに、昇降機を日常の交通機関とする通勤者にできるだけの便宜と快適とを提供しようとする試みに発展すべきはずである。

例えば運転のシステムをもっとも進歩した高層事務所建築についてみるとする。まず、エスカレーターとエレベーターとが併用されている。下層の数階は主としてエスカレーターを使うから、それ以上の上層部に対してエレベーターの機能が集中されることになる。そこで次に、エスカレーターの運転区域を無停止で通過したエレベーターを急行範囲の長短に従って三種類に分ける。それからさらに、二台連結のエレベーターを仕立てて、上の一台を偶数階用にすれば下の一台を奇数階用にするという方法をとる。これは、賃貸価額の高い上層部の貴重な床面積を節約するための試みで、ごく最近に実用した新案である。

これらの運転組織は、朝夕のラッシュ・アワーと中間時とによって適宜に変更されるもので、連結式の昇降機のごときは、乗客の少ない中間時刻には上の一台だけを切り離して使うようになっているし、エスカレーターなども、朝と夕とでは全部の方向を逆用するのである。

また速力のごときも、一分間に六〇〇フィートから一二〇〇フィートまでに区別されている。参考用の対比として東京の建築を引合いに出してみると、高さがわずか一〇〇尺に制限されているため、もっとも高級なエレベーターすら五〇〇フィートの速力を有するに過ぎない。

三

地震国の日本でも、大都市に生活している人達が屋内交通として昇降機を利用する場合は非常に多い。ところがエレベーターは、一般の常用者達に余り信用がないようである。あらゆる交通機関の中でもっとも事故が少ないのにどういうわけかと思うが、人間の本能として、万有引力の法則に反抗しながらそれを逆用している昇降機に、無意識的な不安を感じるのかも知れない。

　エレベーターの製作事業関係者の話によると、鋼索が切れて墜落する恐れはないかという不思議な危惧が、素人の質問のほとんど全部だそうである。気のきかないエレベーターは、通路の素通しにみえる伸縮柵を今でも使っているから、あれが元で、鉱山の竪坑や車井戸の釣瓶を連想させる恐れもないとはいえないし、こういう連想から奇怪な流言が生れたりするのかも知れない。

　したがって、昇降機を製作する専門家の立場としては、利用者大衆の神経をできるだけ尊重する必要があるわけで、地上を走る交通機関に比べるとエレベーターの方が遥か微妙にできている。ユーモラスないいかたをすれば利用者に信用の薄いところから昇降機の著しい進歩が生れたと誇張しても良さそうである。現にアメリカなどでは、サラリーマンの苦情を参考資料にしている製作会社もあるらしい。

　エレベーターに馴れない人が旧式なものや安価物に乗ると止まるごとに不快を感じるが、ところによってはサービス・ガールが「お足元に御注意下さい」というのを聞く。しかし、進歩した高級品では、ボーイやガールは運転手でなく乗客のサービスをするにすぎないし、止まるときや動くときになんらのショックも感じさせない。停止する前に速力は減じ、危険なく扉が少しずつ開いて、床面に止まると同時に乗客は歩み出られるようになっている。

　また、ところによると、ボタンを押して待っているのに昇って来ないで途中から引返して行ったり、満員でもないのに無停止のまま通過したりして、エレベーター・ガールを叱りたくなるビルディングもあるが、優良品を使っている建物では、ロビーに立ったままこちらがボンヤリしていても、エレベーターの方から可愛らしい音で注意してくれる。

昇降機を自動的に操作したり複雑な運転組織を調整したりするシグナル・コントロールの発達と、利用者に快い乗心地を与えるギアレス・マシンの誕生と——この二つの電気工学的恩恵は、大建築の付帯施設としてはじめて可能なのかも知れないが、これに相当する恩恵は、現在のバスや、電車には存在しないように思われる。しかも面白いことに、われわれはどんなに高級なエレベーターをも無賃で利用できるが、これに反して一向に進歩も改良もないバスと電車とには、不快を忍びながら料金を払っているのである。

東京で使っている普通の大きさのエレベーターでも、一個の価額は四〇〇〇円ぐらいからその一〇倍前後までの開きがあるという。そうなると、円タクと高級自家用車の相違など問題でなくなるが、この著しい相違は、また時として、これを使っている建築の価額を計量する物指の代りになる場合もある。

四

日常私が利用しているエレベーターの中で特に印象の深いのは、明治生命と大阪ビルとの昇降機であろう。明治生命の七階にある国際文化振興会には会合や用事があるのでここの昇降機にはよく乗るが、今のところ日本の最高級品であるだけに気持が良い。それから、大阪ビルの新旧両館には外国映画会社のオフィスが集まっているから、試写をみるため一週間に数回は使っていた。乗り合わせたサラリーマン諸君が賞与や馘首について語っているのを傍で聞きながら、一坪に足りぬ空間に一分間ほど切り取られた世間の断片を感じていた。しかし映画輸入禁止の現在では、ここの昇降機も一つの懐かしい追憶である。

また、官庁建築の昇降機で面白いコントラストをみせているのは、文部省〔220頁〕と鉄道省〔165頁〕とである。ノッソリした外観をもつ文部省のエレベーターは、乗ろうと思っても運転しているのかいないのか解らないほど長閑な場合が多い。その反対にスッキリした建築意匠をみせる鉄道省のエレベーターは、箱のデザインが建物と良く調和している代わりに、いつ行っても省員を一杯つめ込んで忙しく動いている。こんなところにもある程度まで官庁建築の特徴が出るのかも知れない。そういえば三信ビル＊など、流石にオーティスの事務所があるだけに、エレベーター・ロビーの設計は良くできている。

百貨店の昇降機で気のつく面白さは、東京と大阪とで箱の壁面のデザインが著しく

＊三信ビルディング
設計：松井貴太郎
竣工：一九三〇（昭和五）年

違っているところにある。東京の百貨店は鉄材の箱らしく単純な意匠を使っているが、大阪のそごう＊などでは蒔絵風の装飾図案を濃厚にみせている。「新興」の建築家にいわせれば、鉄材の壁に木目や図案を描くことは排除すべき好みであろう。オーティスや日立の首脳部もほぼ同様な考えをもっているようであるが、百貨店のように、田舎から見物に来ている老婆や赤ん坊を背にくくった子守娘の乗り合う箱では、無地の淡色に塗った壁面で狭く視野を限ると、侘しい姿が著しく目立つように私は感じている。オーティスの工場に行ってみると、様々の色を塗った扉をカードのように引き出してみせる便利な見本もできているし、仕上げの現場では手工芸のように面倒な手間と時間とをかけているのであるが、箱に組み立てて乗客を入れてみると、案外に引き立たない場合が多い。これらの点にも、まだ研究の余地はかなり残されているように思われる。

しかし、似たような考慮は色々の付属品についても必要であろう。ファン・ライト、インディケーター・アナンシエーター、などはすでに一種の建築装飾になり切っているが、換気口に使う格子のようなものになると、優れたデザインが余り見あたらないようである。しかしこういうのも、建築の意匠や乗客の質で色々な条件と制約とが生じるから、箱だけを切り離して一概に図案を批評することは無理なように思われる。

＊そごう百貨店（大阪）
設計：村野藤吾
竣工：一九三二（昭和七）年

病院

一

同じ病院の建物から受ける印象にしても、健康なときに家族や知人を見舞いに行った場合と自分の体に本格的な故障を生じて入院した場合とでは非常に異なって来るのがあたりまえであるが、至極当然なこの事実は、「病院建築」というものの性質を考える上で興味深い色々の問題を含んでいる。些細な物でも例えば病院の天井などは、見舞いに来た人にはまったく気のつかないようなところであるが、主客の位置を換えて牀上《しようじよう》に臥す身になると室内でもっとも交渉の深い存在になって来る。

病院に来た見舞客の眼にまず映ずるのは、遥かにつづく長廊下のパースペクティーヴであるが、担架車に仰臥して長廊下を運ばれてゆくと、廊下の天井が移動しつづける間に窓と扉の上部がみえ、人の顔が通りすぎるだけである。これについて思い出すが、世界戦争時代の野戦病院を扱ったある映画に面白いカットがあった。北イタリアのパラッツォの中を主人公が担架で搬ばれるとき画面に移動する廊下の壁と天井とは、この建物に特有の肌ざわりと臭いとを鋭く実感的に描き出していた。この映画をみたときはセットの扱いかたの綿密さに感心したが、病人の主観は肉体の苦痛にもかかわらず天井や壁に対して敏感になっているはずだから、もしこの場合に、壁面の汚れ具合や肌ざわりが明確に描かれていないとすれば、この部分の移動撮影はまったく意味のないカットとなるわけであろう。

この気持が廊下から病室の中に移ると、そこではじめて病院建築上の問題となって来る。つまらぬことのようだが自分で入院してみてちょっと面白く感じたので、私の病室の寝台に仰臥したままで視野の中に直接入って来る天井と壁と窓との部分を簡単なスケッチにとってみた。副室と予備室とを病室から区画している低いガラス壁、二つの窓からのぞく大空の一片と中庭の樹枝、などの他、暖房と水道とのパイプ、電灯のコード、額をつる金具と、およそそういった類の平常ではほとんど注意を惹かないようなものが、一日中私の視野を占領していて、気分の上に予想外の影響を与えるのである。

これに類する気持は病人の心理を描いた作品などにも出て来るが、私の在外中にも一つの侘しい記憶がある。フィレンツェの旅宿で高熱に悩み四日間の大事な時間を空費したことがあるが、アルノ河の水面から反射する光が天井に描く波紋をみつめて、なさけないようないらだたしいような日課を味わっていた。この貧しい居室には一〇日余りも暮らしたが、今でも記憶に残っているのは、天井に映った波紋と窓の下から聞こえて来る門付《かどづ》けとだけである。

こういう点から考えると、清潔さを保つためばかりでなく気分の上からも、病室の天井や壁には白色の滑らかな面が好ましい。模様やモルディングは、「冷たさ」を消す効能よりも、かえって患者の目に負担をかける禍の方が多いであろう。電気時計のごときもない方が安全であるし、秒針の動くものなどもっとも禁物であろう。ごく小さいものでは氷袋や蚊帳をつる鉤など、枕の真上に来ないよう取付けるときに注意すべきである。

上記のような事柄を建物の色々な部分について詳細に拾ってみたら、案外に有益な結果が得られるかも知れない。しかしともかくも、患者の眼に抵抗を与えない——ということが、「病室意匠学」の根本原則であろうと考える。

二

私が慶大病院に入院していたとき、中央事務長が挨拶にみえたのを機会にこの病院建築の昔話をきいたことがある。

「この病院も今ではだいぶ古ぼけましたが、できた当時はまったく新しい試みでした。それまで病院といえば、陰気で薬の臭いがするところときまっていたのですが、この病院がはじめて幅の広い廊下を使ったのです。ですから参観に来た人の中には、廊下にこんな坪数を使って経営が成り立つものだろうか、などという疑問を抱いた者もありますが、今ではこれもあたりまえになりました。近いうちに改造しなければならないのですが、新しい病院が方々にできた後ですから、なんとかして立派なものにしたいと思っております。」

問題の廊下は、病院に馴れた患者が戯れに「銀座」と呼んでいる部分で、診療所と病棟との中間を貫くメイン・ストリートのことである。退院の近づいてる患者は受持ち医員から短時間の運動をすすめられるのが普通だが、寒かったり天気が悪かったりして屋上に出られないときは、この長廊下が舗道の代役をつとめる。七棟ほどの病棟がこの長廊下と直角に並んでいるばかりでなく、地下道を通れば街路を距てた別館からもここに出て来られるから、一般の軽症患者にも親しまれているらしく、また、会計、売店、理髪所、喫茶室、食堂、などがここに集まっているから、付添いの家族や見舞いに来た人達にも便利な場所になっているらしい。震災以前に創立された木造だから今からみれば古臭いが、鉄・コンクリートにスティール・サッシを使ってこの程度の歩廊を設計したら、明朗で快適なものができあがるに相違ない。

一週間足らずの短期間に退院してしまった私には、この歩廊は終に親しみのない「異郷」で終ったが、その代わり、今では古風なブロック・プランの名残だと思われている中庭には、愛着に似た一種の親しみを感じている。もっとも私が入院したのは、若葉の美しい晩春の季節だったが、これほど植物に心を惹かれた記憶は中年以後にまったくないと覚えている。

私のいた病室は、寝台に沿うて中庭に向かう窓が二つ開き、副室の外の廊下も別の中庭に向かっていた。毎日の午前、椅子車に乗り付添い看護婦に押してもらって廊下に出ると、中庭に繁る色々の草と樹が明るく眼にうつる。それを次々に眺めながら規定の沐浴に往復するのは一番楽しい日課であった。

新しい考えの建築家にいわせると、流動しない中庭の空気は健康でないそうであるが、二階建てぐらいの低さで病棟が非常に長く、病棟間の間隔も相当に広い場合には、樹木や下草に親しめる中庭は固有の長所をもっているように思われる。そしてむしろ、現代風の高層病棟に収容される患者達が、眼に快く気持の慰められる自然の恩恵をどういう方法で受けたり補ったりするであろうか？――と、そんなことまで心配になって来る。

植物にちなんで私がいつでも思い出すのは、巣鴨に新築された拘置所を参観したときの記憶である。独房の未決囚にあてがわれる運動場は、あたかも扇を開いたような形になっていて、要のところに監視の見張台があり、狭く仕切られた細長い間を一人ずつの囚人が歩けるようになっている。独房囚の眼に入るものは、仕切りの高い板塀の上に細長く切り取られた大空の一部と、細長い土の一番広くなったところに植えてある小さい桐の樹だけである。運動時間の未決囚がこの一本の桐にどんな気持で親しむだろうと思うと胸にせまるものがあるが、同時にまた、この小さい樹が非常に寛大な差入品であるようにも感じられた。勿論事情は大変に違うが、長らく病室に閉じこもっている患者には、やはり植物がなくてならない心の糧であろうと想像する。

三

「防空色」という言葉が近頃盛んに流行している。空襲と防空との技術を現在の発達段階に予定して考案されたものであるから、例えば非常な高度から都市の攻撃を行うような場合を仮定すれば、防空色の実用価値に変化が生じることもあろう。けれども、将来の問題は別としても、防空色の適用範囲には相当複雑な考慮が必要でありそうに思われる。

ところが、「防空色」という言葉が流行しはじめると、中堅程度の建築家の中にさえ、ただ追従的に建物の色彩を論じたり新しくできた建物を批評したりする者が出て来るようである。近頃建造された優秀な建築の中で、そういう不思議な流行の目標になったのは逓信病院＊であるが、この建物一つだけを取り出してみても、多くの追従者が考えるほど問題は簡単でない。

元来からいうと、大都市の建造物はどれも明るい色に装わるべきものである。当然予想される汚損を考慮して様々の色彩を工夫する場合はあるが、都市居住者の心理に及ぼす不断の影響を尊重する限り、明色は必要条件の一つであろう。まして病院のように、利用者の心理を特別に考慮しなければならない建物では、むしろ「絶対」に明朗な外観を必要とする。

逓信病院の外観は、建築に無関心な一般の人達にも非常に快い印象を与えているようであるが、これは、美的観賞の問題としてよりも、むしろ、病院建築の第一条件と

＊逓信病院（東京）
設計：逓信省、山田守
竣工：一九三七（昭和一二）年

して興味がある。この「明朗さ」を構成要素に分析してみると、ブロックとエレベーションとの調和、壁と窓とのプロポーション、スティール・サッシの塗り色、等が白色陶製の小型タイルによる表面仕上げと的確に折り合っていることが解るが、そういう設計技師の綿密な注意は、単に造形的な興味ばかりでなく、入院を希望する患者の心理をデリケートに尊重しているところに妙味がある。しかもこの病院が純然たる社会事業施設であるだけに、この「妙味」は二重の意味をもっているのである。

しかし、この建物の設計者は、防空審議の直接関係者であるだけに、明快な外観を必要に応じて簡便に仮装したり復原したりする方法は充分に考案しているようである。断るまでもなく、この種の対策を予め用意して外観の意匠を決定することは、現代に処する一般建築家の常識であるに相違ない。が、それにもかかわらず、逓信病院を批評した建築家が防空問題に疑念を抱くかのごとき言葉を使う場合には、専門的知識の乏しいジャーナリストの「思い付き」と違って、意外に大きな結果を惹き起す危険がある。まして、相当な社会的地位をもつ建築家の言葉である場合には、帝都の外観に半永久的な弊害を残さないとも限らない。

工業大学の新聞に今年の記念号の執筆を約束したまま私は病院生活に入っていた。自ずから興味が病院建築に向いていたので、逓信病院を主題にした小稿を口述して送ったが、その時にも一番気がかりだったのは、防空問題の流行に追従した無責任な建築家の意見であった。もし実際に防空問題を注意しているなら、平素は明朗な美しさをもち、非常時には簡便に仮装し復原する方法を、充分科学的に研究したり調査したりしたら良さそうなものである。ある工場主が素人考えで迷色をほどこしたら空中から余計にハッキリみえた——という時局笑話をきいたことがある。真偽のほどは知らないが、無責任な建築家の意見もこれに似た苦い滑稽味を含んでいるような気がする。

四

社会上の制度や習慣について日本と外国との相違を痛切に感じるような場所を現在の東京でさがすのは容易でなさそうに想像するが、少なくとも聖路加病院は、その典型的な代表物の一つである。

拝外主義者の間で一種の「名所」になっているこの国際病院は、日本に在住する外国人のためには非常に便利な施設に相違なく、大勢の外人が住んでいる土地には欠くことのできぬ存在であろう。それにこの病院はホテルのような「豪華さ」もあるから、異郷情調を病院で味わおうとする日本人にも悦ばれているらしい。その代わり、ここで採用している制度をみると、「日本固有の美徳」を切り棄てて「クリスト教精神」に置き換えてあるから、不便を感ずる患者や家族も多いであろうと想像する。

天井の高く広々とした食物調理場にはステンレス・スティールが豊かに輝いているし、配膳台の上には温かい食物の冷却を防ぐ金属製の下皿と上蓋が積んである。数多くの小室にカーテンで仕切られたマッサージの室には、温水浴、蒸風呂、シャワー、電熱器、太陽灯など様々の治療具が備えてある。何となく温泉場のサナトリウムを思わせる明るさである。

ゴート風の装飾を凝らした礼拝堂は鮮やかなステンドグラスに明るく、夜はスポット・ライトで天井を照らすようにできている。病棟の廊下がホールに広まったところに音響を遮断するグラス壁があり、扉を開けてギャラリーに出れば軽い鉄柵越しに祭壇が見通される。各階の患者が昇降の煩いなく礼拝に参加できるためのギャラリーである。葬儀の祭場が病院の一部にあるのもクリスト教徒には当然の施設であろう。

しかし、「神のもとに召されてゆく者」の見送りかたと同じく、「神から授けられた者」の歓迎振りも日本人の常習とは縁が遠い。産科で生れた乳児を母親から離し番号札をつけて小児科にまわすのは、合理的かも知れないし、「抱き癖」などもつかなくて便利かも知れないが、その代わり、重体の愛児に母親の付添いが許されないのは困る人も多いであろう。水族館のような廊下のグラス壁からのぞくと、小さい寝台が賑やかに並んで可愛らしい。

けれども、この病院で普通の日本人がもっとも不便に思うのは、付添い看護婦を置かない規則であろう。用事は当直の看護婦が足し、付添いをたのむと一二時間交代で別の看護婦が来るのだという。日本の病院に特有な伝統的美点は、献身的といいたいほどに親切な看護婦が多く、患者の個性をよく飲み込んでくれるところにある。そういう長所は色々な人の書き残した病牀記にも散見するが、こういう日本的「美徳」に馴れている人は、クリスト教的「博愛」をにわかに信頼できないかも知れぬ。

退院したら聖路加病院を詳細に参観したい――と病牀で楽しんでいた私は、この異国的な病院の中を汚物焼却室から看護婦学校までみながら不思議な連想に突きあたった。アメリカから来る映画の中に明快な病院建築を背景とする幾つかの作品があるが、どれもみな、医者と看護婦の恋愛関係でストーリーができている。もし仮に日本でこういう映画を作るとしたら、患者と看護婦との純真な愛が主題となるに相違ない。

また私は、かつて読んだ二つの文章を思い出した。病妻とともに送る高原療養所の新婚生活を描いた堀辰雄氏の小説と、愛嬢を看護しながらスケッチ入りで書いた寺田寅彦先生の日記と、いずれも私の心を深く打った文章であるが、聖路加病院の中からこういう肉親愛の記録は生れることができない。

「病人には三つのLが必要だ―― Luft, Licht, Liebe〔空気、光、愛〕」日本の医科大学で先生が教えるこのドイツ語が、舶来品か模造品かそれとも国産品か私は知らない。しかし少なくとも、ここでいうLiebeの内容は、日本と外国とで余程違っているように思われる。

百貨店

一

　百貨店に集まって来る大衆と百貨店に蓄積されている商品とを二種の「素材」とし、「製品」としての購買客をこれから造り出す——と考えるときは、百貨店の建築的機構を一個の「生産機械」と見做すことが可能である、という基礎概念の上に組み立てられた面白い研究がある。商品、店員、売場、大衆、建物、と五個の円周を組み合わせて、百貨店内部の運輸機構と歯輪の運動にたとえた図解などもあるが、読者はこういう「着想の遊戯」につまずいてはいけない。運輸機構と空間配分の問題なら、説明付きの図解などを使わなくとも簡明に要約できそうなものだと思うが、この部分は恐らく著者の気に入った「遊び」であろう。Warenhausmaschine〔百貨店という機械〕というものを正確に理解するためには、この図解はむしろない方が良い。読者はこの部分をいい加減に素通りして、もっと大切な統計表や設計図の前でゆっくり止まるべきである。そういう気持で読んでゆくと、Louis Parnes の Die Bauten des Einzelhandels〔商業建築〕一冊のうちに一つの小宇宙「百貨店」が展開し、精密で大型な一個の生産機械を微細な部分から全体の機能まで詳《つまび》らかに知ったときのような満足を経験するに相違ない。

この異色ある建築書に興味を感じた読者の中には、他の大建築をも同様に一個の「機械」として扱ってみたいと考える人もいるであろう。しかし、いかなる種類の建物をもって来ても、百貨店に比べるとその建築機構は遥かに簡単なように思われる。断るまでもなく、劇場、停車場、旅館、等の中には、大量の利用者を予想し総合施設を必要とする建物もあるから、それぞれの特殊性に基づく複雑な建築機構を認め得るが、百貨店ほどに多面的で込み入ったものはない。アメリカ発行のある建築雑誌にデパートメント・ストーアの要約した記述が掲げてあるのをみたことがあるが、あたかも時計を解体して部分品を雑然と並べたような煩わしさを感じた。もしこれが他の大建築を扱ったものであったら、遥かに手際よく要約することができたであろうと推察する。ここに Warenhausmaschine という言葉の妙味があるわけで、仮に Bahnhofmaschine〔停車場という機械〕とか Gasthofmaschine〔旅館という機械〕とか類似の熟語を新造してみても余り適切な感じがしないのである。

一〇年ほど前のことである。上野の松坂屋を屋上から地下室まで隈なく歩きまわり、食堂に来る大衆の習癖から重油ボイラーの調節法まで、一切の部分を詳細に説明してもらったことがある。その時にも何となく複雑な機械をみるような興味を感じた。パルネスの著書を部分部分切り離してみるといかにも「常識の集成」めいたものになるが、全体として相互を連関させながら平面図と照らし合わせてゆくと Warenhaus-maschine の実感が浮き出て来るのである。

二

百貨店を日常の生活環境に摂取している人達に向かって、日本橋の三越がどんな外観をしているか？　尋ねてみるとする。恐らく大部分の人は甚だ漠然とした印象しかもっていないに相違ない。三井ビルディングが形の良い柱列に装われ荘重に聳えている隣に、せまい街路を隔てて朦朧とした白っぽい大きな立方体が存在する――とでも形容すれば足りる程度の印象であろう。飼犬のような二頭の獅子が大衆の頭に残る三越の外観を独占しているといっても、たいして過言ではないかも知れない。

けれども、一般の三越大衆が内部の吹抜けホールから受けている感じは余程違うであろう。人工照明の框《わく》を幾重にも反復しながら、天窓に極まる大ホールは、東京見物に来た地方人の眼を悦ばすだけの効果をもっているばかりでなく、百貨店相手に暮らしている都市居住者の生活環境を豊かにし季節の推移を告知する効能などもありそうに思われる。山野に住む者が樹草の姿や鳥獣の声から感じているものを帝都の居住者は百貨店のホールから感じる――などと、陳腐で下手な誇張を弄ぶことも許されそうである。

「マネキン」という外来の変形語がまだ新鮮な響きをもっていた頃、銀座の松屋は吹抜けホールに夏向けの高い櫓を組み、ゴム製の浮袋、ビーチ・パラソル、水泳着、等をレイ・アウトした中に、生きたマネキンに水浴姿をさせて色々なポーズをとらせていた。宣伝部員に聞いてみると「平日は四人ですが土曜日曜には七人にします」といっていた。

「ロボット」という文字が日常の新語として登場した頃である。上野の松坂屋では巨大で怪異な機械人間を作り、一階ホールの中央に置いて時々動かしていたが、物見高い大衆がこの幼稚な偶像を取りまいてギッシリつまっていた。

朝日新聞の「神風」が感激に飢えている日本人の寵児になって間もなく、支那事変が起り防空知識の普及が必要になった。航空関係の公私諸機関を後援者に求めて朝日新聞社は高島屋に展覧会を開いたが、一階ホールの正面には一台の小型飛行機が飾ってあった。

こんなことを次々に思い出しながら考えたことであるが、もし仮に、東京を代表する百貨店のホールの飾り物を写真に撮して蓄めておく物好きな人を想像するとすれば、一連の興味ある「流行史」がそのコレクションからできあがるかも知れない。

百貨店建築の現状からいうと、吹抜けホールは設計上の最大疑点であり論争の中心なのであるが、その利害を公平な秤にかけてみると、利益よりは障害の方が遥かに多そうに思われる。今から半世紀ほど前の古風な考えかたに従えば、吹抜けホールは外光を導入し階段の効果を強調するに役立ったといえるかも知れない。しかし、現実の吹抜けホールは、莫大な有効床面積を奪い交通を阻害する無用の長物であるばかりか、防火施設の不充分な建物では火災の場合直ちに巨大な煙突と化して延焼を著しく早めるし、空襲の際には破壊作用を拡大するに好都合な存在となるであろう。

ところが、アメリカ風の百貨店を別としてヨーロッパ風の建物についてみると、比較的最近に完成したデパートでも吹抜けホールを採用しているものが案外に多いようである。自動散水口をはじめ各種の防火施設の発達している現在では、特殊の場合を除くと日常の危険はきわめて少ないわけだから、「理外の理」を計算して吹抜けホールを使う経営者が沢山あるのも当然であろう。それだけにここには、百貨店建築に特有な興味深い問題が残されていることになる。

三

現代様式が普及してから完成した百貨店建築の外面意匠をみると、建物だけを取り出しても面白い問題をもっているものは多いが、地域的環境を含めて考察することはさらに興味深いし、かつ、「百貨店」というものの特質を理解する上に必要なことでもある。そういう意味で至極便利な手近い「教材」の一つは大阪のそごう〔36頁〕であろう。T字形のプランをもつこの百貨店は御堂筋に広いファサードを向け心斎橋筋の狭い間口を入口のホールに使っている。現代大阪の都市計画上に重きをなす新設のメイン・ストリートと伝統的な大阪の主要商店街とに順応した外観意匠や内部設計は、専門学生の演習などに面白い課題として役立つであろう。

「そごう」百貨店を御堂筋からみると、イタリア産トラヴァーティンの柱型を過剰に使いながら、巨大な長方形の壁面効果を恐ろしく派手にみせている。幅員大きく真っ直ぐに延びる御堂筋からこのファサードを望むと、遠望にも近望にも著しく目立つばかりでなく、隣接する大阪大丸＊の陳腐で古風な外観を気の毒なほどに圧倒してしまっている。それから「そごう」を心斎橋筋からみると間口全体が表玄関のような形になり、トラヴァーティンの柱列とモザイックの天井装飾とショーウィンドーの壁面とにまとまり、エレベーター・ロビーを含む一階売場を奥深く見通せるようになっている。幅の非常に狭い上に人通りの著しく多いこの商店街は、遊歩者の注意力をただ店の中にだけ集中させるようにできているが、そごうの設計はこのコンディションを極度に利用してある。御堂筋の外観が昼間に栄えて夜間に貧しく、心斎橋筋の間口が昼と夜とをともに予想していること、並びに、御堂筋側の入口が主として自動車用であるに対し心斎橋筋の玄関が歩行者用であること、この二つの点もここに考え合わせておくべきであろう。

学生の演習用に「そごう」を使う場合には、この建物の内部の至るところに窺われる派手な意匠と贅沢な材料との組み合わせかたからエレベーターのごとき付帯施設に至るまで、一種の「教材」に役立つディテールを豊富に求めることができる。典型的

＊大丸大阪店
設計：ヴォーリズ建築事務所
第三期竣工：一九三四（昭和九）年

に所謂「豪華」なこの建物の芸術的価値と実用的価値との関係を百貨店建築の特殊性と結び付けて論題にすることも、抽象的な「美学」を教えるよりは遥かに実質的な効果があるに相違ない。けれども、建築学生の指導教授用としてさらに有益なのは、大阪のそごうと神戸の元町通りに新築された大丸＊との比較考察であろう。この二つは、関西系の百貨店建築としてもっとも代表的な作例であるが、いずれもM建築事務所の設計であり、地域的環境を充分に考慮してある。しかも、この二つは経営者側の意向も異なっているらしく、それらの諸条件全体を反映して意匠や構想も非常に変わっているのである。

　しかし、堅苦しい演習が一通り終ったら、次に紹介する真偽不明の一つの「話」も是非聞かせておく必要があろう。そごうと大丸とが大阪の御堂筋に並んで建っている不思議な組み合わせはどれほど建築に無関心な百貨店大衆でもすぐ気がつくであろう。そこで、好き嫌いは別として、大衆の心は自然とそごうに惹きつけられるわけであるが、営業成績はかえって大丸の方が良いという。真偽は別としてただその「謎」を解くに止めるならば、大阪人の常として一つ品物を買うにも方々のデパートを歩きまわり、品質と価額とを詳細に比べてからきめるから、まずそごうに入って物色しはじめた大衆は、充分に満足しない場合に結局は隣の大丸で買物をすませるのだという。イソップ寓話のように道学臭くないところが面白い――と感心する人もいそうである。

＊大丸神戸店
設計：村野藤吾
竣工：一九三七（昭和一二）年

四

雲の厚い雨の午後、私はT工務所の現場にいた。銀座松坂屋の増築に実施される大規模な潜函工事をみるためである。延坪にして一七〇〇坪、重量にして一万二五〇〇トンほどの地下室三階を、予め地上に鉄筋コンクリートで建造してから、それ自身の重量を利用して約五〇尺ほど沈下させる作業である。二十何尺かの地下に降りてみると、頭の上に三階の巨大な箱がある。底面積五六五坪余りの箱が、底辺の周囲に突出した刃型を青黒い土に埋めたまま灯光に照らされている。刃型が深まるにつれて土がくずれてゆくと、その土を外部に搬出しながら一定の傾斜をつけてさらに掘りさげるのである。従来の地下工事につきものの杭打作業の騒音も震動もないし、隣接地盤を不安にする懼《おそ》れもない。しかも工期は短く敷地の利用率は一〇〇パーセントだというのだから、甚だ便利な工事に相違ない。その原理は誰でも考えそうなほど素朴で簡単だが、これほど素朴な工事を可能にしているものは、極度に発達した土木工学なのである。昔の建設事業に残る幼稚な「思い付き」の中には、技術を伴わないため単なる笑い話の種に終ったものが少なくないであろう。そういう点から考えれば、簡単な着想ほど高度の技巧を前提する――という一つの示例として、この潜函工事を引き合いに出すことができるかも知れない。

青黒い土の上に立ちながら、私は百貨店建築の辿って来た工学的進歩の跡を振り返っていた。一八六七年の勧業博覧会に暗示されて Magasins au Bon Marché が建造されたのは一八七六年である。この建物の構造設計はエフェルが担当していた。博覧会場とともに登場した当時の「新しい」構造は、今でも停車場や図書館や寺院などにみられるが、中でも百貨店はパリの市民にもっとも親しい建物であろう。

この黎明期から半世紀余り経った一九三〇年には、メンデルゾーンの設計したケムニッツのSchocken〔ショッケン、37頁〕が完成した。Kragkonstruktion〔片持ち梁〕を効果的に使ったこの建物の構造は、著しく明快な外観を可能にしているばかりでなく、売場の採光や商品棚の配列にも非常に便利である。この建物ほど要領の良い外面意匠を使っている百貨店は現在でも少ないが、構造や材料の発達に伴われて百貨店建築が様式的に進化する将来を想像のうちに描いてみるのは楽しみなことである。しかし、構造と材料との技術的水準より遥かにおくれた百貨店経営者の頭脳が、今でもまだ往々にして一九世紀後半期の追懐から醒め切らないのをみるのは悲しむべきことである。

学校

一

幼い頃の私が弄んでいた双六《すごろく》のうちには今の古本市などで一種の骨董価値をもっているようなものもあったが、また、小学校の入学から留学の門出までを取り合わせた当世風のものもあった。「赤門出」だの「洋行帰り」だのという言葉に特別な響きが聞かれ、「立身出世」という文字が護符のように思われていた時代にふさわしい玩具である。茶色に塗った一高の時計台と港を出てゆく汽船の他にどんな絵が描いてあったか記憶にないが、もしこの双六が残っていたら、少なくとも私独りには江戸名所図絵よりも親しみが深く、微笑を誘われるものがあろうと考える。

後戻りのない双六を遊ぶ幼い心の靄《もや》の奥に、遥かな希望として漠然と予感されていたに相違ない私の半生が、どの程度までその希望通りに実現したか解らない。しかし、自分の世話になった色々の学校を通して自分の経て来た生涯の前半を顧《おも》ってみると、ごく平凡な図柄ではあるが絵巻物風にレイ・アウトされた一巻の写真帖ができあがるのを感じる。一番はじめに小さい平屋建ての一棟があり、終りのところにゴート式の煉瓦造が幾棟もある。その間には、灰色のペンキを塗った木造二階の校舎が長く鍵の手に曲がっていたり、薄赤い壁をつけた平屋と兵舎のような三階と時計台のある煉瓦造とが三つ並んでいたりする。これらの建物とオーバーラップして、豆細工を飾った硝子棚、霊廟の石畳、薄暗い銃器室、大昔の文官と武官とを描いた一対の日本画、高いゴート風の窓、といった類の様々な断片が、込み入った構図に取り合わされているのである。

この写真帖に出て来る学校の建物を一つ一つ取り出してみると、いずれもいい知れぬ懐かしみを含んではいるが、建築として気に入ったものはほとんどない。震災前の帝大の池にのぞんだ法文学部教室一棟は、外からみると渋く落ち着いた建物だったが中は随分不便であった。廊下に並ぶ大型の窓の厚い縁に腰をかけて新着書の話などしているときはいかにも「大学」らしくて良かったが、雨の日には電灯をつけないとノートのとれない室が幾つもあった。近頃復興したモダン・ゴシックの教室は、外観には昔の美しさがなく、陽のあたる真昼でも電灯のほしいところがあるが、所謂「伝統尊重」の中にはこういう現象もありそうに思われる。

しかし、昔のゴート窓は学生の頭に懐かしい印象を少なからず残している。O先生の研究室はこの窓の効果の優れていた点で恐らく一番だったろうが、老先生の上品な温顔とともにいつでも思い出すのは、尖頭アーチの豊かな窓である。

また、昔の史料編纂の古風な建物は、すぐ側の赤門と趣のある取り合わせになって気持よく眺められた。K先生がここの自室で演習をするというので一度だけ中に入ったことがある。応対の丁寧な小使が上草履を出してくれたが、外観にふさわしく床の拭き掃除もよくゆきとどいて清潔だったように記憶する。ただ一度入ったばかりの教室ではあるが、ある種の一ヵ年の講義よりは遥かに良好な影響を私に残したらしい。ああいう味のある教室も今ではどこにもなさそうな気がする。

こういう気持は、考えかたによってはどうでもよいように思われるかも知れないが、学校の建築が学生に与える影響は案外に深いようにも想像される。極端な言葉を使えば、ある種の講話や指導より、遥かに豊かで良好な精神的影響を残すことも可能だといえそうだが、そういう点から考えると、正しい意味で優秀な校舎を設置する効果は当事者が予想しているより大きいかも知れない。

二

外国で学生生活を復活させたことのない私は、古い伝統を誇る大学の雰囲気というものを知らない。ボロニアの街頭を歩きながら西洋哲学史で知った大学の外側を通ったのと、シャヴンヌの壁画をみるためソルボンヌの講堂内にわずかの時間入っていたのと、友人の病状を尋ねに帰朝前の忙しい時間をさきパストゥール研究所を訪れたのと、まずそのくらいのものだから記憶に残る何物もない。

東京に沢山ある専門程度の学校には現に幾つか関係しているが、「生れ故郷」や「住み馴れた土地」に感じるような愛校心をもたぬ局外者のせいか、使って不便なところとか造形的な欠陥とか、そういうことばかりが眼につく。歴史の古く組織の大きい総合大学なども、強いて求めれば構内に一種の雰囲気を感じることができるであろうが、少なくとも建築から醸し出される雰囲気の優れたところはないようである。

しかし、一口に「雰囲気」といっても、その構成要素はきわめて複雑であり条件は中々難しい。建築本位に主なものを拾ってみると、ごく大ざっぱに要約して下の三種にまとめることができるであろう。

第一には構内の建物がその国に固有な文化の伝統を象徴する歴史的建造物の場合である。その校舎は古く多少は使いにくくとも、「実用」から離れた一種の教育的効果があり、文化建設の記念的な意味が無言のうちに理解されるから、保健上の支障さえなければ、豊かな追憶を尊重してしかるべきである。けれどもこの場合、意識的に「伝統」を誇示しようとすれば、かえって骨董趣味に捕われ嫌味なものになるであろう。

第二には上記の場合と違って、現代のもっとも進歩した科学的研究と工学的技術を利用し、徹底した目的本位の建築に統一された教育施設を考えてみるとする。この場合には、設計者の頭脳と感覚とが充分に信頼し得る限り明快新鮮な感じにまとまるであろうし、普通に考えられているものと異なる一種の美しい雰囲気が浮き出るであろう。しかし、どこまでも徹底して合理的な建築を選ぶのであるから、強いて外観をユニフォームにするというような趣味は絶対に避け、ただ何となく同じ造形的感覚で統一されているという程度に落ち着かせることが好ましい。

第三は前の二つを混合したような場合である。古びた渋い味の建物が昔から残っている側に、現代風の様式を明朗に誇る新築校舎が建ち、学校の進展に伴う建設の時代を各々表示する種々の様式の建物が渾然と共存しているのである。ただしこの雑居状態を統制してそこに優れた雰囲気を醸し出すためには、一つ一つの建物がいずれもその造営の時代の厳格な建築精神に基づいて設計されている必要がある。反対にもし、各々の時代に流行した建築様式の皮相的な代弁者が集ったようなものになると、建築史の適切なカリカチュアができる他なくなる。

以上三種の雰囲気のいずれか一つを満足に感じさせてくれるような学校は今のところないらしい。それに学校の関係者や設計の当事者が殊更に「雰囲気」とか「格式」とかいうものを考慮すると、かえって不都合な結果が生じやすいようである。

震災を機として東京市内から近くの郊外に専門程度の学校の移転するものが多く、新築の校舎で統一する機会を恵まれたものは随分あるが、色々な、事情にさまたげられて徹底した新鮮味をみせたものもないようである。また、長年の伝統をもつ学校に優れた歴史建造物を見出すことも稀なようである。しかし考えてみると、複雑な精神文化の容器にふさわしい造型的形態を創造することは、他の建築を設計するより遥かに困難な仕事かも知れない。

三

規模の大小を問わず現在の日本にある教育施設の中から実質的によくまとまっている建築を探す場合には、東京市内に多数散在する市立小学校のうちから拾い出すのがもっとも手近く安全であろう。ただ困ったことに、人事関係と同じく眼につきやすいものが代表者のごとく思われ、実質的には甚だ感心しない建物であるにかかわらず、外国向きの文化宣伝事業に使われたりするものがある。

旧市域に設立される小学校は、通学の安全な点からいうと、幅員の広く交通の盛んな路面に露出した敷地は好ましくないし、それに多くの場合、敷地の買収が後になって行われるため奥まったところに不規則な形をもちやすいから、専門関係者でもないと優秀な示例を知る機会がない。したがって時折眼につきやすい所に外観上「新し」そうなものができるとすぐジャーナリズムが取り上げる。そこで、事情を知らない一般の人達は、質の良否を超越して所謂「モダン小学校」のユニフォームを総括的に着せたがるのである。

私はかなり前から数回にわたって、東京市土木局の信頼できる建築技師に依頼し、旧市域にある鉄コンクリートの校舎と新市域に立つ木骨構造の校舎との中から代表作を選んでみせてもらった。旧市域の「明るい」建物のうちでは高輪台小学校*や忍岡小学校が特に興味深く思われたが、江東のはずれの雑草に掩われ水溜りに汚れた湿地に建っている木骨スレート張りの一校舎も忘れ難い印象を残している。

*高輪台小学校（東京）
設計：東京市役所営繕課
竣工：一九三五（昭和一〇）年

『綴方教室』の前篇に収めてある貧しい一少女の文章は複雑な気持を誘うが、この書物を映画化した東宝の優秀作に出て来る四ツ木の小学校のロケーションと付近の貧しい居住者の環境描写は、あらためて私に「小学校舎」というものの意味を反省させた。サナトリウムのような明快な建物と公園のように豊富な樹木とに恵まれた慶應幼稚舎も快いが、汚い湿地と濁った空気に包まれながら設備良くできあがったスレート張りの校舎も悦ばしく、この二つを比べては、胸にせまる感慨を押さえることができない。数年前に東京市の復興を記念する小さい映画を依頼されたとき、私は国旗掲揚の条件をこの質朴な小学校庭で充たすことにした。これほどふさわしい場面は、その小さい映画のどこにも見出し得なかったからである。

ところが、小学校施設の進歩した現状をみて「市立の小学校は贅沢だ」という人がある。単純で頑迷な考えの奥に「蛍雪の功成りて」とか「困苦欠乏に堪え」とかいった消極思想と後退主義との潜んでいる場合は別であるが、田舎の小学校が茅葺板張りの乏しさで満足しているのに多額の市費を使って……という誤解に対しては、市当局が内部粛正とともに啓蒙運動をも徹底させておくべきであろう。大都市の小学児童は、保健に必要な緑色地帯と太陽光線と清潔な空気とに恵まれない上に、色々な危険に取りまかれている。したがって、防水工事を完全にほどこした陸屋根に理科教材の水田と上級生の運動場と求めなければならないし、水に親しめぬ子供達には水泳プールを、虚弱な児童には太陽灯を与え、講堂を兼ねた鉄骨構造の体育場も欠けてはならない——という至極当然の事情が解り切った「常識」にならないのは不思議なことである。

小学校舎の問題を掘り下げてゆくと、社会制度の深みに達する幾多の難題に出会うであろう。が、ともかくも、小国民の養成に是非とも必要な機関が現代日本を代表する建築施設の有力な一つとなっているのは悦ばしいことである。今から二年ほど前までは大東京の区域内にも昔の寺子屋を思わせる小学校＊が残っていた。それも今ではなくなり、すぐ近くの新築に引っ越してしまった。

四

東京高等師範学校の構内にある付属小学校の記念館は、私の子供時代を追想させてくれる有難い建物である。神田一ツ橋時代の講堂だったのを大塚の敷地に移したのであるが、一度訪ねたいと思いながらついそのままになっていた。仕事を終って気持に余裕のできた夏の一日、主事のS氏に電話をかけ暑い午すぎ大塚まで出かけた。

奉安庫の横の樹木の繁った坂道を降りると旧市域にはめずらしい土のままの校庭がみえたが、休暇中なので深閑としている。主事室でS氏と久し振りの挨拶を交わし話しながら窓の外をみると、どこか見覚えのある木造の建物の軒と壁とが視野を塞いでいる。「あれが講堂です」といわれるのでS氏に導かれ廊下づたいに行ってみる。入口の扉からがすでに昔のままである。扉を開けて中に入ると、その瞬間に私の記憶は三十余年の距離を逆戻りして幼い頃に返っている。天井に開いている三つの通風孔も

＊江戸川区篠崎尋常高等小学校押上分教場（一九三七年頃取壊し）

正面の講壇も元通りで灰色と緑色とを使い分けたペンキの塗り具合も古めかしい。日露戦争の始まる頃私はこの講堂で感情の盛り上がる愛国的な講話をきいた。三国干渉の顛末は幾度繰り返されても子供達の胸を強く打ったものである。

この講堂の一部は平常は衝立《ついたて》で仕切り唱歌教室に使ってあった。天長節や紀元節が近づくと祝典の歌を復習したし、「金剛石」「仰げば尊し」などもここで覚えた。今でも口に出せば襟を正す気持の中にいい知らぬ懐かしみのあたためられるのを感じるが、それにつけても思い出す教室である。

成績の甚だ芳しくなかった小学時代の私は、大人の書いたものの中に「楽しい少年時代」というような文句を読んでもその意味を理解することができなかったほどいじけていた。級の中の誰にもできず私だけにできたのは、唱歌の先生がピアノの鍵盤を幾つかたたくとそれを音譜で答えるという甚だたわいない遊戯のような練習ぐらいであった。余程聴覚の鈍い子供ばかりが集まっていたとみえるが、これが私に恵まれた侘しい慰安であった。そんな些細なことまでも、この講堂は私に思い出させてくれたのである。

この講堂のできたときは体操伝習所の体育館だったという。屋根の棟の両端には三つの棍棒を組み合わせた飾りがあった。勾配の急な屋根はトタン板が瓦棒に張ってあったので、ゴムマリをその斜面にころがし下から受け取りながら皆で遊んだこともあった。棟には鳩が何羽もとまっていて、その鳴声が教室の中まで聞こえた。そんなことをS氏に話すと、屋根のよくみえる校舎の窓端に私をつれてゆかれたが、その窓からみると、ペンキのはげかかった屋根と軒と下見とが丁度私の記憶通りであった。

小学時代の私の低学年を受け持っておられたG先生は、人柄を親しまれた長年の勤続後も事務室などに隠居仕事をしながら学校に親しんでおられた。地方から上京した視学達の集りだかに講話を依頼されて行ったとき、事務室の掲示をみている後ろ姿がどうも似ていると思い「G先生でしょう」と私が呼びかけると、眼鏡をはずし椅子に腰を下ろしてしげしげと私の顔を見上げながら、まるで茶飲み話のようにゆっくりと昔話をはじめられた。「あなたの御本が出て新聞に広告が載るごとに私はそれを切り取って張っておきます」といわれたので、私の書いたものの入っている中等学校の国語教科書を取り寄せ送って上げたら大変満足されたようである。震災を免れて今では記念館になっている講堂のように、野心ももたず栄達も希わず和やかな気持で生涯を送る先生達を記念するにふさわしい建築はないものであろうか？

停車場

一

展望車のブリッジから真夏の海の明るさを楽しんでいた私は、丹那トンネルの直線の暗を見送ってしまうと車室にもどり、鉄道省のI技師からもらった名古屋駅*の青写真を一組取り出し、手紙で送ってくれたメモと照らし合わせてみた。講演を承諾して暑い季節に暑い土地を訪う気になったのも、名古屋市にできた色々な建物が今の日本の建築界には面白い問題を沢山含んでいるからである。逓信局、県庁舎〔272頁〕、朝日ビル〔127頁〕、観光ホテル、と昨年の秋から今年の春にかけて完成した建物の中に名古屋駅をも加え、鉄道局の設計者自身に案内してもらうのが私のプログラムであった。新駅ができてから二度ほどここは通過したが、いつか建物をゆっくりみたいと思いながらそのままになっていた。

名古屋駅の設計には鉄道建築上の複雑な問題があり、この新駅の選んだ解決策につ

*名古屋駅、コンコース
設計：鉄道省
竣工：一九三七（昭和一二）年

いても専門技術上面白いところが色々ある。中でも問題なのは土木技師と建築家とのコーポレーションにより、駅本屋とプラットフォームとの空間的連絡を著しく密接にした新しい試みである。外国と異なり日本では、主要駅にKopfbahnhof〔頭端式の駅〕を採用しなくなっているので、駅本屋とプラットフォームとの連絡は、鉄路と立体的に交叉する通路を使わなければならない。東京駅のように高架線の場合には、プラットフォームの下に通路が設けられるが、新しい一つの解決法として採用された案では通路の代わりに駅本屋の一部に当たるコンコースをとり、その両側に待合室と改札口とを向かい合わすのである。いわばKopfbahnhofとDurchgangsbahnhof〔通過式の駅〕を折衷したような形式であるから、手際よく解決すれば甚だ便利な試みに相違ない。

名古屋に着き観光ホテルに小憩してから鉄道局に電話をかけてH技師を訪ね、この駅をはじめ長野駅や静岡駅などの設計者としての意見を聞いてから、下に降りて構内を案内してもらった。時間表の書体や掲示板の色彩、または待合室の椅子のカーヴなどに細かい注意がゆきとどいているが、問題のコンコースは恐ろしく無雑作な感じである。

駅構内を表から裏に貫く巨大なコンコース＊は、正面のホールにつづいて四列の太い円柱を連ねている。両側に組み込まれた同型の柱が他に四列、全部で約二〇〇本のうち半数ほどが遊離して行列しているのである。これらの柱は、コンコースの天井の上に数多くの鉄路とプラットフォームとを支えるため高さの短い割りに恐ろしく太く、「柱」というよりは「壁」に近いプロポーションをもっているが、それがまた互いに

相接して並んでいるので、天井を支えているというよりはかえって上部から圧迫された形になり、奥行に向かっては少しもパースペクティーブの効果をもたず、むしろ連続した厚ぼったい壁面のような印象を生じる。加うるに、これらの柱はいずれもトラバーティンで張ってあり、天井面にも音響吸収率の大きい材料が使ってあるから、空間全体に陰影部が多く、眼にうつる触覚も粗くなる。そこで何となく「ガード下」といったような侘しさがあり、ジメジメした埃っぽさを連想するのである。

名古屋駅については、地下工築を利用した売店街の設計、遠行客・近行客・要警備客・団体客の分離方法、荷物区域と旅客区域との区分、鉄道局舎と駅本屋との合築、敷地の選定と都市計画、等、等の興味ある問題が含まれているわけだが、コンコースの解決だけが素人の私の興味を独占して一つの「宿題」になってしまった。

秋になったある日、私は鉄道省の工務局にI技師を訪ねた。名古屋駅についで同様なシステムを採用する大停車場は現在工事中の大阪駅なので、設計者のO技師も来てくれたのを幸い青写真について説明を聞き、高架線下のコンコースを中心として、主要駅の設計にちなんだ色々な雑談を交わした。この問題は、私の素人考えなりに突きつめてゆくと、待合室の利用率とか駅構内の交通整理とかいうような建築設計の範囲ばかりでなく、高架線と地下線、土盛と架構、といったような土木関係の問題にもなり、さらに、都市計画上の根本前提までにも及んで、およそ停車場から連想される種々雑多な問題が漸次に仲間入りして来るのである。多忙な専門技術家を煩わしてただ時間を空費させた雑談かも知れないが、素人の私には非常に興味深かった。

断るまでもなくこの新しい形式は、構築経費と敷地面積とを節約する一案として生れたものであるが、交通上、保健上に支障がない限り、終極の問題は旅客の心理に快く適った意匠を創造することにある。というわけは、停車場を利用する一般の旅客にとって、心理上もっとも交渉の大きい部分はホールであり、ホール化したコンコースもこの点では同様だからである。

外国にできている大きい停車場は、古いものでも新しいものでも、ホールのもつ空間的効果を非常に注意しているように思われるが、日本の設計はこの点に甚だ冷淡らしい。大衆の気持がことに忙しくせせこましくなりやすい停車場では、ホールの高さにできるだけの余裕を与えることも案外に必要かも知れない。そう考えて来ると、唯さえ気持のせせこましい日本の大衆を相手にする駅建築は、外国よりも大きなホールを採用しなければならなくなる。したがって、高架線の下の高さの乏しいコンコースに賛意を表するのは考えものである。

二

停車場建築の歴史というものを考えてみるとする。仮に今、一八六七年に起工したパリのGare du Nord〔北駅〕と一九三三年に設計されたフィレンツェのStazione di S. M. Novella〔サンタ・マリア・ノヴェラ中央駅〕＊との二つの建物を境界として、その間に建築

＊サンタ・マリア・ノヴェラ中央駅
Stazione di S. M. Novella, Firenze

史上の各時代を代表する様々の停車場を置き並べてみるとすれば、構造技術、交通機関、都市計画、時代精神、等を包括する興味深い諸問題が、停車場という一種の建築を通して時間的に連関され交互に織り合わされるのをみることができるであろう。パリの Gare du Nord は鉄道事業の黎明期に「必要」から考案された設計であり、古風で巨大な石柱に装われているにかかわらず、鉄骨ホールの形態に調和した外観を示している。フィレンツェの Stazione di S. M. Novella は新興イタリアの精神を象徴する一つの代表者として登場し、伝統的な石材を豊富に使いながら新鮮明快にできあがった美しい建物である。

こんな事を考えながら私は、一九一四年の Jahrbuch des deutschen Werkbundes〔ドイツ工作連盟年報〕を取り出してみた。世界戦争の記憶とともに忘れ難いこの年は、現代建築の歴史上にも記念すべき年なのであるが、この年鑑は「交通」の特集号であり、停車場、橋梁、汽車、汽船、航空機、自動車など、当時の交通技術に関係のある一切の建造物を総括した論説と作品とを集めてある。その中には Karl Ernst Osthaus の Der Bahnhof〔停車場〕という一文があり、停車場建築の写真も沢山入れてある。

この論説には、当時のドイツ国内にある停車場建築を批評した面白い言葉があり、寺院のような意匠だの迷児のできそうな構内施設だのを非難した文句があるかと思うと、帝政ロシアを称讃しているところもある。Man hört es mit einigem Neid auf russische Zustände, dass der grösste russische Bahnhofsneubau, der von Helsingfors, dem grössten finnischen Baukünstler, Eliel Saarinen, übertragen worden ist.〔註5〕

今から回顧する者には一種の感慨を誘う言葉である。

この文章の中で非難されている停車場の一つにケルン駅がある。機関車の吐く煤煙の破壊作用としては、かつて東京でも上野公園の樹木保護問題を起したことがあるが、ケルンでは大伽藍の石材が著しく腐蝕されるのである。この文句に出会った私は、「改築」の諸事項を集録した書物の中でみたことを思い出し、書架からホフマン建築叢書のUmbau〔改築〕を取り出して探すと、ケルンの本山の石材を撮影した写真が出て来た。「現代的風化作用」という見出しで、一九〇八年と一九二六年との状態を比較した組物の写真に説明が添えてある。八年の方には腐蝕の跡が少しもないのに二六年の写真は中世期の廃址よりも甚だしい。ケルンの本山では、時として構造上の石材まで取り換えなければならないらしいが、こういう写真は何となく、蝕まれた人間の内臓をうつした医学写真を連想させる。

また、この論説には、ロンドンの停車場で列車を降りたプラットフォームからすぐタクシーに乗れる便利さを挙げているが、イギリスという国に少しも親しみを感じていない私でも、ヴィクトリア・ステーションの交通整理とプルマン・カーから眺めた牧場の景色とには、いまだに好感を抱いている。

しかし、はかないことにこの年鑑に載っているライプチヒの停車場の写真をみても、少しも記憶に浮かんで来ない。停車場などに興味を感じるほど落ち着いた気持でいなかったためであろうが、こんなところは寝台で音だけ聞いた国境の駅と違いがない。車輪の規則正しい響きが止まると窓外を歩く靴音がしてGare frontière!〔国境駅！〕と呼ぶ声が聞こえ、寝室の扉をノックして入って来る税関の役人にパスポートをみせるだけで、その他に何も残らない夜の国境駅――ライプチヒの大停車場を白昼出入りしながら少しも印象を止めていないことは、忙しい旅をつづけていた当時にも増して深い侘しさを感じさせる。

三

自分の生涯を振り返って思い出す種々雑多な追憶の中では、停車場の受け持っている役割が案外に大きいものである。この場合、昇降回数の量は必ずしも印象の深さや追憶の親しさに正比例するものではない。例えば、四谷駅は中央線の沿線から都心に出るとき常に利用される駅だが、上昇階段の二倍の高さが疲れた体に重い負担を感じさせるだけであるし、新宿駅は混乱と不潔とから来る憂鬱な気持が、ともすれば歪んだ心に「生の倦怠」を感じさせるばかりである。それからまた、設計が優れていても、御茶ノ水駅などは学生の雑踏に疲労を味わうほか余り良い印象は残らないらしい。それに反して、何でもないような地方の小駅でも、親しい追憶に因縁のあるところは、建物の具合までいつまでも消えずにいる。

小学校にあがったときから第一高等学校にいた頃まで、毎年の夏を欠かさず葉山に送った私は、逗子の小駅に特別な親しみを感じていた。ことに高等学校時代には、学校に出るつもりで制服に着換えてからフト気が変わってそのまま逗子行の切符を買ってしまったこともあるほどで、冬から春にかけての静かな海岸は、青年時代の夢を培うにもっとも好ましい土地であった。

四〇の坂を越した頃から日常の仕事が急に重荷になり、夏の暑さも強く身にこたえるようになった。高原の生活に親しみはじめたのはその頃からで、昔は何の縁もなかった軽井沢駅が、あたかも運命に引き合わされた親しい友人のように、深い交渉をもちはじめたのである。一体からいうと停車場は、人間生活の悦びと憂いと楽しさと悲しさとを狭い空間に圧縮したようなところなのだが、夏の軽井沢駅はただ一色の明朗調に統一されている。ここのプラットフォームからブリッジにかけてはいつも快活な歓喜の渦が流れ、一種不思議な群衆心理を構成しているから、ここの雰囲気に浸っているときの私は、やはり、心の底から同じ明るさを味わうのである。

しかし、私の生涯を通じて複雑な交渉のあった停車場は、昔の新橋駅と今の東京駅であろう。世の中の推移と運命の偶然からさらに第三の停車場が現れないとも限らないが、そういう場合はまず起りそうもない。

昔の新橋駅*は、子供時代の私にとって一種の神聖な記念建造物であった。父の知る医学者達がドイツへ「洋行」するときは、私もやはり見送りに連れてゆかれた。他に子供などは来ていない場合が多く、どういうつもりで私の親達は物の数にもならぬ私を伴ったのか解らない。けれども後からみると、私が知らずに受けた様々な風変わりな家庭教育の中でもっとも深く心に沁みたものの一つは確かにこの「洋行見学」で

*開設当時の新橋駅
設計：ブリジンス
竣工：一八七一（明治四）年

あったろう。ここの雰囲気に巻き込まれている間は、明るさの足りなかった子供時代の私も、自分の将来が輝いてみえ気持の引きしまるのを感じていた。

それからまたこの新橋駅は、日露戦争時代の追憶にも鮮やかに現れて来る。夜毎の街路に軍靴の響きの断えなかった頃の新橋は、荷物用のプラットフォームが人と馬とで一杯であった。父の家に宿舎を割りあてられていた士官達を送るため書生に連れられた私が、湧きあがる歓声の中に黙ったまま立っていたことも覚えている。白衣の勇士達を無言の感謝で迎えたこともはっきり思い出すし、避暑から帰った晩に焼打事件に会い、汽車を降りると間近に炎のあがるのをみて恐ろしかったことも記憶している。

昔の新橋駅はホテルの玄関のような正面の車寄せから高い階段を昇ると、中央に出札場があり天窓のガラスが鈍く光を透していた。その向かって左手が一、二等待合室で、壁には額縁に入った広告が掲げてあった。あの小さな規模でよく間に合ったものだと、今から考えると甚だ不思議な気がする。

新橋駅の後身として生れた東京駅*は、両側に建つ二つの優秀な建物（中央郵便局、鉄道省本庁舎、164-165頁）を引き立てるために残っているような悲しむべき姿であるが、巨大な鉄骨が組まれてゆくときは面白い眺めであった。昔の三菱原は、蓮華草が繁り小高い丘があり、物売りの店が出て画学生が写生をしていた。今の郊外よりも延び延びとした「自然」の姿が残っていたが、時折は騎兵が馬術の訓練を受ける場所になったように覚えている。その原が大東京のシヴィック・センターになる転換期をもっとも端的に代表していたのが東京駅の造営工事であった。この駅ほど荒寥としてなんら

*東京駅（中央停車場）
設計：辰野葛西建築事務所
竣工：一九一四（大正三）年

の雰囲気も感じさせない大停車場には外国でも出会ったことがなさそうな気がする。しかし、近代日本の歴史を振り返ってみると、この駅ほど大きい舞台に使われた建物は他にないようである。

新聞社

一

試みに『明治大正建築写真聚覧』をひらいてみると、少数の官庁建築の他には、明治一六年七月にできた鹿鳴館〔218頁〕と明治二三年一一月に竣工した都新聞社Aとが、東京に現存するごく古い建物になっている。もっともこの聚覧は、建築学会が創立五〇周年の展覧会に並べた写真を基にしたものだから、他にもまだこの程度の建物なら東京に残っているであろう。しかし、学会の編纂者が選定したものはともかくもこの二つだけである。

都新聞社の建物は震災後も引き続き使用されていたが、昭和一〇年にタイル張り四階の新館が隣接地にできてから、一階は診療所に内部を改造し、その他の主な室はまだ会議などに使っているそうである。この旧館の竣工年月は、誰の心にもすぐ「明治二三年一〇月三〇日」を連想させるであろうが、新旧両館が人生五〇年に近い距離を

A都新聞社（東京）
設計：渡邊譲
竣工：一八九〇（明治二三）年

B東京日日新聞社
設計：遠藤於菟
竣工：一九一七（大正六）年

C東日会館（東京）
設計：大倉土木株式会社
竣工：一九三八（昭和一三）年

A

おいて建設されたまま並んで建っているのをみると、一種の感慨にうたれるのである。

簡単な年表を書き色々な新聞社の建物の竣工したときをそこに記してみると、建築様式の変遷や社会事情の推移、または私個人の記憶に残る印象などを考え合わせながら、年寄めいた回顧的な楽しみを味わうことができるとともに、現代日本の文化を考察する一種の資料的興味をも感じるのである。

大正六年に竣工し一一年に増築した東京日日新聞社[B]の隣には東日会館[C]が最近に完成した。この二つの建物を並べて外側からみると、エレベーションの構成にある程度の共通性が認められるにかかわらず、古い方は恐ろしく野暮にみえ、その反対に新しい方は、複雑な中に統一があり、明快なうちに一種の「ふくよか」な感じを含んでいる。この会館は、三階を編集室に使っている他、地下にニュース劇場、一階に商品店、八階にクラブ室があるだけで、あとは貸事務所とプラネタリウムが占領している。平面設計の感じからいうとどうもプラネタリウム本位の建物めいてみえるが、またどことなく東宝劇場を思わせ、関西風の経営法がここにも進出しているような気持を誘う。

読売新聞社は数年前まで不思議な建物の中で事務をとっていた。入口から編集室にゆく階段や通路の具合など、夢の中に出て来る建物のように錯雑して時代の沈積を感じさせたが、その「時代物」が突然消失して今の新館の半分に変わり、その後に間もなく残りの半分が建ち上がった。日刊事務の中断を許さない新聞社のことであるから、この移転操作は、いわば鉄道用橋梁の架け替え工事に似た面白味を感じさせる。

B

C

震災前の東京朝日新聞社があった敷地には朝日ビルが建ち、貸事務所の下がレストランとバーになっている。主要都市のどこにも店を出しているAの経営だが、入口に客が来ると光線が遮断されて扉が開く仕掛けなどを使い、モダーン振りをみせている。今の新聞社[D]は昭和二年の竣工で、様式にはその頃目新しかったナチス以前のドイツ好み、「軍艦のような建築」といわれて新築当時は誰にもめずらしがられたものである。「朝日講堂」があった時分には、勃興期の映画を知識階級に紹介する輝かしい「殿堂」でもあった。

そのほかでは、大正一一年に建った報知新聞社[E]が、「報知講堂」で震災前の西洋音楽陶酔期に親しまれ、大正一五年にできた国民新聞社[F]の建物は、時計台のあるその回顧的な姿を止めながら、電通ビルの八階建と向かい合っている。

都、日日、読売、朝日、報知、国民、と六つの新聞社の位置をみると、いずれも有楽町駅から新橋駅に至る省線を挟んで集まっている。東京市の心臓ともいうべきこの地域に新聞社の集まっている理由は自ずから明らかであるが、年表を作って各社の竣工年代を時間的に配列してみると、そこにもまた半面の文化史的必然性が見出せそうに思われる。

D東京朝日新聞社
設計：石本喜久治
竣工：一九二七（昭和二）年

E報知新聞社（東京）
設計：竹中工務店
竣工：一九二二（大正一一）年

F国民新聞社（東京）
設計：岡田信一郎
竣工：一九二六（大正一五）年

二

日本の主要都市に散在する同一系の新聞社の建物を並べてみるとする。そういう試みに適しているのは「朝日」であるが、東京の他、大阪、京都、名古屋、と三つの地方的大都市について比べてみると、新聞社建築にちなんだ特殊な興味を感じる。この三つの「朝日」は、その各々の地方都市の社会生活に広く関係している枢要な区域にあたかも核のごとく存在しているのであるが、面白いことにいずれも、「東京朝日」と同じく設計当時の「尖端的」様式を試みながら、各地の事情に順応した形態と施設とをもっている。

「大阪朝日」は大正五年に竣工した新聞社をはじめ、同一五年にできた朝日会館、昭和六年に完成した朝日ビル〔127頁〕G、それに便宜上たてた別の一棟と、今では大小四つのブロックが隣り合って建っている。外観の恐ろしく栄えない会館は大阪の知識階級を網羅する「文化の殿堂」であるが、明快でモダーンな朝日ビルはこの都会の日常生活にもっとも親しい建物の一つで、グラス張りのレストランや離れ座敷風の小料理店の他、スケート場、写真スタディオ、売店など色々のものが共存し都会の縮図をみせている。二筋の主要な水路に挟まれた「朝日」の一区域は、大正から昭和にかけての大阪文化史のプロフィールを描き出しているわけだが、これらの建物を結ぶ地下の通路は、ローマ近郊のカタコンベのように甚だ錯雑して迷いやすい。

昭和一〇年に新築された京都の「朝日」〔127頁〕Hは、この都会の建造物として専門

D

E

F

技術の観点からも新しい試みをみせているが、当時の建築界にセンセーションを起したのはその外観である。単純な立方体をなすこの建物の外部壁面は、白色モザイック・タイル張りの背面を除けば、方形の框で均等に細かく区画されたグラス面と、モルタル仕上げの表に特製ペイントで壁画を描いた部分と、二つの巨大な面に区画されている。グラスの壁面はパーラー、食堂、その他の展望を要する部分にあたり、壁画の描いてある面は公演場のオーディトリアムを屋外の騒音から遮断している部分である。二〇〇坪に近い外壁面に一杯の絵を描かせるということがすでに意表に出ている上に、作家達が独立美術協会のメムバーであり、できあがった絵が不思議なモンタージュなのであるから、論難されるのは予期したところであろうと思うが、ともかくもこういう大胆な試みをあえてなし得るのは場所が関西だからである。この種の関西的ディレッタンティズムは現在の写真アマチュアなどに著しく濃厚に窺われるが、京都の「朝日」はそういうサイコロジーを甚だ簡明に表示しているのである。

　昭和一二年に完成した名古屋の朝日ビル[I]は、グラス・ブロックの広い壁面を試みた点でともかくも一つの「実験」となったものだが、それよりもこの建物をみて面白いのはどこまでもグラスづくめに意匠をまとめたことである。入口の柱や階段の壁は背面から塗料を吹き付けたグラスで床に近いところまで張ってあるし、ＡＢＣクラブの各室は外壁面を明快なフジ・サッシで統一している。上層のレストランがグラス張りであることはいうまでもないが、その別室では室の面積の半分ほどを占有していそうな大水盤がやはりグラスでできている。

G朝日ビルディング（大阪）
右は朝日会館、向かい側の低層が
大阪朝日の本社
設計：竹中工務店
竣工：一九三一（昭和六）年

H大阪朝日新聞社 京都支局
設計：竹中工務店
竣工：一九三五（昭和一〇）年

I大阪朝日新聞社 名古屋支社
（名古屋朝日ビル）
設計：竹中工務店
竣工：一九三七（昭和一二）年

東京、大阪、京都、名古屋、と日本を代表する四つの大都市に昭和時代になってから建った四つの「朝日」を頭の中に並べてみると、建築としての出来栄えは問題外として、意匠の目標をいずれも設計当時の「新しい試み」に徹底しているところ、いかにもジャーナリズムの建築らしい特質をみせて興味深い。

三

「スコットランドの湖水に怪物が現はれたと云ふのでえらい評判であつた。併し現代のジャーナリズムは、まだ恐ろしい色々の怪物を毎朝毎夕製造しては都大路から津々浦々に横行させてゐるのである。さうして、それ等の怪物よりも一層恐ろしくも又興味の深い不思議な怪物はジャーナリズムの現象そのものであるかも知れない。」

ジャーナリズムに尊敬されながらジャーナリズムを超越していた寺田寅彦先生の所謂「怪物」は社会に誇示するその威力にもかかわらず甚だ小規模な容器の中に収まっている。試みに、現代日本の社会を代表する公私様々の事務機関について、その使用する建物を比べてみるとする。例えば官庁の事務と新聞社の仕事とが実質上どの程度の比例になっているか解らないとしても、少なくとも、「恐るべき怪物」の活動的な生態にふさわしい容器として新聞社の建物が甚だ小さい体積しかもっていないことに気がつく。その理由を拾えば幾つもあろう。資本その他の経営事情に制約されて不自

G

H

I

由ながら止むを得ず我慢している場合もあろうし、迅速と協力とを必要とする仕事の性質から官庁のように区画されて不便なこともあろう。しかし半面の原因は、設計当時の状態が長くつづかず、事業は次第に分化進展し、業務はますます煩雑になり、はじめは充分だった空間が間もなく不足をつげ、竣工の頃には予想もしなかったような新しい部門が次々に出て来る――といったような事情に求められそうに思われる。東日会館のような形式で営利的に使う場合は別であるが、新聞事務に主として用いられる建物は、報道技術の目覚ましい発達と事業範囲の著しい複雑化とに従い、便宜的な改造の断え間はなく、視る眼には甚だ混沌たる状態に映りやすいのである。

同様にまた建物の外観も、例えば銀行のように古典的な格式を誇るものとまったく異なり、設計当時の流行と感覚とに徹して「新築落成」そのものの社会的反響を重要視する結果になりやすい。そして、その当日から遠く離れるに従い、単に「その日その日」の事務を処理する容器としての意味だけしかもたなくなるように思われるが、ここにもまた新聞事業の徹底した姿をみる。「ジャーナリズム」を直訳して「日日主義」と解することができるとすれば、新聞社の建築にもある程度の共通性が見出されるわけである。

『大三越歴史写真帖』というものがある。それをみると、延宝元〔一六七三〕年から昭和七〔一九三二〕年に至る長い間の有りとあらゆる史料が集めてあり、江戸時代の受取書から日露戦争当時の祝勝イルミネーションまで、写真でスッカリ思い出せるようになっている。近世文化史の研究家にとって甚だ便利なこの種の回顧趣味を、仮にもし新聞社が持ち合わせているとすれば、非常に面白いものができるに相違ない。

50 Jahre Ullstein（1877–1927）〔ウルシュタイン社の五〇年〕という本がある。普仏戦争後のドイツ史を回顧する者にとって興味深いこの記念出版は、その豪華な装いの中に様々な追憶を蔵している。一八八五年に建築された最初の建物から新時代の機械施設までを含む写真の中に、無量の感慨を誘う一九一四年七月三〇日のDie letzte Warnung〔最後の警告〕の複写などをみながら四〇〇頁の本文を拾い読みしてゆくと、ここにもまた歴史上のGrossmächte〔巨大な力〕の一つを感じる。

四

『舞踏会の手帖』という映画の終りに近く、下のようなところがある。追懐の旅をつづけて来た未亡人が最後に生れ故郷をおとずれ、昔の友達だった理髪師に誘われて町の舞踏会に行ってみる。未亡人の心に描かれていたホールは華やかに美しかったが、実際に来てみると田舎町の小さな踊り場にすぎない。案内役の理髪師は満足気に「何もかも昔のままです」というが、夫人は驚き失望する。

この映画をみながら私は、ある日の「報知講堂」を思い出していた。W大学文芸部の人が講演を頼みに来たとき、報知講堂を使うというのを聞き、南葵《なんき》楽堂や帝国劇場などといっしょに震災前の「音楽の殿堂」として親しまれた「報知講堂」を漠然と頭に描き、あそこなら気持が良かろうと考えて承諾した。ところが行ってみると想像していたようなホールではなく地方の小都会にある公会堂に似ている上に、講演者の中に問題の人物があるため数人の警官が控室の火鉢をかこんでいた。今から顧みれば遠い昔のことであるが、『舞踏会の手帖』に連想がつながり淡い微笑を誘われたのである。

講演に馴れない昔、できて間もない朝日講堂に立ったときは、階段席の斜面一杯につまっている聴衆に圧迫されて困った滑稽な追憶もある。しかし、報知講堂は診療所に変わり朝日講堂は執務室に改造され、時代の推移に押し流されていずれも消失してしまった。

全国民の心が漢口陥落の報道を待っていた先日、私は朝から夜まで朝日新聞社の会議室につめたきり国際写真サロンの応募作品を審査していた。眼の疲れを休めるため夕暮に近い窓側に寄って数寄屋橋を見おろすと、橋の上に立つ大勢の群衆が一勢にこちらを見あげているのに気が付いた。会議室の窓の上が電光ニュース板になっているので、刻々に発表される武漢現地の情報を仰ぐ顔が丁度こちらを向くようになるのである。

この「国民の心」を俯瞰しながら、私は五年ほど前の一日を追憶していた。その日も私は朝から夜までをこの会議室に暮らし、数千枚の広告写真を審査していた。日本の思想界と芸術界とを吹き巻いた何年間かの嵐が沈圧に近づいた時期で、それに伴う事件が次々に報道されていた最中である。五年ほどの時間を距て同じ室で似たような仕事に関係していることが、国情推移の一つの側面を私に感じさせただけのことであるが、場所が新聞社の中であったせいか、私の心に淡い後味を残したのである。

ジャーナリズムの世界に余り縁のない私は、日刊新聞についても「読む」場合よりは「視て」すます場合の方が遥かに多い。が、それにもかかわらず輪転機の響きは、われわれの日常生活に切実なある物を感じさせるのである。

美術館

一

「フランスの歴史」を「パリの歴史」に縮小しさらに「ルーヴルの歴史」に視野を狭めながら、三つの歴史の輪廓を漠然と心に描いてみると、自ずからそこに三個の同心円ができあがるのを感じる。いわば中央集権的なフランス美術史の特異性もここに関連するわけであるが、それよりも、Louvre〔ルーヴル〕*という一個の建築物がもっている不思議な魅力は、こういう事情を背景に予想してはじめて理解できるに相違ない。

シャンティーイの美術館にある美しいミニアチュアをみると、中世期の物語に出て来る城のような建物の前で農民が長閑に畑を耕しているところが描いてあるが、この愛すべき絵は、シャール五世時代のルーヴルを伝説めいた霞の奥に偲ぶ記念なのである。それから、宮殿の外観を表わした一群の設計図があるが、これはルイ一四世のときにルーヴル東側の増築が目論まれたとき、イタリア側とフランス側との建築家の間

＊ルーヴルの全景
Palais du Louvre, Paris

に交わされた苦々しい論争の名残である。次に沢山の油絵や版画がある。群衆と武器とにかこまれたルイ一六世の馬車がルーヴル宮の前を過ぎる一七八九年七月一七日の暗い思い出のすぐ後には、イタリアから取り寄せた古代彫刻の箱を幾つも開けているところや、ナポレオン一世とマリ・ルイズの行列が名画と宮人との並ぶ大広間を通るところなど、様々の輝かしい記憶がつづく。フランス絵画史に忘れ難い一八二四年のサロンの閉会式にシャール一〇世が賞品を授与する有様が出るかと思うと、市街戦の砲煙に包まれた柱廊が現れる。終極の増築設計図を建築家に説明させているナポレオン三世の姿がヴェルサイユの宮殿内に保存された後には、ルーヴルの全景を飛行機から撮した空中写真が雑誌の挿絵に使われはじめた。Château〔城館〕とPalais〔宮殿〕とMusée〔美術館〕との三態に変形したルーヴルを舞台に色々な時代が残して来た絵画や図面や印刷物の類を集めただけでも立派な美術館ができるであろう。世界の観光客が親しみ馴れている美術館の背後には、フィリップ・オーギュストの昔から七〇〇年の豊かな追憶を秘めた「歴史博物館」が聳えているのである。

ルーヴル宮殿の一部を美術館として開放し歴代の蒐集品をここに陳列して公開する建議案は、一八世紀の中頃から時代の動きとともに漸次に具体化し、一七七六年以来はスフローの改造案が採光法の問題を中心に幾度か審議されたまま大革命の直前までつづいているのである。一七九三年というと、動乱の渦中に無数の犠牲を呑み込んだ恐怖のパリ市がすぐ連想されるが、この暗黒な年代にあの美術館が誕生しているのも面白いことである。

独軍の爆撃に慄いた記憶が幾年かの過去に遠のいた戦勝記念日の前後、私は日勤者のようにこの美術館に通っていた。早い日暮が近づくとここを出て、セーヌ河をわたり学校街の方に古本屋の店をあさることが多かったが、時には真っ直ぐにテュイルリーの苑をぬけ、コンコルドの広場を横切りシャンゼリゼーの通りを歩いて、凱旋門に近いホテルまで帰る日もある。苑の池には男の子供達が紐のついた玩具の帆船を沢山浮かべて遊んでいたし、並木の下の砂地には人形芝居をみる女の子供達が集まっていた。子供達の姿をうらやましく眺めた記憶はこのときのほかになさそうである。

二

王朝文化と市民文化とが交代する転形期の欧州を、その頃造営された色々の建築物に代表させてみることは非常に興味深いが、過渡期らしい特殊現象の数多い中に、もっとも奇異な姿をみせているのはブリティシ・ミュージアムであろう。

一八世紀の後半から一九世紀の初頭にかけて芸術史上に窺われる濃厚なクラッシシズムの現象は、一般に「時代思潮」の成因を分析してみせる場合のもっとも好都合な実験用教材である。そこには、遠く遡ることのできる一つの「伝統」と、当時の啓蒙思想が構成している「背景」と、古代都市の発見による強力な「誘因」と、三つの大切な要素がそろっているので、「歴史的展開」の典型的な実物見本になるわけだが、問題を建築史上の現象に限る場合には、別に一つの大きな「教訓」をも拾い上げることができる。というわけは、元来、革新の時機に造営される様々のモニュメントは、思い切り新しい形態に創造されない限り、反対にもっとも古風な伝統を復活させるのが通例であるが、この頃の傾向は正に後者の著しい場合であり、そこに発生する必然的な長所と短所とを明確に示しているからである。

古典時代の建築を原型に近く模倣したような記念建築物は、当時の「国際様式」であるにかかわらず時代と民族とを超越して現在まで立派に通用しているが、これに対して銀行や博物館のごとき実用本位の建物になると、多くは後世に直接間接の不都合な結果を残しているのである。そういう点でイギリスに出た師弟二人の建築家サー・ジョン・ソーンとサー・ロバート・スマークは、各々イングランド銀行と大英博物館とに一種の「建築病理学」の標本を提供し、意味深い「教訓」を垂れているのである。ことにブリティシ・ミュージアムのごときは一一四メートルの延長をもつイオニア柱列の壮大な「仮面」をかぶっているが、非常に多額の資金をこの仮面に蕩尽した、上陳列室の要求する光線の導入を阻ませている。そういう話はいかにも馬鹿気て聞こえるかも知れないが、これに似たような錯誤は現在の建築界にもしばしば認められるのである。

しかし、この失敗の記録の奥に保存されている蒐集品は、イギリスの侵略政策を象徴するように老巧で、東方に栄えた古代美術の要点をこれほど的確におさえている美術館はどこにもない。「イタリアに旅立つ前には必ずロンドンへ行って大英博物館のギリシャ彫刻をみておくように」と私はいつも学生に注意する。これは私が、往復五日の忙しいロンドン滞在から受けた貴重な教訓である。昼の食事をとる時間もなく館内の休憩室でお茶の時間に食べた数片のパンの味も懐かしいが、一匹の馬の首や一本の柱の台に測り知れぬ厳粛さを発見して驚いたのもこの美術館の中である。午後六時の閉館間際まで、観衆の一人もいないギリシャ彫刻室の静寂な雰囲気に浸り、電灯の光を上から受けたデメテールの哀愁を含んだ姿と向かい合っていたときの気持は、いつまでも忘れることがないであろう。

三

近世のドイツ美術史を回顧するとき特に興味を惹く地方都市はミュンヘンであるが、耽美主義の国王ルードウィヒ一世と独裁的な統率者アドルフ・ヒットラーと、二人の支配者の美術施設を比べて考える面白さはまた格別である。

愛すべきディレッタンティズムが都市美の基調を形成しているところ、ルードウィヒ一世のミュンヘンは一種の親しみを感じさせる。ノイエ・ピナコテークにある一群の絵画はルードウィヒ一世を象徴しているが、ケーニヒス・プラッツ〔193頁〕を中心とするバイエルンの首都らしい姿は、この絵の感じにどことなく似ている。国王の信任を受けていたレオ・フォン・クレンツェは、二つの記念殿と二つの美術館とを怱卒

＊グリプトテーク
Glyptothek, München

のうちに建造した。この建築家の生涯を通ずる傑作はケーニヒス・プラッツの記念門プロピュレーン〔311頁〕であろうが、文化的に面白味のあるのはグリプトテーク*である。ギリシャ神殿式の中央部とイタリア・ルネサンス風の両翼とを巧みに統一したこの彫刻館は、クレンツェの建築とコルネリウスの装飾画とルードウィヒ一世の蒐集品と、三種の「古典趣味」を不思議な組み合わせにまとめているのである。

勇壮な芸術論を振りかざしてミュンヘン市の建物を暴力的に塗りつぶしたペーテル・コルネリウスがグリプトテークの天井画を描いているところに、メルヘンとバラーデとの画家モーリッツ・フォン・シュウィンドが訪ねた有様は、快い微笑を誘う彼の書簡に面白く描かれている。「絵画」というよりはむしろギリシャ陶酔者の「宇宙観」に近いグリプトテークの天井画を思い出しながら、シャック・ガレリーを無邪気に明るくしているシュウィンドの絵に童心の悦びを味わってゆくと、荒寥たるドイツ一九世紀の美術史のうちに、あらためて地方都市の棄て難い妙味を感じるのである。

ケーニヒス・プラッツに間近い広場には、一九世紀の中葉に建造されたグラス・パラストがあった。ロンドンの水晶宮などと等しく産業勃興期の流行から生れた建物で、長いあいだ展覧会場に使われていたのであるが、ナチス・ドイツの時代になってからその敷地にHaus der Deutschen Kunst〔ドイツ芸術の家〕*が建ち、新興の精神を象徴することになった。Als vor vier Jahren die feierliche Grundsteinlegung dieses Baues stattfand, waren wir uns alle bewusst, dass nicht nur der Stein für ein neues Heim gesetzt, sondern der Grund gelegt werden musste für eine neue und wahre deutsche

*ドイツ芸術の家
Haus der Deutschen Kunst, München

Kunst. …〔註6〕という言葉に始まるヒットラーの開館演説は、新時代のドイツ美学をある意味で代表するような内容をもっている。トラバーティンの円柱の並ぶこの美術館の正面でマイクの前に絶叫する総統のスナップ写真を、カウルバッハの描いたルードウィヒ一世の絵画と思い合わせてみると、流石に感慨深いものがある。

ヒットラーの「ドイツ美術館」はステレオ写真を巧妙に使った新しい叢書の一冊の中で見物したにすぎないが、ルードウィヒ一世の美しいミュンヘンは旅の思い出に懐かしく残っている。三カ月にわたるイタリア旅行を終って真冬のミュンヘンに入った私は、静かで清らかなこの都の雰囲気が心の奥まで沁み通るのを快く味わっていた。人通りもなく物音もしないケーニヒス・プラッツは、あたかも広大な美術館の内部のように、様々の建造物を整然と並べたまま冷たい空気の中に沈んでいた。

四

大正一二年の関東震災は、洋風の歴史的建造物を多く破壊したが、中でも惜しかったのはサラセン風の帝室博物館本館＊とビサンツ式のニコライ堂＊とであった。この二つの建物は、日本の様式建築を開拓したジョサイア・コンドルの作品のうちで、東京市民の心にもっとも親しい記憶を残しているが、現在の変わりはてた後身からは、そのわずかの面影さえも偲び難くなっている。まして、こういう落ち着いた歴史様式

＊東京帝室博物館（上野博物館）
設計：コンドル
竣工：一八八二（明治一五）年

の建物が造営されていた頃の東京など、想像に描くさえ難しいのである。

帝室博物館の旧館は明治一一年に起工して一四年に竣工している。新興の生気みなぎる東亜の島国に移住してから四四年の異郷生活を送ったイギリスの建築家の、生涯に思い出の深い処女作である。関所を堅める役人の前を通るときのような硬ばった気持で厳しい黒門を入ると、急に眼界が明るく鮮やかにひらける。サラセン風の美しい建物の前には建築と良く調和した池があり、庭をかこむ樹木の緑が赤煉瓦の肌に快く映っていた。後になってできた近くの建物に眼を煩わされなかった時分の有様は、私の幼い記憶の中に美しい印象を止めているが、表慶館、東京府美術館、科学博物館と色々な建物が左右に並び、所謂「東洋式」の博物館新館が正面にできた現代では、その懐かしい印象も、お伽噺の御殿のようにまったく現実ばなれしたものに変わってしまった。

回教徒の建築に似ている旧館を多額の費用をかけてまで補強し修理する必要はなかったであろう。応募規定に反抗してフランス現代風の新館設計を提案した年若い帰朝者の目論見が正しかったといい切ることも難しいであろう。しかし、誇るべき木造建築の伝統に余りたよりすぎた鉄・コンクリートの「東洋式」が日本建築界の中堅階級から極力排斥されている実情をここに連想してみることは、「現代日本」を考える上で興味深いに相違ない。非難することは誰にもできるが、いわば一種の「弥縫《びほう》策」にすぎぬ「東洋式」の代わりに、現代日本を表示するに充分な新様式を創造するには、余程の才能と勇気とが前提されなければなるまい。

＊ニコライ堂（東京）
設計：コンドル
竣工：一八九一（明治二四）年

コンドル設計の旧館が明治初年の欧化万能期を代表するものとすれば、「非常時」という言葉の誕生期に設計された今の新館は、日本の過去を反省する気持が尊重された時代の象徴ともいえるであろう。そこでもし仮に、まだ建築されぬ第三の総合美術館を空想のうちに描くとすれば、ここにはじめて、真の国民的自覚から正当に創造された文化史の大殿堂を仰ぎ得るわけになる。

新館の竣工が近づいた頃、宮内省内匠《たくみ》寮の技術家を煩わして館内をまわったときには、ただ独り歩く自分の靴音の余響に驚いたが、公開ののち必要あって採光法の具合を調べに入ったときには、懐中電灯を使っている観衆を見かけた。内閣情報部発行の『写真週報』第四二集をみると、外国人が仏像の前で大型の懐中電灯をつけているスナップが掲げてあるが、丁寧なことに陳列箱のグラスにはその鑑賞者の顔がハッキリ映っているのである。

必要な調べを終った私は足のついでに科学博物館へ寄り、子供時代に親しんだ鳥や獣を弔う気まぐれに従ったが、ふと昭和一一年二月二六日を思い出した。あの日の午、深い雪の中をこの建物に来て何事も予感していない聴衆を相手に文部省の講習をすませたが、陳列室に入るのは今日がはじめてである。外観も内容も「生物と機械との墓」めいている館内に、見覚えのある剥製や骸骨を探していると、はからずも「忠犬ハチ公」に再会した。渋谷駅をうろついていた頃の老犬は薄汚かったが、今では毛なみも綺麗にととのい、生きているときよりも可愛らしい姿になってガラス箱に入っていた。このときほどこの「名犬」に好意を感じたことは、それまで一度もなかったようである。

墓

一

カーナボンという一人のイギリス貴族の名は、世界大戦の余震がようやく落ち着きはじめた頃、遥か東のはての島国にまで広く知れわたり、今でも人々の記憶に残っている。そしてそれと同時に、トゥート・エンク・アムンと呼ばれた三〇〇〇年前の国王の名が、歴史に無関心な知的大衆の間にも覚えられ、その後刊行される様々の辞書類にも載るようになったのである。第一八王朝のエジプトに突然起った宗教的動乱の犠牲になって短い生涯を終った薄命の王の陵墓が偶然な事情に守られ、完全に近く保存されていたのは、エジプト学上の専門的な問題を別としても興味深いことである。しかもこの陵墓が、考古学好きなイギリス貴族の生涯を飾る記念碑となったことは、また不思議な廻り合わせである。

学生時代からスポーツと骨董とをともに愛したカーナボンは、イギリスで三番目に登録された自動車の持主であったが、ドイツの国道で起した事故の重い負傷から健康を害したため冬期をエジプトに送る結果となり、古墳の発掘事業を試みるようになったという。専門家カーターの協力を得てからテーベの「陵墓の谷」に組織だった発掘を目論み、ようやく六年目にトゥート・エンク・アムンの陵墓を発見し、黄金に輝く柩室に感動しながら王の遺骸に接する機会を与えられず、毒虫から受けた病に世を去ったその生涯は、感慨を誘うに充分な余韻を残している。カーナボンの没後にカーターの著した Tut-ench-amun〔トゥート・エンク・アムン〕は私の興味深く味わった報告書であるが、この書物を読んでいたときほど太古の幻想を経験したことはない。岩と砂と太陽と水との広漠たる自然が、絢爛な式典から些細な人情までを含む複雑な「人間喜劇」に忽然として活気づく有様は、門外漢の素朴な驚歎かも知れないが楽しいものである。

永遠の形骸に永遠の生命を求めるエジプトの王者達は、はじめは堅固な陵墓の造営に信頼したが、後には「秘密」の他にたよるものがなくなった。捕虜の奴隷を使役し墓の完成を待って一切の痕跡を抹殺することも試みられたが、安住の地の得られぬ歴代王者の柩を集めて埋葬し変える必要も生じた。発見される恐れのない断崖を選んで陵墓を計画しながら王者の伝統を棄て兼ねたため、歴代の王達と運命を同じくして墓を発《あば》かれた女王もいる。しかし、中でももっとも愛嬌のあるのは、陵墓を守る役人の間に生じた競争意識から甚だしく現代風な裁判事件を起した場合である。字とも絵とも模様ともつかぬ不思議な象形文字の奥に錯雑した「物欲」の世界を展開させてくれたエジプト学者の努力に、素人の私はただ感心するばかりである。

エジプトの支配者が造営させた陵墓の形式を上古期から近古期まで詳細に辿ってみるとすれば、政教の機構から風土の特質までを含む複雑な事象の反映をみることができるわけである。マスタバ型の陵墓につづいて、サッカラ、メドゥム、ダシュール等に散在する各種のピラミッドを並べ、ギゼーに残る正方錐体の陵墓を最高の発達段階と見做す考えかたは、この地方の自然的環境と関係させてみるだけでもきわめて根本的な建築形式上の問題を含んでいる。

カーナボンの世を去った翌年の秋、恐らくはトゥート・エンク・アムンの陵墓の発掘事業が完成期に入ったであろうと思われる時機に、私は渡欧の途中エジプトにより、「見物人」の中に混じってギゼーのピラミッドを仰ぎ、予想を遥かに超越した深い魅力に驚歎したものである。先輩の好意に導かれて美術史の講義などをはじめた頃には、「造形的発展の段階」というような類型を机の上で弄びながら、ピラミッドのもつ単純な幾何学形態を建築構想の幼稚さに帰してすましていたものだが、実はその単純な幾何学形態がエジプトの陵墓建築としてはもっとも発達した段階を意味する。それを駱駝の背上ではじめて感じたのである。考えてみれば甚だ滑稽な話であるが、これに似たような錯誤は、外遊以前の私ばかりでなく間近に住む欧州人の書いたものにも折々散見する。

カイロからポートセットに出た私は、ピラミッドの量的効果を感じるにふさわしい写真を求めて暑い街中を歩きまわったものである。その時から十何年か経ったのち、カーターの著書を読みながら記憶の奥に沈むエジプトの砂と光とを思い出し、郷愁に似た淡い寂しさを久し振りに感じた。

二

ランケ、グレゴロビウス、パストール、と三人の優れた歴史家が書いた法王庁の歴史は、いずれも史学史上の美しいモニュメントであるが、その各々が互いに方法論上の性質を異にしているところにもまた別種な面白味がある。ヴァティカノ丘のサン・ピエトロは、法王庁の主寺にふさわしく歴代法王の追憶を豊かに残しているが、堂内に築かれた幾つかの墳墓は、美術史学を専攻する人々にとって様式論上の貴重な資料である。

試みにサン・ピエトロ寺院の平面図を広げ、法王の墳墓が位する場所にいちいち印をつけてゆくと、地下に眠る始祖ペテロの遺骸をめぐって二〇人前後の法王の墓があるのに気がつく。それらの墓はいずれも思い思いの意匠に装われ堂内に散在しているが、もし仮に『法王墳墓美術史』というものを著すとすれば、文化史的背景と内在的展開との両側面を織り合わすテーマとして、興味ある問題を具体的に解決した一つの面白い試みができることであろう。

法王の墓に限らず、イタリアの墳墓美術史を寺院建築の内部意匠と連関させながら考え、その展開の跡を詳細に辿ってゆく仕事は、他に類例をみないほど特殊な妙味を感じさせる。三世紀にわたってイタリアの巨匠達が築き上げた美しい墳墓の一群を年代順に思い浮かべてゆくと、唐突な比喩だがあたかも壮大な音楽を聴くような気がする。軽快な一五世紀と荘重な一六世紀と絢爛な一七世紀とを、主題と構成要素との一定している墳墓美術について、内在的な必然性に基づく豊かな展開を辿りながら、時間の流れに配列してみるとき、そこに一種の「音楽」を聴く気持は案外に自然なものかも知れない。

アントニオ・ロセリノが刻んだ明るく愛らしい墳墓の次にミケランジェロの厳粛な風格をもっとも美しく表示するメディチの墓〔347頁〕を取り出し、さらにベルニニの手際を大胆に発揮したアレッサンドロ七世[A]の記念碑を選び、この三つの墳墓の前後や中間に様々のモニュメントを並べてみるとする。この系列の中でもっとも傑出しているのはメディチの墓であるが、この作品はまた、形式の展開する過程の中でも、丁度前後の中心に位しているのである。柩の上に死者の臥像を置き天使と聖像とを配する伝統形式が到達した帰結点は、死者の坐像と二体の象徴人像とを組み合わすミケランジェロの創意であるが、サン・ピエトロ寺院内にある法王の墓の幾つかは、この創意の後に従う興味深いヴァリエーションをみせている。

パウロ三世、ウルバノ八世[B]、アレッサンドロ七世、クレメンテ一三世と、四人の法王の墓を比較してみるだけでも一つの面白い課題になる。パウロ三世の墓を設計したグリエルモ・デラ・ポルタはミケランジェロの後継者であるが、カノーワの貧しい

A アレッサンドロ七世の墳墓
Grab von Alexander VII,
Pal. Vaticano, Roma

B ウルバノ八世の墳墓
Grab von Urbanus VIII,
Pal. Vaticano, Roma

A

B

構想に築かれたクレメンテ一三世の墓とベルニニの才を弄んだアレッサンドロ七世の墓とは、不思議な関係に結ばれている。この二つの墓は時代の形式感の極端な相異を示す代表者のような装いをもつにかかわらず、全体の構想については著しい類似をみせているのである。

ロレンツォ・ベルニニは八代の法王につかえ、その作品はローマ全市に瀰漫《びまん》しているのに、彼の手に築かれた法王の墳墓は二つしかない。巨匠の生涯を語る伝記者はこの事情を面白く要約して述べているが、歴代の法王が墳墓の造営について抱いていた気持は、こういう事情を「窓」としてみることもできるであろう。

ウルバノ八世がフランスに対してとった外交上の工作は、法王庁の歴史のもっとも興味深い一節に相違ない。しかしルイ一三世の宮廷がベルニニを招いたときウルバノ八世がこの巨匠に与えた言葉は、「汝はローマのために存し、ローマは汝のために存す」と伝えられている。二十余年の長い治世の間、この法王の特に信頼していたのはベルニニであった。彼の作品年表をみると、ウルバノ八世の肖像を七回製作しているようである。その墳墓にみる祝福する姿の法王の坐像は、リシュリューやルイ一四世の胸像とともに、ベルニニの手になる政治史上のモニュメントであるが、この壮麗な墓はまた、巨匠の生涯を飾る記念碑だとも考えられる。

三

短い外遊の記憶に残る様々の墳墓は、大部分が美術史関係の資料であった。ロンドンの博物館でマウソロスの陵墓を装う彫刻をみたり、ローマの寺院でユリウス記念碑の断片を弔ったり、ラヴェンナの郊外にテオドリヒの墳墓建築を訪れたりしたこともある。物寂びたヴェロナの広場や華麗なパビアの寺院も、その土地の支配者の墳墓とともに思い出す。ウェストミンスター・アベイの石畳を歩きながらイギリスの歴史に輝く偉人達の名を次々に見出したときには、その上を踏むに忍びず靴のはこびに困惑したが、イギリスという国に敬意を感じたのはこのときくらいのものであろう。シャワンヌの壁画をみるためパンテオンの堂内に立っていたことはあるが、文豪の墓を弔う気持は起らなかった。ミラノの旅館でめぐり合ったM海軍大佐からはウィーンの墓地に楽聖たちを訪れるよう薦められたが、それを実行する時間が私にはなかった。一人の青年画家に案内されて歌人のS氏や哲学者のA氏とオーベル・スール・オワーズにガッシェの家を訪ね、ファン・ホーグの墓を弔ったのがほとんど唯一の例外である。ささやかな墓標は晩秋の雨に濡れ、貧しい花はしおれて侘しかった。

しかし、忙しい旅の中で深い弔意を感じながら親しんでいた墓が一つある。パリに滞在していたとき私の宿はプラース・ドゥ・レトワールに近かったので、凱旋門の前に置かれた無名戦士の墓に脱帽する機会はことに多かった。フランス国家を代表するこの記念地域は都市交通の点からいっても大きな中心にあたっているので、車上や歩道からこの墓に敬意を捧げる回数は一般のパリ市民にも多いに相違ない。誰に強要されるともなく脱帽して過ぎる人々の姿が、私に一つの新しい習慣をつけてくれたのである。

欧州諸国の首都にある無名戦士の墓は、様々の環境に包まれ思い思いの意匠に装われているが、これらの墓ほど現代の社会生活に切実な記念碑は他にあるまい。広大な墓地に十字架の列を見守る一種の記念建築もドイツなどでは特殊な課題になっているが、大都市の記念地域に置かれた無名戦士の墓に比べると傷ましい気持が少し強すぎるようである。歴史のつづく限り護国の英霊を弔う墓の建設は絶えるときがなさそうに思われるが、そう考えて来ると、この種の墳墓が解決を要求している範囲は予想外に広いことがわかる。たとえば、都市計画、国民教化、慰安施設、等々の課題から、社会心理とか国粋様式とかいった類の複雑な難問までも加わって来る。フランスのように、一〇〇年の昔に完成した「戦争の神」の壮大無比な凱旋門を仰ぐ国や、イタリアのように近年竣工した大掛りな建国記念碑を誇る国では、それらの由緒ある環境の中に無名戦士の墓を置くのがもっとも賢明な方法に違いない。しかし、もし仮に一人の優れた建築家があるとして、護国の英霊を慰め、遺族の追憶を装い、国民の精神を導くにふさわしい墳墓を完成させることができたとしたら、それもまた悦ばしい限りであろう。

最近私はリヒトホーフェンの母に綴られた世界大戦当時の日記を読み、しばらく忘れていた深い感動を味わった。美術、文芸、映画、と世界戦争が残したあらゆる記念の中で、この日記はもっとも深い美しさに輝くモニュメントである。静かな平和を享受していた生活が突然なくなってから、一切の栄光と苦悩と欠乏との後に動乱を経験した母親の記録は、そのままで貴い一個のモニュメントである。この余りに暗い日記の筆者は、空の英雄の名を嗣ぐ幼い生命に再起の希望をつなぎ慰安の黎明を見出しているが、外国の一読者にすぎぬ私の心には、まったく別の慰安が一つハッキリ浮かんでいた。岩を積んで築いた台の上に翼を休める一羽の鷲を刻んだ Fliegerdenkmal〔航空士記念碑〕——ここに記された文字は、敗戦の重圧から起ちあがる国民の精神に力強く呼びかけている。

Wir toten Flieger,
wir wurden Sieger
durch uns allein.
Volk, flieg du wieder,
und du wirst Sieger
durch dich allein!〔註7〕

単純な言葉で綴られているほど碑文は人の心に深く刻まれるのが常であるが、リヒトホーフェンの母の日記を読み了ってからこの文字をみると、心に強く迫る力を感じるのである。

家

一

二五エーカーほどの古い庭園が軽い斜面を描いている頂のあたりに、鉄筋コンクリートの明るい住宅ができあがった。この土地は、イギリスの造園史に名を残す作家の助力で一八世紀の中頃に設計されたというだけあって、一種の高雅な趣をもっている。幾棟かあった古家を一部だけ残して取りはらい、円形の住宅一棟とそれにつづく温室とを建て、少し離れてプールを設けながら、庭園の樹木に程良い見通しをきかせてある。

まるで「切りかけのチーズ」のような形をしているこの住宅*は、庭園を見晴らして南面する三階建てである。一階には、ホールや台所のほか居間と食堂と仕事室があり、二階は更衣室、浴室、女中室を除くと寝室とバルコニーになり、三階にはルーフ・テラスや撞球室などがある。

*イギリスの住宅｜Residence St. Ann's Hill, Chertsey, 1936

構造の基調は、三個の同心円とその円周にそうて配列された柱とから成り立ち、弧線を描く主な室の外壁面は良質の鏡グラスを通して豊かな眺望をもっている。明るい色を塗ったコンクリートの肌と美しいグラス面とに装われたこの建物は、庭園の緑と太陽の光とに包まれて健康に輝いている。

イタリア、フランス、イギリスと、造園の歴史を連関させながら考え、文化史的背景や風土の条件に結び付けてみることは興味深いが、一八世紀の中頃というと、イギリスの自然に恵まれた魅力を強調して純イギリス風の庭園形式を完成させたときである。プッサンをはじめイタリア趣味の風景画がイギリス造園家の構想を培ったというだけあって、古風な建物や廃址を模造する気持も含まれていたようである。

しかし、伝統的なイギリス庭園の中に建てられたこの住宅は、現代のイギリス建築に特有な明快さを示しながら、周囲の地域と良く調和している。遠い過去をもつ造園の歴史に組み込んでみても面白い一つの示例であるが、豊かな空想を誘う住宅建築の世界において考えても、甚だ快い一つの試みである。

この家に住む人がどんな性格の持主か私は知らない。仮にもし、自分の生活を享楽するほか何もできない人であったとしても、少なくとも住宅建築界には一つの美しい貢献を残したことになる。

この住宅の空中写真を庭園とともにレイアウトした画面と見比べたり、室内の写真を平面図と対照したりしながら、明るい住み心地などを想像し楽しんでいると、遥かな少年時代に私が好んで弄びつけた一つの空想が浮かび上がって来る。文房堂から方眼紙を買い、それに理想の家を間取り樹木を配しながら、拙い平面図の中に早春の憧憬を追うていた昔の夢が、現代のイギリスに実現しているような気持になり、はかないながら満足に似た快さを味わうのである。

二

「自動車文化」とも名付くべき現象の著しいアメリカでは、自動車に乗ったままの客をサービスする喫茶店や、自動車旅行専用の旅館ができたばかりでなく、自動車の座席に坐って見物する映画館さえ生れたらしい。自動車の後につなぐ簡易住居もまたその特殊現象の一つであるが、利用者を種類別にすると、休暇を楽しむ勤労者、中産隠居家族、現代的遊牧民、などの他に大資産家も仲間入りしている。したがって、車両の形態にも色々あり、テント代わりの安物から設備の良い数室を具えた高級品まである。

もっとも、こういう車両住居は週末用に昔からヨーロッパでも使っていた。さらに、ジプシーの馬車やハーゲンベックの車室まで遡れば、別段めずらしくないともいえる。何年かの昔、芝浦にハーゲンベックのサーカスが来たとき、車室の中で楽しそうに切手帖を整理している道化役と短い話を交わしたことがあるが、日本の旅役者が泊まる田舎の宿などと違って何となく明るかった。しかし、一般社会の居住技術を自動車文化に結び付けて考える場合には、アメリカの特殊現象を都市計画上の新しい課題として取り上げるのも当然であろう。

「移動する家」の概念を極度に拡大してゆくとすれば、農村の生活を揚子江の流れに乗せたような大型の筏から、贅沢な邸に住んだまま世界を漫遊している富豪のヨットまで、色々のものが入るであろう。けれども、現代大都市の一般居住者にもっとも関係の深いのは移動のできる「週末簡易住居」であろう。

七曜単位の勤務組織が発展して週末二日の休暇制が実施されはじめている現在では、各種の交通機関を利用して、大都市の勤務生活者を自然に親しませる様々の工夫が考案されているが、運搬・組立・解体の自由な簡易住居を規格化し、大量製産品として廉価に販売する要求が生じ、建築家にとって興味深いテーマの一つになっている。

この種の小屋は、休日特有の生活形式にかなう平面設計や付帯施設を必要とするばかりでなく、気候と風土とに適し、耐久性も相当にあるような用材と構造とを条件とする。そこで、仮にもし、見かけ倒しの商品が現れるようだと健康にも悪く使用にも不便で、勤労生活者の大切な楽しみを台無しにしてしまうかも知れない。土地会社の宣伝政策をみると、中にはこういう弊害の予感されるものもあるから、保健施設の一つとして簡易住居の検定機関を置く必要もあろうと考える。

三

住宅の設計では、依頼する建築主の「人」と依頼される建築家の「人」とがきわめて複雑に錯交し、性格、趣味、職業、家庭、資力、処世、等の込み入ったコンビネーションを相互の間に構成するのが常である。したがって仕事のサイコロジーとしては、他に余り類例をみないほど不思議なものになりがちであるが、その限界を示す極端な場合を試みに選べば下のようになる。

性格と趣味との点で依頼者と設計者とが完全に調和し、建築家を信頼して万事をまかせる場合がある。こういう恵まれた仕事では、費用が非常に少ないときにも一種の「実験」ができるし、潤沢な経費があれば心にかなった「作品」を創ることが許される。いずれにしても、正しく建築を愛する建築家の望むところであるが、多くの場合にはどこかに不満な制限が付く。

依頼される住宅は好まないが背後にひかえている大きい仕事がほしい——という場合がある。建築を金額だけで計量している者からみれば、何でもない日常の仕事であろう。しかし、作家としての持論を放棄して悪趣味な注文主の気まぐれに従うことを嫌う潔癖家には、甚だしい苦痛が伴うに相違ない。けれども、事務所の経営は、利益の薄い住宅だけではできないから、「蝦で鯛をつる」処世術を運用しなければならないこともあるだろう。

依頼する人も依頼される人も住宅建築を尊敬する点で変わりないが、不幸なことに二人の意見が一致しない場合がある。この場合、両人の気持が純真であればあるほど妥協の余地は少なくなるが、着手した仕事を中止するわけにもゆかず、互いに建築を愛しながら気まずい感情をもちつづけて終ることも決して稀ではない。

以上の三つの極限に一つの例外的な場合を加える。建築家が自分の住む家を自分の考え通りに造る場合である。何かの機会を捉えて実験してみたいと思っていた建築材料なり付帯設備なりを試みることもできるし、思い通りの構想や趣味を自由に使うことも勝手である。

そういう建築家の住居を私も幾つかみせてもらった。親しい建築関係者に披露するときが多かったが、主人に導かれながら寝室から便所まで大勢でみてゆくのは和やかな楽しみである。専門的な諧謔を交えて家中を歩きまわり、台所に用意してある御馳走まで「見学」してしまうのは、どんな豪華な饗宴にも望むことのできぬ面白さである。

この種の家は、設計者の個性や生活態度が甚だ簡明直截に浮き出ている。したがって別な人間からみると、こういう家がほしい――と思う場合はまずない。その代わり、他人に依頼されて造った大小様々の住宅から感じるような夾雑物《きょうざつぶつ》がまったくなく、スッキリ徹底しているから記憶に残る印象は鮮やかで気持が良いのである。

四

私が幼い頃に住んでいた駿河台の借家は、黒く塗った裏門の中に三軒の小さい借家を包括する奥まった構えで、庭も相当に広く、表門の横には抱え車夫の家族を入れた小さい一軒があった。土蔵の横にも二間ほどの離れた棟があったが、なぜかそこは閉めたまま借さなかった。奥の座敷に通る回り縁が東と南に開け、西側は小高い築山と植込みに極まっていた。

この複雑な構えが泥棒には余程好都合だったとみえ、父の家族は常に泥棒を意識して暮らしたし、私の幼い記憶にも泥棒の占めている分量は割に多い。私の父は、床の下に白鞘の短刀を入れて寝る不思議な習慣を長い間すてなかったが、ある時怪しい音に目覚め床の下に手を入れてみると、短刀まで取られているような滑稽もあった。二階に病を養っていた私の従兄は時折ピストルを研《みが》いていたが、真昼の庭から忍び込んだ賊にそれを取られてしまった。用心のため犬を飼うことになったが、犬小屋の入口を塀に押しつけ、犬を幽閉して仕事にかかった泥棒もいた。ただ幸いなことに家族が泥棒の姿をみたことは一度もなく、凶器を奪われながらも至極無事であった。

しかし、この物騒極まる家は、私の心に様々の懐かしい追憶を残している。庭木に親しんで季節の変化を知り、燭台のともる座敷に年中の行事をみたりしたばかりでなく、化物の世界を感じたり悪童の仲間に加わったりして、様々の初等人生教育をここで受けたが、五歳のときに会った母の臨終前後の有様は、この家を背景として系統だった印象にまとまっている。

数年ののちこの借家から移ったのは、父が地所ぐるみ買った下町の家であるが、ここはまた恐ろしく用心が良かった。隣接地二方には高い防火壁が聳え、道路に面した二方の角には交番があった。夜中にフト目を覚まして門前の敷石を往復する警官の靴音を聞いたことも度々あったが、その代わり、日露戦争後の焼打事件には、暴挙を間近にみて恐ろしい思いを味わった。

この家を建てた人は木場の商人だったから、奥の座敷など用材は良く吟味してあったし、眼につかないようなつまらぬところに凝った手間が使ってあった。居間の前は廊下を距てて土蔵になり、厚い扉が開き丈夫な金網の戸が閉まっていた。けれども、父の入る前にかなり改造されて旧態を歪めた上に、無頓着な手を父が加え、最後には、中学に入った私のために二階の洋間を増築したので、「昔の大火事に焼け残った家」という面影はまったくなくなってしまった。

ところで、この増築した「洋間」なるものは、木造ペンキ塗り木づり壁紙の至極簡単な普請であるが、私の使っていた二階の三室とも窓には全部ステンドグラスを使って不思議な組合わせをみせていた。私の伯父がステンドグラスの小さい工場をもっていたことから生じた結果なのだが、玩具の家を拡大したように幼稚なこの室で、私は学校時代の大部分を送った。

この二つの家とも、震災で跡形もなくなったが、五〇年の人生を充たすに近い現在まで、私はキチンとととのった家に住んだことがない。

五

巣鴨の拘置所が新築された機会に、私はあの中を参観したことがある。独房囚の運動場の土に一本ずつたつ細い桐や広い炊事場の調理台の小皿に盛った三切れの沢庵に何ともいいようのない感動を味わったのち、重い気持で拘置所の門を出て、コンクリートの高い壁に沿う所員の役宅の間を通った。所長か何かのいる特別に大きい構えを除くと、他は郊外の借家にみるような小型の「文化住宅」である。そういう役宅の密集している間の狭い空き地には、襁褓が乾してあったり草花が置いてあったりして、灰色の高い壁に眼界が限られていた。

しかし、この住宅群をみたときほど家庭生活の和やかさを感じたことは、私の生涯にほとんどなかったであろう。セメント瓦の屋根に恵み深い陽が輝き、ペンキ塗りの窓の中には静かな幸福が漲《みなぎ》っているように思われた。眼と鼻の先に暮らす近隣同士の付合いには、親睦の美しさも反目の醜さもあるだろうが、拘置所の門を出て来た私の心には、ただ明るく和やかに映った。

震災の後である。湯島の坂を上ったあたりの空き地に、犬小屋を少し大きくしたような簡易住居が沢山並んでいたことがある。いずれも罹災者の家族であろう。狭苦しさそうに住んでいるのを、大学にゆく電車の中から眺め気の毒に思っていた。ほど経て罹災者達もどこかへ移ってゆき、空いた小屋が並んだままになっていた。ある日、私は市電に乗りその前を通ると、近くの釣革につかまっていた数人の女が急に活気づき、この小屋に住んでいた頃の思い出を懐かしみはじめた。「本当に暖かだったねえ」と何度も繰り返したり「××ちゃんのいた家だよ」とその一個を指したりした。たぶん、この女達にとっては、長い秋を通して罹災者の苦労を色々なめた後、この小屋に落ち着いて味わった冬の太陽の暖かさが忘れられないのであろう。乗客の一杯つまった電車の中で懐かしげに語る女達の言葉を聞き、私は心の軽くなるのを感じた。

「家」の住み心地は、「人生」の幸福とか不幸とかいうのと同じく、外側からみただけでは計ることができない——という至極当然な真理を、何かの機会に今更のごとく反省する場合は案外に多いようである。

記念地域

一

九段坂の斜面に並ぶ大小様々の建物を取りはらい、幅員の豊かな坂の両側に適当な緑樹を植えて、靖国神社の大鳥居を坂上の中央に仰ぐ巨大な神域を想像してみるとする。この坂を下から昇ってゆくと、空だけを背景としてまず大鳥居が聳えている。それから、今の偕行社の敷地のあたりまで来ると、大鳥居の下に非常に小さく一人の人物が地線の真ん中に立っているのをみる。台座の隠れた大村益次郎の銅像である。大鳥居と銅像とは空の中に黒く浮き出し、並木の緑が銅像の両側に低くみえるだけで、その他には眼に入る何物もないのである。

この雄大な構想を現状のままで味わうとするには、偕行社の前の歩道に手をつき顔を地面に近づけるという不思議なポーズをとらなければならない。立ったままの姿で大鳥居に向かうと、視野の引きが足りないためどうしても銅像の台座がみえることになる。

次に、神門の内側から大鳥居の方をみるとする。内側の柱二本と外側の柱二本との間に左右の扉が御紋章を輝かして開き、軒の線が下がるところに方形の空間ができる。その空間に、第二の鳥居と第一の鳥居とが程良く収まるのである。仮にもし、大鳥居から神門までの神域が整然と装われているとしたら、定めし森厳な雰囲気が深味を増すことであろう。

麴町区役所で昭和一〇年に刊行した『麴町区史』をみると、靖国神社の沿革について下のように記してある。

「東京に招魂社を建てて忠魂を慰め永く祭祀せんとの大御心に基き、その建設は明治二年三月奠都《てんと》遷幸あらせられし際に起り、地を九段坂上、三番町の元歩兵屯所跡にトし、其六月に仮殿の竣成を見た。此の地は宮殿の乾《いぬい》に位し高燥の良地なりとて、見分役、大村益次郎、香川敬三等選定する所である。初度の祭典は同月二九日より五日間に亙り施行せられ、祭神は伏見、鳥羽、函館の諸戦役に陣歿せる将士三千五百八十八柱であった。」

文部省の宗教局で調べてもらったところによると、明治二年の当時にはあたかも村社のごとき小祠が草原の中に建っていたのだという。現在の規模に至る年代を辿ってみると、本殿の造営が明治五年で、明治一二年に靖国神社の社号を賜り別格官幣社に列せられた。拝殿のできたのが、明治三三年で、神門の竣工が昭和九年である。いわば維新以後の戦争史とともに漸次その規模を拡大して来たもので、そこに自ずから記念地域としての特殊性が構成され、国民の心に深く刻まれたこの神社の尊さが偲ばれる。したがって、はじめから全体の規模を総括的に設計した神社とは著しく性質を異にするのである。

『明治大正建築写真聚覧』を開いてみると、本殿の前にささやかな灯籠の並ぶ古い写真＊を発見する。何年に撮したものか知らないが、拝殿の建たない昔の様を想像する一つの手掛かりではある。「草原の中に建つ村社のような」最古の面影を止めた、写真か絵画をみたいと思っているが私の手許にはない。また、日清戦争当時に春陽堂から刊行された『写真画報』の口絵目次を調べてみたが、その頃の神域を撮した写真もないようである。『靖国神社史』とでも名付くべき本が編纂されて、多数の写真と図面と文献とを収録してあったら有益であろうと考える。

この神域に現在できている建造物の中では、建築作品としての神門が特に美事である。社寺工務所の設計となっているから担当の責任者はあるだろうが、社会的に名の知られた大家の作ではないらしい。それだけに、日本建築の優れた伝統がごく素直に保存されているのであろう。昭和年代に設計されたこの建物は、現代日本を代表する優秀な作品の一つである。

日本の神社建築としてもっとも古典的な神明造の様式を神門風に造り替え、雄大簡素な基本的精神をそのまま保存し、これをさらに門として簡単化しながら金属材料を効果的に使っている。一二本の太い柱、御紋章の輝く荘重な扉、勾配の鋭く厚い屋根、千木と棟木《むなぎ》と鞭掛《むちかけ》との美しい調和、どういう角度から仰いでみても良い構図である。

＊靖国神社（招魂社正殿）
竣工：一八七二（明治五）年

堅魚木を除いて貫材だけを並べたのは、神明造の社殿と異なって屋根の部分の重くなりすぎるのを考慮したためか、古典建築のゆかしさが節度にかなって甚だ快い。

靖国神社の理想からいえば、現在の神域では著しく足らない。拝殿と本殿との周囲をかこむ奥ゆかしい森もほしいし、招魂場の雰囲気も遥かに森厳なものにしたい。拝殿から大鳥居に至る樹木と灯籠とその他の建造物とを徹底的に整備する必要もあろう。しかし、私が独り空想しているのは、九段坂の建物を中坂まで全部取りはらい、大鳥居を坂の中央に遠く見上げる緑地帯を造って、国民崇敬の神域にふさわしく護国の英霊を慰めるに足る雄厳な記念性を強く浮き出させることである。考えかたによっては、坂を上る長い参道は年老いた遺族に肉体の労苦を課すともいえるが、参拝者は必ずしもこの緑地帯を通らないで良い。適当な交通機関を利用して第一の鳥居前から直接入ればすむことである。国民の心に与える深い感銘は、九段坂の全面的改築によってどれほど増すか解らない。

坂の改築については、かなり前から私見を述べていた。当事者の間でも類似の案が審議されたことはあるらしいが、現在の企画案には含まれていないかも知れない。しかし、草原に建つ村社のごとき状態から今の規模にまで発展した過去をかえりみれば、私の心に描く構想もいつか実現するときが来るに相違ない。

少年時代を神田に送った私は、靖国神社にちなんだ幼い思い出を幾つかもっている。牛ケ淵の草原で学校友達と遊んだ頃は、まだ日清戦争の鮮やかな追憶が残っていた。日露戦争後の大祭が行われたときには鹵獲《ろかく》した剣銃に築き上げられた凱旋門が大鳥居のあたりにできたような気がする。震災前まであった英国古城の模型のような遊就館も、内部の陳列品とともに朧気ながら覚えている。

先日、必要あってこの神域の中を歩いていると、幼い少女をつれた中年の会社員らしい男が、その子供に風船をもたせ石灯籠の台に立たせて写真を撮っていた。それから遊就館の前では、海軍兵曹が小さい男の児を玄関の横に立たせてカメラをむけていた。どこでも見受ける日常の和やかな風景にすぎないであろうが、場所が靖国神社の神域であるためか、傍らでみる眼には何か特別な意味がありそうに思われ、何となく胸にせまるものを感じた。

二

鉄道省の建築事業として現在立案中の仕事のうちもっとも注目に値するものの一つは、恐らく宇治山田駅の新築工事であろう。この駅を利用する乗降者数は、年末の一日と年始の三日とが著しく多く、これを帝都の主要駅と比較してみると、連続的に発着する省線電車の利用者数を除き列車のみの発着数を目標に計量する限り、宇治山田駅が非常な高率を示しているのに気付く。またこの駅では、春の季節の気候の良い期間に連続して多数の乗降者があるという。鉄道省の当事者からきいたこの興味深い統計が、伊勢神宮の参拝者数を表示していることは断るまでもない。

＊中央郵便局（東京）
設計：逓信省、吉田鉄郎
竣工：一九三三（昭和八）年

新築される宇治山田駅の規模は、その地積の広さでみると現在の京都駅とほとんど変わらないらしい。都会の人口数と駅面積との比率をとって考える場合、宇治山田駅がきわめて特殊な性質をもつことはすぐ解るであろう。

なおこの新駅からは、幅員の広く延長の長い参宮道路が建設されて公儀に供せられるはずであり、一般民衆の乗用する電車の連絡も加わって来る。そういう意味から宇治山田駅は、神域専用の交通施設として建築と土木との複雑な諸問題を含み、専門技術上きわめて興味深いものがある。

東京駅と宮城外苑との関係は宇治山田駅の場合と根本的に事情を異にするが、国家的地域と停車場との間に予想される重要な問題を含む点で変わりはない。子供達の遊ぶ小山まであった広い草原が、東京駅の新設によってシヴィック・センターになり、宮城外苑に直接つづく主要な美観地区に変わり、大東京の交通の中心点に改まる——ということは、本来からいうと明瞭だったはずである。広い操車場をひかえた大停車場をここに設定することが至当であったかどうかは別として、仮にもし、東京駅の建築がもっと美しく、現在その左右に立つ中央郵便局＊と鉄道省本庁舎＊ほどの出来栄えをもち、駅前広場が各種の交通問題を解決するにふさわしく的確に設計され、丸ビル〔35頁〕はじめ周囲の事務所建築がこれに準じて厳密に審議されていたとしたら、どれほど良かったであろう。宮城外苑と中心事務街と駅前広場とを結ぶ壮大な規模は有機的に構成されて、観る眼にも美しく、使用するにも便利であり、日本の首都の中心区域として非常に立派なものができあがっていたに相違ない。限りなく発達し複雑化

＊鉄道省本庁舎（東京）
設計：鉄道省
竣工：一九三七（昭和一二）年

する大都市の将来を予定することはある程度まで不可能かも知れないが、東京駅の造営が明治末年であったことを考え合わしてみると、現在への予想は充分にできたはずである。

ところで最近には、皇紀二千六百年を記念する事業の一つとして宮城外苑の整備事業が立案されている。東京市の目論んだこの計画はどこからともなくジャーナリズムのトピックとなり、整備事業委員会の発表によって改めて問題化されはじめたようである。都市美協会の常任理事会では当面の官庁関係者を招き、企画の詳細を聞き懇談を行ったが、説明を咀嚼《そしゃく》していると色々な問題が脳裡を通り過ぎるのを感じる。世界のどこにも似た記念地域を見出さぬこの広場は、元来が「簡素にして厳粛」なるべき性質のものである。しかし、江戸城の昔から自然発生的に変化して現状に到達したものであるにかかわらず、国家的式典と大都市交通との実用問題をも含み、美観整備や史跡保存に関する考慮をも派生させるのである。したがって、重大時局下の記念事業としては、単に精神的、実用的諸条件を満足させるばかりでなく、経済的、物資的諸問題をも合わせて慎重に取り扱うべき企画である。宮内省と東京市との当事者をはじめ、内務省都市計画委員会や新たに設定された整備事業審議会が、この重大問題をどこまで厳格に検討し、いかに解決するかは別とする。けれども、国民の一人として心に描く空想を見取図にしてみるのは興味深いことである。

外苑を横断している車用の大道路は現在のところ都心の主要交通路の一つとなっている。これを大規模な直線の地下道とする案も、莫大な建造費と相当な経常費とを予

＊第一生命保険相互会社（東京）
設計：渡邊仁、松本與作
竣工：一九三八（昭和一三）年

定する限り「理想案」の一つではあろうが、それよりも、大きいカーブを描くオープン・カット案は、著しく費用が低廉でしかも広場の森厳さを増すところに妙味がある。いま内閣仮庁舎の建っているあたりから曲線を描いて下る大路が、東京駅前広場に連なる行幸道路と日露戦役記念の凱旋道路との下を堀端に沿うてくぐり、再び曲線を描いて楠公《なんこう》像の近くから漸次に上る。拓務省仮庁舎前の橋幅を拡大して堀の外に出るのである。この大路は、切通しの両側を適宜に装うことによって広場全体に森厳の深さを増すであろうし、式典用の空間をどこまでも拡大しながら、交通上の諸問題を完全に解決するのである。

旧江戸城の遺蹟を復原したり堀を横切る道路に面して角櫓《すみやぐら》を新築したりする案もあるようだが、根本精神そのものからがすでに問題である。櫓にしても、古式通りに造れば容易なように思う人もあるかも知れないが、具体的な設計としては著しく困難である。ことに、外苑の奥に位する宮城と堀の外側に並ぶビルディングとの中間にある関係上、プロポーションを的確に選ぶことは不可能に近い。また、肇国《ちょうこく》記念館を造営し記念噴水を設置する案も公表されているが、「簡素にして厳粛」なるものを尊ぶ本来の精神と矛盾するところがありそうに思われる。

外苑の周囲を構成している洋風建築の中では、第一生命＊と明治生命＊と帝室林野局［168頁］＊との三つが良くできている。仮にもしその他の建物が同程度にできていたとしたら、あの外境は遥かに美事であったろう。外苑の中から老松の翠《みどり》を通して明るい色の現代建築を眺めるのは、決して悪いものではない。むしろ、不思議な効果を

＊明治生命館（東京）
設計：岡田信一郎
竣工：一九三四（昭和九）年

もつ調和があり、荘重な伝統と強力な進展とを二つながら鮮やかに感じさせる。

一人の国民の心に描く空想を楽しみながら、宮城外苑にちなんだ自分の過去の追憶を辿ってみるのも懐かしいものである。日露戦争の直後には、あの広場に沢山の鹵獲した野砲が並んでいた。父母とともに人力車を列ねて外苑を横切る機会は多かったが、気持よく走る車の側にどこまでも大砲がつづいていたような印象を残している。関東大震災の折には、この広場ばかりでなく馬場の中まで避難民が入っていた。神田の家で焼出された私の父の家族も、馬場に恐怖の一夜を明かしていた。東中野の高台にあった私の書斎から炎の海を眺めた翌朝、暑い陽にあえぎながら遠い道を歩き通して、馬場の草叢にかたまっている哀れな姿の家人達を見出し、罹災者の気持を沁み沁み味わった。

つい近頃のこと、日比谷公園の花壇に初夏の花の美しく咲きそろっているのをみながら、花壇の側に古くから建っている事務所に行った。カッテージ風のつつましい住宅に似ているこの建物は、壁に蔦をからませ石段につづくベランダを開き、明るい出窓をもっている。今から三十余年のむかし早春時代の私は、宮城外苑を通って公園の花壇をぬけ、図書館で本を借りる慣習を好んでいた。父にたのめば読みたい本はいくらでも買ってもらえるのに、図書館で読書する方が何となく勉強しているように思えたのであろう。そういう帰り道にはいつもこの建物の前に立ち、出窓を見上げながら早春期の甘い空想に浸っていた。この建物がただの事務所だとは知らなかったので、たぶん花壇をつくる園芸家の役宅であろうと思い、これと同じような住まいがほしく、

＊帝室林野局庁舎（東京）
設計：佐藤功一
竣工：一九三八（昭和一三）年

書斎の中に花の香をただよわせる静かな家庭生活を夢に描いていた。

ある会合の折、公園課長のＩ氏にこの昔談をしたところ、「では帰りに寄ってみましょう。明治四〇年頃に建ったままほとんど変わっていません。中は何でもない粗末な事務室ですよ」と微笑していた。その晩は帰りが遅くなったので寄るのを止めたが、偶然の機会が私をこの家に導いたのである。東京市建築部、市政調査会、内務省都市計画委員会、等の諸氏数人とこの事務所の中で軽い中食をとりながら、宮城外苑の整備や靖国神社神域の拡大について雑談していたが、私の心に宿る空想も、遥かな早春時代と三十幾年後の現在とでは大変な相違のしかたであると思い、故郷の家で幼い頃の日記を読むような気持を味わった。

工場地帯

一

青物横丁という京浜電車の停留場は、三五年ほど昔の幼い記憶を私に思い出させた。今では京浜国道がガソリンスタンドと日本料理屋とを無暗に並べたまま交通量の超過になやみ、第二の国道の実現を待っている有様だから、その頃のこのあたりは、むしろ徳川時代の方に近かったであろう。古い宿場や街道の面影もまだ残っていたし、春の潮干どきには貝を漁る人が長閑に群がっていた。

この辺一帯が東京の工場地域に変わってからもかなりになるが、様々の工場に混じって東京地方専売局品川工場もここに建ち、煙草工場として日本の最新施設を誇っている。専売法の実施された明治三七年には、将来ここにこういう工場ができるとは誰も思わなかったであろう。もっとも当時の明敏な人が空想に描いていた煙草工場をさらに空想してみるとすれば、その中には現在の品川工場に似たものもあるいは含まれていたかも知れない。

オランダにある煙草工場などを写真でみると、派手で明快なその外観にまず心を惹かれるが、品川工場にはそういう魅力はまったくない。製作工場の部分と従業員施設とが鉄筋コンクリートになっているだけで、庁舎や倉庫は簡単な木造建てである。その代わり中を歩いてみると、煙草嫌いな私にも充分に好感がもてるのである。

一〇年ほど前、左翼思想が「機械の歴史哲学」を説いていた時分には、コンヴェーヤーがあたかも労働搾取の主犯のように扱われていた。フォードの自動車工場を不具者の製産工場にみたてた未来記さえできたのであるが、この「大問題」を諧謔調に塗り変えて、ルネ・クレールは『自由を我等に』を作った。刑務所のコンヴェーヤーに向かって木馬の玩具を作っていた男が終りには人手のまったく入らない蓄音機製造機をこしらえて得意になっている場面を、私は品川工場の中で思い出し、淡い微笑を感じたのである。

この品川工場では、最後の包装に至るまで一切の作業をコンヴェーヤーが独りで片付けてしまうから、女工達の大部分は、監督のような役割を受け持っている。その上に、広々とした床面積に豊かな間隔をおいて機械が配列してあり、空気調節も良くゆきとどいているらしいから、観る眼に快く親しみがもてるのである。

食料品の製造過程を撮した多くの実写映画をみると、狭苦しく機械にかこまれて働いている女工達の手がいかにも忙しそうで、まるで機械に追いたてられているように思われるが、ああいうコンヴェーヤーはどうもクレールやチャプリンの皮肉を連想させる。映画をうつす者の眼には大いに「活動的」で面白いのかも知れないが、観衆に与える反響は案外に違うかも知れない。それに、コンヴェーヤーというものに対して好ましくない先入見を作り上げる危険もありそうな気がする。そういう点では品川工場のコンヴェーヤーなど、偏見を矯正する役に立ちそうである。

従業員施設の中では、青く澄んだ湯を二個の巨大な浴槽になみなみとたたえている白色タイル張りの「女工洗体所」や、扉を開けると幼い子供達が人なつこく駆け寄って来る託児所が快く、良く整理してある運動用地も何となくのびやかにみえる。

機関室と向かい合っている記念館は、もと新宿にあった御料工場を移したもので、周囲の様子まで昔の面影を忠実に復原してあるという。明治天皇の御料の御煙草は、この一棟で御調整申し上げたのである。今では、製造機械の歴史的遺品や専売事業の参考資料を集めた陳列館になっているが、構内に異彩をはなっているその外観も、懐古的な味を含んでゆかしくみえる。

数年前に内務省が文化映画の奨励法を講じたとき、私は懸賞募集の企画を引き受けたが、その頃のプロダクションはまだ文化映画に目覚めず、松竹の出品した煙草の映画がわずかに観られる程度であった。品川工場の第二期工事が完成したのは昨年〔昭和一三年〕の夏であるから、勿論この文化映画には姿をみせていないが、どういうものか現在に至るまで、この興味ある工場施設を扱った実写映画を見かけない。一般の観衆にも親しい主題であるし画面効果も面白く、社会的影響も良さそうな特徴をもっているから、どこかに話し気のきいた文化映画に作らせたいものだと考えている。

二

東京の近県にありながら野田は不思議な都会である。電車が町に近づいても一向に町らしい気配がなく、それでいて、停車場の広場に出ると眼の前はすでに醬油工場なのである。駅から工場に通じている道路にも人家や店は目立たず、倉庫だけが無表情な壁面を連ねているような具合である。余り素っ気なく殺風景だから新築する倉庫は何とか外装を工夫したい、という話であるが、そんなところにも野田らしい雰囲気が出ている。

工場の中に入ってみても、ただガランとしているばかりで余り表情はない。高度の能率を誇る機械の代わりに長い時間の自然醱酵に委ねるような仕事だから、見渡す限り遠くつづく数限りない正方形の槽が、不透明な液体を溜めたまま静まるばかりである。「工場」に「活動」はつきものと考える一般の人情からみれば、醬油の分量に感心する他なんらの面白味もないところである。

ところがこの無表情な工場は、是非とも家庭の主婦達に鮮明な印象を与えなければならない、という重大使命を帯びている。工場を入ったところに広い休憩室があるが、天井には小旗を引きまわして賑やかに飾ってあり正面の段には原料を並べて醬油の製造過程を簡単に示してある。この室は、各地から「見学」に来る女学校の生徒達を歓迎する設備の一つで、生徒は小瓶に入れた醬油を土産にもらい、押花のように追憶の中へ織り込むのである。

けれども、女学生を歓待する設備はまだ他にもある。見学は遠足を兼ねるわけだから、工場の近くに遊園地を設け、イチゴやキヌカツギを取らせて少女達を楽しませる畑も用意してある。もっともこの遊園地は、野田町の工場従業員にとっても大切な慰安施設になっていて、丘につづく下の水田は、不用な季節に入ると池に変わる。田よりも高い河から水を引いてボートなど浮かべるのであるが、農作期になって排水した後、田の中に鯉が残っていたりするそうである。

醬油で生活している野田町は、メイン・ストリートといっても、自動車の旅に通り過ぎる宿場を少し大きくしたようなもので、ただ一つある映画館も昼間は閉め切ってヒッソリしている。工場主の住居が厳めしい構えをみせている他には、銀行や商店が少し都会らしい形態をもつばかりである。

しかし、工場従業員の教育施設として建っている興風会の会堂＊は、町に比較すると非常に大きい。休息を求める夜の時間に講演会を開いても、どこから来るかと思われるほどの聴衆が集まる。遠い昔に回顧される有名な「野田の争議」の後にできた社会施設であるが、例えば『黒い太陽』を映写してみせると日蝕にちなむ図書の借出率が著しく昇る、というほどの反応は窺われるそうである。

争議の追憶などとうの昔に忘れてしまったような静かな街を夜遅く自動車で通り、流山《ながれやま》を過ぎ暗い荒川放水路に沿い、東京の空の薄赤いのを遠く眺めながら、私は何年か前に読んだ幼稚なプロレタリア短編の一つを思い出していた。銚子の醬油工場を視察に来た社会事業の婦人達が、攪拌して盛り上がる醬油の中に男工の屍の浮き上がる

＊興風会の会堂（野田）

のをみて卒倒する話である。

ところで、そういう事実が過去にあったかなかったかを詮索する興味より、できれば晴れた日に野田町の空を飛行機に乗り、一面の緑色の中に小さくまとまっている工場都市の活きた模型を俯瞰する楽しみの方が、今の時代にはふさわしそうに思われる。

三

私の他に宿り客のない静かなクラブ・ハウスであるが、寝つきのわるかった割に早く目がさめた。初夏の空の深く輝くヴェランダでカフェーをのみ、草取りの女の他に誰もいないゴルフ場を歩いてから、水車部長をしている友と自動車で助川の工場にもどった。研究所と並んで建つ事務所の二階の予定された明るい室にスートケースを置くと、まず海岸工場から案内してもらった。

海岸工場の主な建物[A]は、一棟の長さがどれも二五〇メートル前後、高さが二〇メートル前後である。工場建築の先駆者ペーテル・ベーレンスが新たに設計したオーストリアの煙草工場[B]は、その延長の視的効果が著しく豊かなのであるが、規模の大きい実証として記載された数字をみると、長さ二三〇メートルに高さ二五メートル余りである。したがって、ほぼ同じ大きさをもつ建物の集団から成り立っているI県海岸工場の規模は、非常に大きいのであるが、ユニフォームに近い姿で工場の幾棟も並ぶ

A

B

A日立海岸工場（助川）
一九三七（昭和一二）年撮影

B煙草工場
設計：ベーレンス
Die Staatliche Tabakfabrik, Linz

有様は、見る眼にも甚だ美事である。鉄骨にグラスとスレートとを張り、大型のサッシを使っているから唯さえ明快なのであるが、豊かな陽の光を受けると一層に引立つ白色の材料だけあって、初夏の青空の下ではことに美しく壮大である。

ここの建築群の中で特に興味深いのは、発電用水車を製作している巨大な一棟である。採光面の著しく広く見通しの非常に遠い内部を、積載量一二五トンのクレーンが二つ滑らかに動いている。現代の進歩した工場建築は、いわば、鉄骨にグラスとスレートとの掩いをかけた巨大なテントのようなものだから、必要に応じて副員を自由に広げることができる。しかし、製品の容積がどこまで大きくなるか解らないような発電用水車を扱う工場では、建物の高さを補うために床面を掘り下げる場合もある。丘上の快適な地域に建つこの工場は、そういう場合にも甚だ好都合であり、自然換気にも豊富な海風が恵まれている。

海岸工場の他、ここにはなお、山手工場と電線工場との二つの建築群がある。それらの工場をまわってから、ついでに鉱山の方もみておく気になり、小型自動車に乗りかえて溶鉱炉のところまで昇った。工場区域から鉱山区域に入ると急に感じが暗く汚れ、あたかも文明国から未開地に来たような印象をうける。

けれども、この工場の前身は、鉱山付属の自用電気工場であった。会社の沿革をみると、今のNS株式会社がK鉱業所といった頃、明治四二年に鉱山の付属事業として生れ、海岸工場を建設したのが昭和五年、水車の製作をここに移したのが昭和一〇年である。日本工業界の発達を背景としてここの工場史を辿ってみたら、定めし興味深いであろうと想像する。

この工場地帯のスケールを鳥瞰し各種の製品を理解して再び事務所にもどり、中食をすませ幾人かの役員の来訪を受けてから、所員の役宅や従業員の慰安施設をみせてもらった。映画などをみせる会堂は畳敷きで、入口に次の出し物の大きいポスターが掲げてある。下級従業員の家族は小さい子供まで連れて来る必要にせまられているので、椅子席は何にかにつけて不便である。それに、舗装道路の完備していない状態だから土足のまま上がらせるわけにもゆかない。そこで、見物に来る者は各自の下駄を入れて手もとに置ける袋を持参するのが規則だという。映画法が実施されて年齢制限が励行されるようになったとき、警察行政の当事者はこういう問題をどう解決するであろうか。余り杓子定規な態度をとると、小国民を育てている下級勤労者の家族から楽しい慰安を奪ってしまうような結果を来さぬとも限らない。

帰りの汽車が上野に着くまで少しばかり私の気持を重くしたのは、前日の夜の講演が甚だしく不出来だったことである。専門学校を卒業して専門の仕事に従事している人達に向かいその専門に連関した私の考えを伝えるには、ゆっくり滞在しながらいちいちの具体的示例について、話し合うより他に適当な方法はないかも知れぬ。巨大な鋳物の外被に重厚な安定感を与える表面仕上げをほどこし、携帯用の小型計器にも常用者の気持を考慮する――という類のデリケートな問題に向かうと、概括的な話は単なる常識の集積にすぎない。それを避けるために、建築や工芸から卑近な例を引いて聴衆自身の経験に類推してもらうことを試みたのであるが、それでも時間は足りなかった。

恐らく、私の話は製作所の所員をなんら益するところがなかったであろうと思うにつけても、反対に、ここの工場地帯から私の受けた見学の豊富さが比較された。各種の工場や付帯施設を詳細に考えたうえ、工場を中心とする小都市居住民の生活を含む様々の問題を拾い出してみると、この大規模な工場地帯が包蔵する世界の中に無限の興味を感じるのである。何の趣もない景色を車窓の外に眺めながら、目移りに困惑する子供のように、色々の問題を手にとってみた。

私がこの工場地帯を訪れたのは、支那事変の起る直前であった。事変後満二カ年を経過した今では、工場の様子も余程変わっていることであろう。ゴルフ場の帰りにみた建造中の付属病院もすでに完備し活動しているが、東京帝大の建築科で立案した従業員の集合住居はどうなったか知らない。私が行った頃は、プールと撞球室との間に寄席のような畳敷きの講演室があって甚だ異様な気がしたが、あの建物も改築されていて良い時分である。当時からすでに問題になっていた防空施設をどう解決したか聞いていないが、明快な美しさが迷彩に汚される有様を想像するのは余り気持が良くない。工場で活きている小都会のことだから、経済事情の激しい変化に伴われて住民の生活状態も異なって来ていることであろう。

観光地区

一

夏の夕陽を陰に沈ませた連峰の姿が、食堂の二方をめぐる大型のガラス窓を壁画のように飾っている。明るい灯光を受けた白い卓布ごしに窓の外を眺めると、山城の山々は墨絵のように美しい。窓ぎわの食卓について外の景色をふりむこうともせず豊かな生活を楽しい団欒のうちに味わっている家族や、大陸の新庁の赴任する前の幾日かを和やかな旅に費やそうとしている夫妻などが、静かに晩餐をとっている。その中にただ独り酒に親しみながら食事を終った私がロビーを通ってテラスに出る頃には、連峰をかこむ空も暗くなり、遥か眼の下に俯瞰する京都市も精巧な模型のように無数の豆電球を輝かしはじめた。八月初旬であるが、台風の余波が過ぎて行った後の山気は寒いほどに透明である。室に入りベットの縁に腰をおろして広い窓ガラス越しに外をみると、左に大津市の一部、中央に京都市の全部、遥か遠くに大阪市と、暗の中に三つの都市を灯光の地図に指摘することができる。自ずから灯火管制の問題など思い出したが、海抜二五〇〇尺ほど比叡山の頂上に近く建っているこのホテルからは、都会を俯瞰した撮影もスケッチも厳重に禁止されているのである。

比叡山ホテル*の客室は二〇に足りない。地階と一階テラスとを鉄筋コンクリートに築き、その他の部分は木造になっているが、外観も内部も木造らしい特徴をみせ、木材の持ち味を程良く活かしている。一般に日本の山岳観光地のホテルでは、故意に山小屋の気分を出すため下手物らしい意匠を使うのが常であるし、歴史に関係の深い土地では安っぽい擬古主義を発揮しやすいのであるが、この二つの危険な条件に禍いされやすいにかかわらず、比叡山ホテルは巧妙にこの危険を避けて、観光ホテルらしい嫌味を少しも感じさせないところ、注目に値する優秀作といえる。

山の地形に従って曲線を描く洋風のプランに純日本風のエレベーションをおさめた手際の鮮やかさをまず感じるホテルであるが、コンクリート造のテラスをこれに配合し、テラスの下をホテルの入口に結び付けたあたりもごく素直にまとまっている。この建物は背後の高い斜面に庭をもつため、下の景色ごと裏庭からみる場合にも自然の環境と程良く調和するように工夫してあり、ケーブルカーの終点から高くホテルを仰ぐ者にもまとまった側面をみせるのである。どこからみても山の地勢にピッタリ合うところ、隙のないのがいかにも快い。

比叡山の交通施設は、日本の観光地に多く窺われるように、大衆的な遊覧地めいた侘しさを示している。今出橋から八瀬に通じる叡山電鉄がケーブルカーの始点と連絡

*比叡山ホテル（京都）
設計：村野藤吾
竣工：一九三七（昭和一二）年

するあたりは、緑色の裸電球を列ね売店や掛茶屋を並べ鯉を入れた池などを掘って遊覧地の公式通りになっている上に、ケーブルカーの両端には没趣味な建物があるから、余計に侘しい気持を誘うのである。幸いなことに比叡山ホテルは、この「大衆的施設」の雰囲気から完全に隔離されているからさしつかえないが、こういうところも、日本の観光地に設定されるホテルは注意しなければなるまい。風致区域の建造物について末梢的な意見を述べたがる当事者が、交通機関の建物に甚だ無神経なのはどういうわけであろうか。もっとも余り関心をもちすぎて、仏寺のような駅舎などを建てられたらなお困るかも知れない。長野駅の擬古主義が流行にならなかったのは、日本の観光地にとって「消極的」な幸運であったともいえる。仮にもし、比叡山の登山鉄道駅が延暦寺の漫画のようなものになったとしたらどうであろう。想像するだに恐ろしいことである。

二

延暦寺が造営されてから自然の地形に順応する仏寺の配列形式が生れ、厳島神社ができて自然の環境と融合する神社の新しい形態が創造されたというのは、誰でも知る簡単な「常識」に相違ないが、例えば厳島神社のような建物に「日本的性格」の一つの典型を見出そうとする考えなどは、突きつめてゆくと案外に面倒な問題に出会いそ

うな気がする。自然と建築との関係を逆にして考えれば、修学院離宮に窺われるような住居建築の庭園の問題にまで結び付くであろう。ここには恐らく、日本建築史にとって興味深い根本問題の一つが秘められているであろうと想像するが、それだけにまた皮相的な結論をここから導き出し、その結論の上に幼稚な「日本的」規格をたてようとする危険も、非常に起りやすいのである。

現代の日本には、この種の「危険」が色々の場合に感じられるばかりでなく、折々は端倪《たんげい》すべからざる「創意」となって現れるのをみるが、浜名湖の弁天島に建っている観光ホテルなど、典型的な示例の一つであろう。私はこのホテルを関西旅行の往復ごとに展望車のブリッジから眺め、不思議な興味を刺戟されるが、歌舞伎座の後継者とも鳳凰堂の漫画ともみえるこの建物は、国策的な観光機関が技術者を採用するときのメンタルテストにでも使うと面白そうである。現在のホテルに代わる改革案のエレベーションを描かせてみるとすれば、受験者の教養や才能は大体わかりそうに思うが、周囲に広い水面をひかえその中の平たい緑地に建つホテルであるから、この場合の解決は案外に容易かも知れない。環境は平面的で色彩は単純である限り、明快なモダン・スタイルの建物にすれば、自然との調和はかえって落ち着くであろう。

けれども、京都の都ホテルなどになると、同じ観光ホテルでも条件は非常に複雑である。自然と歴史的建造物と現代施設とのあいだの調和が著しく面倒になって来る上に、東亜の古都を訪れる観光外人の気持が予想されるから、対外観光事業の通弊となっている輸出向けのエキゾティズムや所謂「国粋趣味」が二重にも三重にも混乱して、錯雑したアイデアを与えやすいのである。現在の都ホテルは、文明開化の古い時代物からごく最近の建築まで、観光ホテルの三つのジェネレーションを共存させながら一種の歴史的興味を感じさせているが、仮にもし、このホテル全体を新しく改築する場合を想像してみるとすれば、どういう様式や意匠を選ぶのが至当であろうか。中々に難しい問題であろうと考える。

三

アマルフィのホテル・ルーナは、観光地のホテルとして風変わりな面白味をもっている。サレルノからソレントに向かう道路が曲折する海岸線に沿うて高い断崖の上を通るところ、南イタリアのもっとも美しい地方であるが、その丁度真ん中にあたるアマルフィは、鄙びた趣を豊かに含む長閑な町である。山につづく岬がアマルフィの町を二つに区分しているその尖端のところに、ホテル・ルーナは位している。両側に重層する町を見晴らし、むかし海賊を見張ったという円形の望楼を眼近にみおろすのである。

この景勝な地域を占有している旅宿は、はじめからホテルとして建てられたものではない。古い僧院をそのままホテルに改造した建物であるから、柱列に装われた美しい中庭があるし、客室の中にも僧房らしい面影が残っている。鉄道から離れて馬車や自動車を利用する観光客相手のホテルだから規模は小さいが、これほど環境の中にピッタリあてはまった外観と雰囲気とを饗応してくれる旅宿は、風光明媚なイタリア全土にも余りなさそうに思われる。

私がこの愛すべきホテルにとまったのは一五年ほどの昔である。同行の友とナポリを早朝にたってペストゥムの神殿を訪れた帰り、サレルノから馬車をやとい日の暮れた路を寒風にさらされながら、遠くにアマルフィの町の灯を眺めたときはうれしかった。ホテル・ルーナに着くと、ホールとバルコニーとを専有する一組の室が取ってあった。イプセンが家族とともに滞在していたという因縁のある室だが、ホールの暖炉に薪をたいてあたたまり、こぢんまりした食堂で夕食を終ってから、私は僧房のごとき一人室に引込み、厚い壁をくりぬいたような窓を開けて外を眺めると、明るい月光に浴した望楼を包んで銀波をただよわす入江が眼の下にひろがり丘に重なる家々の白い壁が夢のように静かであった。幼い頃ロマンティックな物語で親しんだ世界に入ったような気持になり、何とも形容し難い感動を覚えたが、こんな気持を味わう機会は、私の短い生涯に二度と恵まれそうにない。

翌日の朝その小窓を開くと正面から陽の光がまともに射し込み、光の中にサレルノの岬が濃い紫色のシルエットを描いていた。修道僧の室に夜を送ったような気持で服装をととのえ、バルコニーの朝陽に浴しながらカフェーをとったが、深い蒼空の下にアマルフィの家は白く輝き、透明な入江の水面には二匹の海豚《いるか》が長閑《のどか》に游《およ》いでいた。この土地にはノルマン風の面白い建物があるので、街の中や丘の上を終日さまよっていたが、観光地めいた嫌味なところが少しもなく、鄙びた平穏さが快かった。

あくる日のあさ私達は自動車をやとってソレントを通過し、カプリに渡ってからナポリにもどったが、アマルフィの落ち着いた雰囲気を楽しんだ直後には、名高いカプリもまるで江の島のように思われ面白くなかった。しかし、私がそれほどアマルフィに好意を感じたのも、ホテル・ルーナがこの上もなく気に入ったからであろう。

四

一八五一年にロンドンで出版されている Rides on Railways〔鉄道の旅〕という汚い古本は、私の興味を少なからず刺戟した。鉄道敷設区域を示した折込みの地図の他に二〇枚ほどの愛すべき銅版画が別刷りになっている。その中には、古典風の記念門のようなロンドンのステーション入口もあるが、大部分が玩具のような汽車を点景に橋梁を含めた景色である。鉄道が敷設されてから相当に長い間、所謂「自然美の破壊者」を詛《のろ》った時代があるという定説を否定するような面白さを感じる銅版画であるが、私の子供時代にはやはり、便利な鉄道を一応は詛ってみせることが「感受性の常識」になっていたようである。汽車が開通したおかげで観て来ているにかかわらず、鉄橋やトンネルを詛うのは滑稽な話に相違ないが、私なども学生時代に保津川を舟で下り、緑色に塗った鉄橋をあたかも不当な闖入者のごとく仰いだものである。しかしあの鉄橋も、現在の進歩した構造を使って形態を新たにしたら、渓谷と調和した別種な美しさをもつことができるかも知れない。

ナチス統制下のドイツでは、ヒットラーの名をもつ立派な自動車道路を漸次に完成させている。ウィトコプの編纂したKriegsbriefe gefallener Studenten〔戦没学生の手紙〕などを読んでみると、鉄道で輸送される間が非常に苦しかったらしいが、当時のドイツにとっては恐らく、戦略上からも苦い経験であったろう。したがってこの道路計画は、国防施設の充実を記念する一種モニュメンタルな意味を含んでいるが、同時にまた、国際的な観光道路として対外宣伝の役をもはたしているのである。この道路だけの国策写真帳さえ刊行されているが、新興ドイツの建築施設を誇示した書物をみると、この国道に付随する各種の橋梁が紹介されているのをみる。これらの橋梁は、決して規格統一した形式をもたず、地域に応じた構造と材料と様式とを個別的にとりながら、しかも等しく簡素明快な姿をもつのである。現代ドイツの建築界が荒寥たる統制を表示しているのに比べると非常な相異であるが、それだけに一層の好感がもてるのである。近頃の日本には、観光地の水力発電施設に年若い建築家の形式主義を採用したものなども見受けるが、これは「流行」にはなるまい。水力発電施設のように、工業、産業、交通、通信、生活、等の重要な源動機関は、空襲を考慮する限り目立たぬようにすることが是非とも必要であるから、たとえ観光地区に新設されるものであっても、新緑や紅葉に色彩の調和を誇る試みなどを希望するわけにはゆくまい。

五

落葉松の林を基調にもつ軽井沢の簡素な自然には、杉板の肌味を飾り気なくみせ単純な屋根組をのせた簡素な建物が一番良く似合うのであるが、土地会社の営利政策が「軽井沢」という地名を限りなく拡大しはじめた頃から、本当の軽井沢にも甚だ不似合いな色々の建物ができるようになった。湘南の海浜から引越して来たような構えをもつ家から東京の郊外に蝟集《いしゅう》する小住宅を思わせるものまである中に、萱葺の屋根を自慢しているような民家や登山家の甘いロマンティシズムを連想させる山小屋が加わり、いずれも持主の趣味と性格とを興味深く反映している。最近には、ヒットラー・ユーゲントのHeim〔寮〕を連想させるようなものまで現れて来たから、今後はまだ色々な形をした山荘ができるであろう。そのほか避暑客相手の建物も相当に沢山あるが、この土地の性質に合ったものや形の落ち着いたものはほとんどない。そういう雑多な建物のうち私の気に入っているのは、旧宿の裏通りにあるカトリックの小寺ばかりである。

外国の地方色を美しく浮出させた風景写真をみると、住民の親しんでいる村の寺が和やかに自然の環境と融け合っているのを快く思うが、建築の雑誌に時折紹介されている新様式の小さい寺にも、その地方の雰囲気と良く調和したものが見受けられるのである。二〇〇〇年に近い伝統を背景とする建築的課題でありながら、地理的条件や社会的制約が断えず推移しているクリスト教の寺院建築は、ささやかな村の礼拝堂のようなものでも、新しく建てる段になるとかえって様式の選定が難しいであろう。軽井沢の小寺*は特に新しい形式のものではなく北欧の村寺などを集めた書物の中にありそうな建物であるが、素朴な姿の中に構造と材料と意匠とを手際よく統一させながら、落葉松の環境に快くおさまっているのである。

この小寺が竣工に近づいた頃、私は毎日の散歩の折に普請場を訪ねるのが習慣になっていた。ある日私が現場に寄ると、設計者のチェッコ人は職人から墨壺を受け取り梯子に昇り、正面のコンクリート壁の上に出ている木材の切り口にAnno Domini 1935と書き、私を顧みて微笑していた。この寺の献納式には当時ローマから来朝していた位の高い僧侶まで参加し、厳かなグレゴリー聖歌が唱われていたが、その儀式の間にも、外人家族に伴われて来た犬が主人の足もとを離れて祭壇の前に歩き出したりして、避暑地らしい和やかな気分を醸していた。

設計者のRが日本に来て手がけた様々の建物の中にこの小寺を組み込んでみると、少しの破綻もなく成功している点では、ささやかなこの小寺ほどまとまっているものがなさそうに思われる。しかし、今年で六年目になる私の軽井沢生活を通して、この小寺ほど気に入った建物も他になかったし、あの献納式ほど懐かしい追憶も他に思い出せないのである。

*聖パウロカトリック教会（軽井沢）
設計：レーモンド建築設計事務所
竣工：一九三五（昭和一〇）年

建築政策

一

世界大戦直後の混乱のうちに一切の伝統を否定して新しい秩序を見出そうとする社会思想が栄えた時代には、勤労生活者個人の福利と便宜を中心とする「合理的」な建築施設が、都市計画に関するもっとも主要な問題であった。ワルテル・グロピウスとエルンスト・マイとが「最小限住居」の理論を当時の国際建築会議に標榜したことや、勤労地区と居住地区とを合理的に連絡させようとする様々の提案が、ミリューティン、ヒルベルスアイメル、コルビュジエ等の空想的な都市形態となって建築界の興味を刺戟したことなど、いずれもこの傾向を示すものであった。

しかし、独裁的統制力を確立して新文化の建設を実施している最近の独伊両国では、諸般の建築施設を合理的な方法で解決するに止まらず、「記念的」な形態と精神とをあらゆる建造物に求め、国家の指導精神をここに標榜しはじめている。この種の「記急性」は、社会施設の要求する各個の建築にも含まれているが、大規模な総合的企画には特に著しく表示されているのである。

元来イタリアは、文化革新の時機にあうごとに過去の伝統に拘束されぬ新鮮な建築様式を創造し、この様式によって一切を統一しながらどこまでもイタリア的な感覚を透徹させてゆく国である。古典ローマ以来二千数百年の輝かしい伝統を誇りながら、建築史を通して新しい創造力を失わずにいる。新しい指導精神は常に新しい造型的形態をとって表現される——というのが、イタリア建築界の常道となっている。これに対してドイツでは、建築の「作品」が「思想」の裏付けをもって補われるのを普通とするが、そればかりでなく、強烈な国民的自覚を伴う場合には、過去の伝統を尊重して濃厚な回顧趣味を帯びやすいのである。

したがって例えば、「永遠の都」にふさわしいローマ市の面影は、古典ローマ、クリスト教初期、旧教革新期、ファッショ統制時代と、新しい時代精神が常に新しい建築様式を創造しながら、雑然と集合しているところにある。ビットリオ・エマヌエレのモヌメント〔25頁〕なども、カピトリノの丘に集まるアラケリの寺やカンピドリオの広場〔50頁〕とともに一つの「群像」と見做すとき、はじめてイタリア建国の記念碑たる風貌をもつのである。同様な事情は、ベネチアに新築された広大なガレージやフィレンツェに造営された清楚な停車場のごとく、伝統的な観光都市に設置されている交通関係の明快な建物によっても、きわめて簡潔に理解することができる。なお、各種の教育施設になると、「新興」の機運をきわめて大胆な様式に誇示するものまで散見

＊ツェッペリンフェルト（ナチス党大会のパレード会場）
設計：アルベルト・シュペアー
Zeppelinfeld, Nürnberg, 1934

するほどである。

現代ドイツの建築界では、「古典性」と「郷土性」と「合理性」とのいずれを基調として新時代の建築様式を創造するかという議論が出ている。この問題は、抽象論から離れ具体的な企画について考えるかぎり、甚だ興味深いものである。造形芸術の歴史をみても、ドイツほど「観念的」に古典精神の形骸を標榜する国は他になかったし、同時にまた、ドイツほど「無邪気」に郷土芸術への復帰を楽しんだ国も他にない。文化統制の現代では、大規模な式典用建築には古典様式特有のMonumentalität〔壮大さ〕を必要とするであろうし、国民教化の地方政策としては郷土的色彩に親愛の気持を味わわすべきであり、一般社会施設はどうしても合理性を根本方針に求めることとなるが、これらの基本的諸条件はある程度まで的確に使い分けられているように推察される。例えば、ニュルンベルヒに造営された大規模な式典施設*は、この都の古風な伝統にもかかわらずまったく古典的である。ナチス党員の大規模な訓練機関として中世期の城のごとく築かれたOrdensburg〔オルデンスブルク〕*をはじめ、国内各地に散在するヒットラー・ユーゲントのHeim〔寮〕とHerberge〔宿泊施設〕とはいずれも郷土的色彩を多分に帯びている。また、国防と観光とを兼ねて組織的に新設された自動車用国道の橋梁のごときは、建築家が参与している土木工事でありながら、地域の事情に従い形式と材料とを適宜に選択し、しかも全体として明快な様式に統一されている。

イタリアとドイツは、国家統一の歴史も若いし統制機構実施後の日も浅い。かかる点で両国は甚だ共通した事情にあるが、民族の思考形式や国土の諸条件を著しく異に

*フォーゲルザングのオルデンスブルク（ナチス党のエリート養成機関）｜Ordensbrug, Vogelsang, 1936

する。それだけに、この二国を建築施設の観点から考察することは興味深く、別種な立場にある東亜の将来に関連させてもきわめて複雑な「教訓」を含むものである。

世界大戦を二五年の過去に回顧する今、再び欧州は動乱の巷と化している。文化革新の機運に造営を急いだ建築施設が壊滅に帰し、実現を期待された設計案が未完成に終る場合があっても、一つの興味ある「時代」として、建築の歴史に豊かな資料を残すことであろう。

二

一九三六年ベルリンにオリンピック大会が開かれた際ドイツの宣伝省が贈付した写真帳 Deutschland〔ドイツ〕は、これまであらゆる国が刊行したこの種の出版物の中でもっとも堂々たるものである。はじめの頁には黒雲の間から射す陽の光を撮した広野の風景があり、最後の頁には高く翻る国旗に向かって国民の敬礼している姿が大きくあらわれる。この書物と同じくオリンピックを帰結点としてナチス政権獲得四ヵ年の建設事業を記念した映画をみると、下のような辞句にはじまる歌が出て来る——

Und wenn wir marschieren,
Dann leuchtet uns ein Licht,

＊ケーニヒス広場
Der königliche Platz, München

Das Dunkel und Wolken
Strahlend durchbricht.〔註8〕

黒雲の間から射す陽の光はこの歌を意味するのでもあろうか、この写真帳をみてゆくと建設の力を素直な気持で讃えたくなるところ、宣伝芸術の傑出した示例に相違ないが、中に一ヵ所甚だ好ましくない部分がある。無味乾燥な建物を大きく見開きに撮し、その下に短い言葉が記してある——

Einfach, klar und gross wie Ziele der Bewegung ist die Architektur des Braunen Hauses in München, in dem die Reichsleitung der Nationalsozialistischen Deutschen Arbeiter-Partei ihren Sitz hat.〔註9〕

ミュンヘン市のDer königliche Platz〔ケーニヒス広場〕はバイエルンの首府にふさわしく静寂な雰囲気をもつ記念地域であった、芸術を溺愛したルードウィヒ一世の自由主義的な治下に、レオ・フォン・クレンツェが美しく築き上げた広場であった。しかし、現在のミュンヘンはHauptstadt der Bewegung〔ナチの運動の中心地〕であり、この広場はナチス政権の記念地域*に変わっている。

Glyptothek〔グリプトテーク、136頁〕とNeue Staatsgalerie〔新州立ギャラリー〕とを向かい合わすDer königliche Platzは、一方にPropyläen〔プロピュレーン、311頁〕をひかえ

他方に道路を介して Karolinen Platz〔カロリーネ広場〕と連なっている。この道路に面した Palais Barlow〔バルロウ宮殿〕は一九三〇年ナチスの手にわたり Braunes Haus〔ナチ党建築（鳶色の家）〕となり、ルードウィヒ・トゥローストによって改築されたものである。そしてナチス政権の確立とともに Propyläen と相対する広場の一辺が新たに整備され、Führerbau〔総統官邸〕と Verwaltungsbau〔行政建築〕とをはじめ、道路を挟んで二つの Ehrentempel〔栄誉堂〕が建った。したがって今では、ルードウィヒ一世時代の諸建築を前にひかえて奥にナチス統制下の建造物を見通す広場と変わったのである。前代の優れた遺産を利用した都市計画として甚だ好都合な条件に恵まれた事業であり、ナチスの統制的意図を徹底させた企画としても非常に典型的ではあるが、遺憾ながらトゥローストの才能はクレンツェに遠く及ばないため、観る者に一味の哀愁を感じさせる結果となった。予定としては、Führerbau に隣接してさらに Kanzleibau〔官房施設〕が企画され Alte Pinakothek〔アルテ・ピナコテーク、古絵画館〕に向かい合う巨大な庁舎となるはずである。「国際様式」と Neue Sachlichkeit〔新即物主義〕とを「ユダヤ的」とか「マルクス主義的」とかいう名のもとに排撃し、「健全なる国民芸術」の殿堂として Das Haus der Deutschen Kunst〔ドイツ芸術の家、137頁〕を建造しながら、優れた建設精神にふさわしい様式をまだもたぬようである。

三

一九四二年ローマに開催される予定の万国博覧会の設計は、Architettura の特別号をみるかぎり、すでに各種の付帯施設まで決定し、基礎工事に取りかかっているようである。この博覧会は、最近のフランスやアメリカに開催された国際的年中行事とは著しく性質を異にするもので、ローマ市の新都市計画の根本に触れた広大な企画を含むのである。ローマから海岸に延びる大路 Via Imperiale〔インペリアーレ通り〕を中心の軸とする広い土地に新市域を建設して新興の生命を盛るに充分な容器たらしめ、旧市域に残る古典時代の遺蹟を復原し整備しながら、「回顧」と「建設」との間に存する矛盾を解決しようとする大方針である。

Architettura に掲載されている各種の図面を対照し報告文と読み合わせながら、閉会後に残る新都市の中心施設を拾ってゆくと、数種の展示用建築がもっとも興味を惹く。Via Imperiale が Piazza Imperiale に導かれたところに、Museo dell'Arte antica, Museo dell'Arte moderna, Museo Etnografico, Museo della Scienza〔古代美術館、近代美術館、民族博物館、科学博物館〕の四つの建物が位して記念地域にふさわしい配置を取る。外観もまた古典ローマ風の感覚をファッショ・イタリア式に現代化したものであるが、展示内容の性質を異にするため平面設計は決して同様でない。また、博覧会場の左端に近く Edifici delle Comunicazioni e Trasporti〔通信交通館〕と名付けられた三つのブロックの合成建築がある。博覧会の会期中は交通関係の陳列場に使うが、閉会後は陸海空三種の軍事博物館となるもので、その様式は現代イタリアの好みを大胆に表示するもののようである。さらに会場前面の右側には、古典時代の建物を象徴化したような Palazzo della Civiltà Italiana がイタリア文化の総合的展示を意図して造営され、コロセウムを正方形の平面におさめたような不思議な姿をみせるはずである。

一九三四年にイタリア政府が刊行した建設事業の詳細な報告書 Les travaux publics exécutés pendant les dix premières années du régime fasciste 1922–1932.〔一九二二—三二年ファシスト体制の最初の一〇年間の公共事業〕をみると、新興イタリアを現に代表している様式的特質がほとんど見あたらぬのに驚く。多くは二〇世紀の初期に造営された建物と同じく、伝統的な様式の淡いヴァリエーションにすぎないのであるが、仮にもし、一九三二年から四二年に至る第二の「一〇年間」に竣工する主要な建造物をここに対比させてみるとすれば、興味深い伸展の有様を簡明に理解できるはずである。かかる意味では、万国博覧会を機として造営される主要な建物は、ファッショ・イタリアの建設事業二〇周年の標石とも見做し得るであろう。

四

ベルリンの Reichsluftfahrtministerium〔航空省〕* はドイツが誇る空軍の中央官庁である。その入口の壁面に刻まれた Eisernes Kreuz〔鉄十字章〕と Pour le Mérite〔プー

*航空省
Reichsluftfahrtministerium, Berlin

ル・ル・メリット勲章。ドイツ軍最高勲章〕とをみると、華麗な服装に勲章を帯びたゲーリングの趣味を感ぜざるを得ないが、国民の心を深く打ったであろうと思われる数冊の空軍書をここに思い合わせる限り、一種の象徴性を見出すことができる。

Manfred von Richthofen の手記 Der rote Kampfflieger〔赤い戦闘機乗り〕の巻末には、一九二五年の晩秋に長兄の尊い遺骸を求めてフランスに赴いた末の弟の追憶文が載っている。二万人近くのドイツ兵を埋めた敵国内の荒寥たる墓地から七年後に帰還した空の英雄は、「還らぬ肉親たち」を代表する荘厳な象徴として、沿道の国民に出迎えられたという。Knigunde von Richthofen の日記 Mein Kriegstagebuch〔我が戦争日記〕は、避暑地で楽しんだ静かな家庭生活にはじまり大戦後の苦々しい国内動乱期に終る傷ましく美しい記述である。Ernst Udet の快いユーモアを含んだ Mein Fliegerleben〔我が航空生活〕の中では、屈辱的な条約の陰に飛行機を「密造」した思い出が胸を打つ。Wolf Bley の Volk, flieg du wieder!〔国民よ、再び大空に飛べ!〕は空軍をもつことの許されぬ国民を敗残の谷から起ち上がらせるために書かれた航空知識の普及書である。殉職航空士記念碑の写真を巻頭に掲げ、Wir toten Flieger〔149頁参照〕という詩句にはじまるその碑文を結辞とする国民教科書である。

これらの一群の書物の後に、一九三八年に刊行された Martin Rikli の Flieger, Funker, Kanoniere〔飛行士、通信兵、砲兵〕をみると、あたかも、かの碑文の結句 und du wirst Sieger durch dich allein!〔149頁参照〕が実現したかのごとき明るさを感じる。著者が一九三二年ウーファの特派員として東亜の空に日本の飛行機の活躍する有様を仰ぎ空爆の惨禍を観たときには、ドイツの運命を連想して慄然としたそうだが、最近に空軍訓練の映画を撮るため国内の施設を参観したときには、住み心地よく設備のととのったFliegerhorst〔空軍基地〕が国内の各地に建ち、年若い鳥人の群れは秩序ある訓練を明朗に楽しんでいたという。

ドイツ軍備の復活を表示する写真中には、Reichsluftfahrtministeriumの外観と、その正面のEhrenhof〔栄誉の中庭〕で復活記念日に閲兵するゲーリングの姿と、新たに編成されたRichthofen-Geschwader〔リヒトホーフェン部隊〕の隊列とを繰り返し見受ける。リヒトホーフェン兄弟をはじめ、リヒトホーフェンの統率振りに感心したウデットも、リヒトホーフェン部隊最後の指揮者であったゲーリングも、空の勇者としてPour le Mériteの受賞者であったことを考えれば、庁舎の入口にこの勲章が刻んであるのも、大戦の記録を愛読した幾多の国民には深い感動を与えるかと推察する。

五

Via della Conciliazione〔コンチリアツィオーネ通り〕と呼ばれる記念道路は、ローマ総本山の建築を現代まで延長する役割を帯びて生れようとしている。紀元三一三年コンスタンティヌス大帝の発布した「ミラノ勅令」から一九二九年ムッソリニが締結した「ラテラノ協定」まで、ローマ教会の経て来た遠い歴史を回顧してみるとき、政治的主権と宗教的主権との間に交わされた複雑な争闘の跡が遥かにつづくのを感じるが、Via della Conciliazione はこの限りない争闘の終結を記念するモニュメントとして、現に造営されはじめているのである。聖ペテロの墓を守る大伽藍がコンスタンティヌス大帝の意志に基づいて建立されてから、クリスト教会の歴史はこの寺院を主な舞台として展開し、それに伴って、旧堂から新堂へ造営事業の歴史もつづいた。全世界のクリスト教徒を二つの半円の腕に抱くベルニニの柱廊が完成して、ここに総本山の造営史は終結したようにみえた。そしてミケランジェロの構想に築かれたクーポラ〔ドーム〕の豊かな光を淡く反映する幾多の穹窿式寺院が一七世紀の全欧に現れ夕ばえのごとき余光を残した後には、ただ過去の歴史にみる一つの壮大な「叙事詩」として懐かしく回顧されていたのであるが、ファッショ・イタリアの現代に入って、記念道路の造営となったのである。法王庁に対する適宜な処置によってナポレオンの轍を巧妙に回避したムッソリニは、イタリア全土の鐘の音と旗の波に讃えられた。一九三六年エチオピア攻略に際してローマ法王はイタリアに有利な処置をとったが、それに答えてか一九三七年の秋にムッソリニは「和解の大路」の要する取りはらい作業を命じ、ローマ総本山造営史の終結を象徴する記念事業を起工したのである。

　この記念道路が完成したときの有様を想像するに、総本山の参拝者はハドリアヌスの墓陵をうしろに「和解の大路」を進んで荘重な広間に達し、その広間を通して遥かにベルニニの柱廊を望み、その奥にミケランジェロの大穹窿を仰ぐのである。「永遠の都」の聖域にふさわしい雰囲気を感じながら、総本山の堂内に導かれるのである。

けれども、新興イタリアの政治的記念地域ともいうべきForo Italico〔フォロ・イタリコ〕付近の整備事業をみるとVia della Conciliazioneの完成にある程度の不安を感じる。新設される記念道路がベルニニの柱廊やミケランジェロの穹窿と釣合うためには、巨匠たちの作品に調和するだけの才能を必要とするが、「ローマはベルニニのために存し、ベルニニはローマのために活く」というウルバノ八世の信頼を受けるほど優れた作家は、恐らく現代に求め得まい。しかし、善き意図の基礎に築かれる「和解の道路」は、総本山造営の歴史を語る壮大な叙事詩の終編にふさわしい。

六

一九三七年パリに万国博覧会が開かれたとき、ル・コルビュジエはテント張りの会場Pavillon des Temps Nouveaux〔新時代館〕を設計して昔ながらのレトリックを繰り返した。Essai de Musée d'education populaire〔民衆教育博物館の試作〕(Urbanisme)〔都市計画〕が、その主旨だという。しかし、黄と赤と緑とに塗り分けたテント張りの会場にフェルナン・レジェのレイアウトした説明図解を陳列し、昔ながらのポーズとレトリックで群衆に呼びかけている有様は、どことなく「時代おくれ」の興行物をみるような侘しさを感じさせる。子供の絵本と間違われそうな装いで出版されたDes Canons, des Munitions? Merci! Des Logis ...〔s.v.p.〕〔大砲、弾薬？　もう結構！　住宅をどうぞ〕はこの展覧会の複製品であるが、この本をひらいてみながら、ドイツで刊行された建築政策にちなむ書物を思い合わせてみるのは、また別種の面白味である。

建築管理局から刊行されている Bauten der Bewegung〔運動のための建築〕第一巻の一九三九年版をみると、ナチス・ドイツが所謂「第二次世界大戦」の始まるまでに築き上げて来た建築政策の成果を鳥瞰することができるが、Rittig の著した Architektur und Bauplastik der Gegenwart〔現代における建築と建築彫刻〕を読むと、一九世紀以来の観念的芸術論をあらためて思い出す。そこへ Agnoldomenico Pica が一九三六年に編纂した Nuova Architettura Italiana〔イタリアの新建築〕を加えてから Gert Buchheit が著した詳細な現代文化史 Mussolini und das Neue Italien〔ムッソリーニと新イタリア〕を読んでゆくと、新しい文化建設の過程に織り込まれている建築の役割を興味深く理解することができる。

これらの総括的な出版物を通して、独伊二国に建築された「現代的モニュメント」を鳥瞰した後で、勤労生活者のために考案された保健、福利、慰安等の施設を実際に使用されている姿でみると、明るく和やかな楽しさを感じる。「我等の楽園建設」とか「農村の託児所」とかいう類の映画にも散見するが、Kraft durch Freude〔註10〕の本部から出ている Unter dem Sonnenrad〔太陽の下で〕をはじめ、Raumbildwerk 叢書のもっとも大掛りな作品として刊行された Die NS-Musterbetriebe 1937–38〔一二の模範企業、一九三七—三八〕のごとき、豊かな趣がある。ことに正確な立体写真を通して模範職場付属の清潔な洗体所にタイルの肌触りまで味わうのは、実際に参観したような面白さである。

新しい時代の秩序の下に造営された建築を実地に観るという明確な希望もなく、古い追憶に消え残る欧州を辿って新しい建物を「象嵌《ぞうがん》」してゆくような調べものを楽しんでいるうちに、東亜の非常時となり全欧の動乱となった。残り少ない私の生涯であってみれば、再び欧州の土を踏んで「建築史の最後の一頁」を眼のあたりみる機会など恵まれそうもない。けれども、報告と図面と思想と企画とをもとに将来の造営事業まで想像してみることは、案外に趣の深い仕事である。

娯楽街

一

「特等席」と紫色のゴム版を捺してある浅草興行組合の観覧券は、昭和六年の春から一四年の秋までつづいた文部省の民衆娯楽調査会常任委員会を思い出させる。震災当時のバラック小屋にストーブをかこんだ雪の夜から映画法実施前の夏の忙しい審査事務まで、足かけ九年の甚だ些細な仕事であったが、はじめのうちは私もまたこのパスを便利に使ったものである。近頃は大衆とともに興行物をみる習慣をほとんどなくしてしまったので、浅草六区の現状を知る機会もないが、この観覧券の裏に書いてある館名を読むと、昔ながらの名を相当に残している中に変遷の跡が窺われる。

浅草楽天地、昭和劇場、国際劇場、江川劇場、大都劇場、遊楽館、花月劇場、万成座、大勝館、橘館、浅草文化ニュース劇場、三友館、富士館、帝国館、松竹館、国際キネマ劇場、松竹座、大東京、日本館、公園劇場、金龍館、常盤座、東京倶楽部、電

気館、千代田館、オペラ館、松竹演芸館、義太夫座、江戸館、金車〔亭〕、東橋亭、木馬館、と総計三二の館名を組合パスの裏に読むと、空想に近い不思議な着想に一種の諧謔を感じる。仮にもし、一週間のうち一日をきめて「浅草デー」とし、この三二の小屋を毎週幾つかずつのぞく習慣を厳格に守り、プログラムを保存しノートを取って置くとしたら、長い年月のうちには面白い結果が得られるに相違ない。

五歳のとき実母を失った私は、浅草本願寺に墓参りをすませた帰り、公園の土に砂書きする老婆に小銭をあたえ、仲見世を通って翁飴を買い、鉄道馬車に乗るのが毎月のきまったコースになっていたが、その間には、珍世界でエッキス光線をみたり花屋敷で小鳥の芝居を面白がったりした。中でも一番気に入っていたのは「水族館」で、当時はまだ人魚の踊るアトラクションなどなかった。川端康成の『浅草紅団』が安価なエキゾティズムを刺戟した頃、たわむれにT氏やH氏とこの小屋をのぞいたときには、昔の魚達は、ほんの申しわけに残された水槽にとじこめられ、半死の有様で蝕まれた鰭《ひれ》を動かしていた。幼い私にどうしても我慢のできなかったのは玉乗りで、池の前の小屋に肉ジュバンを着た小娘などがいたようであるが、そこを通るときは横をむいて足を早め、楽隊の拍子に歩調の合うのを極力警戒し、嫌悪の感じを子供らしく誇張するのを忘れなかった。

『何が彼女をそうさせたか』という映画が大変な人気を呼んだことがある。当時私の書斎に集まって気焔を挙げていた青年芸術思想家諸君が是非この映画をみにゆけといい出し、支配人に案内させるからと出渋る私を勇気づけ、とうとうただ独りで浅草娯楽街に進出する「冒険」を決心させてしまった。海老の天麩羅の黄色と鮪の鮓の赤色とが軒並に交代している間を恐る恐る通り抜け、イギリスの古城を田舎芝居のセットに組んだような金龍館が銅張りの四角な天麩羅屋を抱いているところから、砂糖で固めた安もののクリスマス・ケークを思わせる大勝館までの「活動街」に常盤座を発見し、支配人に伴われ二階に昇り、客席についてホッとした。これが、浅草娯楽街から私の受けた最初の洗礼であるが、その時の気持は、船から降りて上海の街に立った瞬間を連想させた。

雑誌『キネマ旬報』に連載されている「日本映画史素稿」をみると、浅草映画館の変遷を知るに好都合な記録が出ている。明治三七年一月三日の都新聞に「電気館の活動写真」として、「浅草公園六区常盤座隣りの電気館にては一昨元旦より一切の写真を取替へ館内に二ヶ所の暖室器を取付け客をして寒きを知らずに見物せしむることにしたり」とあったという。編者が記すところによると、日本最初の映画館として「電気館」のできたのは、明治三六年一〇月で、当時は常設観物場の規法に従い軒高一六尺に限られていたため二階はなく、平面設計も今とは違い、出入口のすぐ前に映写幕の裏があり、見物人は小屋の奥まで入ってから向きを変えて席に着く具合である。椅子席にしたのが当時の大英断だというが、設備の著しく不完全だった頃としては、映写室が奥にあるのは発火した場合などかえって安全だったかも知れない。咄嗟の場合、見物は映写幕を衝き破り、「雪崩をうって」館外に逃れることができそうである。昭和の時代まで「映写技師の不注意」から大勢の子供達を焼死させるような事故が絶えない有様だから、ところによってはむしろ、大昔の電気館を復活させる方が安全であろう。

浅草の興行街で私の記憶に残っている甚だプリミティーヴな建物は、池の畔にあったKという小屋で、異様な幕を押して入ると蓆《むしろ》を敷いた座席が丸太で仕切ってあった。役所の用事で『爆弾三勇士』物を一括してみる必要があり、そういう事情から勇気を起して入ったのであるが、立っていても靴の上から寄生虫に襲われそうでこわく、丸太に腰かけ足を浮かせてみていたことを覚えている。

規模の大きいのを売物にして国際劇場ができたときには、舞台装置家M氏の好意で、この建物を二度詳細にみた。一度は竣工の数日前、まだ職人が仕事を急いでいたときで、手摺もない危険なブリッジを通ると、コンクリート打ちはなしの壁に「人は死し劇場は完成す」という無気味な楽書があった。二度目は最初の「お盆興行」の夜で、観客の一杯入った機会を選び、天井裏のスポット・ライト室から奈落にいたる隅々まで歩いてみた。ブリッジの上から大道具を扱う具合を遥かに見おろすと、幕の外では少女達が踊っているのに幕の裏では道具方が掛声でセットを動かしている。この掛声が表にひびかないのも私にはめずらしかった。昔は私も体に無理がきいたから、舞台稽古を真夜中までみたり、開演中の舞台裏を歩きまわったりしたが、興行建造物の出来栄えを知るには、この方法が一番だと思っている。

二

東京市の娯楽街を交通関係について考察する試みは甚だ興味深い。そういう場合、性質の異なる二種の代表的示例を求めるとすれば、麴町区から京橋区におよぶ一帯の都心地域と、省線新宿駅を中心とする一区画とであろう。

丸の内・銀座の都心娯楽街は、帝国劇場と日比谷公会堂と東京劇場とを結ぶ三角形の地域の中に大部分包括されているが、街路を目標に求めるとすれば、銀座四丁目で直角に交叉する二つの主要道路がこの地域の中心の軸になる。ここの娯楽街に直接関係ある交通機関を挙げてみると、まず、高架線の省線電車が有楽町と新橋との二つの駅をもち、山手線、中央線、京浜線、大宮線、等を集める。つぎには、地下鉄道が新橋を中心として各々渋谷と浅草とに及んでいるが、これらの高速軌道を通して東京外廓の居住者を比較的短時間に輸送することができる。それから、市街地の路面では、市営の電車とバス、「青バス」「黄バス」等が旧市域内の大衆的交通を便利にしながら、間接に郊外と連絡している。以上のような状態であるから、例えば、浅草の付近に住み浅草の娯楽街に親しんでいた大衆も、今では地域を超越して銀座に進出するようになり、渋谷のごとく郊外居住地域との間に複雑多様な交通網を有する場所でさえ、「中心地」というよりは「中継地」となり、固有の娯楽街を特に発達させるに至らないのである。

また、都心娯楽街に隣接する一帯の地域はいうまでもなく東京市のビジネス・センターにあたり、官庁、事務所、商店、新聞社等がここに集合しているから、これらの職場に働く者が退勤後に娯楽を求める場合も相当に多いはずである。そういう点では利用者にとって甚だ便利な事情にあるが、その代わり、交通整理の建前から考えると、都心の交通を攪乱する二大素因が同一区域内に共存することになる。興行物の質からいうと丸の内・銀座は比較上最高級なわけであるから、民衆娯楽の質的向上を計る点からみるとこの娯楽街を適当に「養成」する方が好ましいのであるが、当局の態度はむしろその反対である。新しい施設の発展を著しく制限している理由の中には「美観地区」の問題も含まれているかも知れないが、主要な条件は交通整理の考慮にあるらしい。

都心区域に対して、郊外居住地を背景とする新宿では事情がまったく違う。旧専売局の敷地が営業地区として整理され入札を完了した現在では、新宿駅の新しい設計を前提とする新地域の繁栄策が講じられようとしているがそのうえに、駅の利用者を新旧両側に分割する方針をたて、新しい娯楽街の発生を希望しているようであるから、この付近の将来には相当の変化が予想される。

現在のところ新宿駅を中心にして集まる交通機関は、中央線、山手線、の省線電車の他、小田急、京王、西武の各電車と、京王バス、青バス、関東バス、等が郊外居住地と直接に連絡し、市内に対しては路面電車と市バス、青バスがある。しかし、近い将来には市内に向かって地下鉄が敷設されるはずであり、郊外の方面では、高田馬場まで来ている西武鉄道が新宿まで延長を希望している。古くから開けて統一ある商業区域を完成していた新宿は、これらの交通機関を通じて「消費生活の中心」に発達したのであるが、統計の示す数字をみると、省線電車の乗降者だけでも新宿駅は著しく多いようである。

そこで必然的に、新宿駅を中心とする区域は丸の内・銀座に対して一つの著しい相異点を示すわけになる。銀座の歩道は商品を「観る」漫歩者で賑わうが、新宿の街は商品を「買う」需要者で雑踏する――という。ことに食料品になると、中村屋のような特殊な売上高を示す店や二幸とか三福とかいう「食料百貨店」をはじめ、様々の商店が発達している。これらの食料品店は、郊外に居住する家族達を著しく吸収する上に、市内の職場から郊外の住居に帰る通勤者にも利用される。同一地域内に存在する娯楽街は、これらの「実質的」購買者に親しまれる率が著しく多いであろう。

けれども、銀座と新宿とは娯楽街を特に繁栄させる一つの大切な条件で共通している。この二つの商業地域は普通飲食店と特殊飲食店とを著しく発展させているが、興行所と飲食店との相互関係はきわめて密接である。浅草興行組合の幹部員がかつて私に語ったところによると、興行物の入場料と飲食店の等級とが一致しないとそこの娯楽街は寂れるから、浅草も何とかしなければいけない――そうである。観衆の「習性」にちなむこの問題は、都市計画の立場からも充分の注目を必要とするであろう。

三

数年前のことである。興行建築家のT氏から「江東楽天地」の設計に関する詳細な説明を聞いたことがある。隅田川と荒川放水路との中間にあたるところ、猿江恩賜公園と錦糸公園とに挟まれた地域は、両国と洲崎とに通ずる市電二線の連絡をもち、省線錦糸町駅と城東電車終駅とを専有し、大正道路と四ツ目通りとの交叉点にあたっている。

したがってこの地域に予定される娯楽施設は、近傍一帯の工場地区居住者の家族に親しまれるとともに、千葉県下からも客足をひくことが可能であり、隅田川を隔てて浅草に対抗する――という計算を前提するものである。関西から関東に進出して来た興行王国が、麹町の都心区域に娯楽街を建設したのち株式会社江東楽天地を企画したのは、甚だ興味深いことである。この株式会社の設立大要をみると、「ビジネスセンターと工場センターとの二有楽街が両々相俟《あいま》って立派な業績を挙げる」抱負を述べている。

江東楽天地企画当時の設計図面をみると、映画館、演劇映画館、サーカス興行場、寄席、食堂、「高等遊戯場」、遊戯場、「高等屋台店」、屋台店、喫茶店、仲見世、等が神社を中心に集合し、大衆のサイコロジーに適した設計から地質に応じた構造法まで、綿密に考慮されていた。空白な土地にこれだけの施設を一時に実現させるのは、企業会社の仕事としては相当に思い切ったもので、浅草の観音や成田の不動と同程度に大衆性をもつ神社の設立にしても、非常に面倒な問題を含むのである。それだけにこの企業の結果は一種の投機的興味を私に感じさせたのである。

二年ほどたったある日、私はＴ氏の案内をうけて実現した江東楽天地に行った。車が国技館の前を過ぎてしばらくすると、電車通りに横倒しになった大型トラックの傍には積荷のキャベツが一杯散らばっていた。そのあたりから平常住み馴れた地域と様子が違って来て、未知の世界に入るような気持を感じた。元の設計図面とかなり異っている二つの映画館は、日本物と西洋物という風に使い分けてあったが、どの館であったか、正面ホールの真ん中に水を入れ砂を盛った箱があり、「南洋産大海亀」と書いた立札のわきに南洋の植物が植えてある。水の中をよくみると一匹の亀がいたが、少しも動かず甲羅が半分ほど乾いて侘しかった。

神社に予定された中央の場所は空き地のままに残り、仲見世から屋台店のあたりも図面の感じとは違っていたが、平日の昼のせいか人気なく寂しかった。鉄骨のサーカスができるはずの敷地には、昔ながらの絵看板に幕をまわした小屋掛けで「海女の実演」をみせ、粗末な運動具を並べた子供達の遊び場もヒッソリしていた。食堂の入口にある見本のガラス箱は変わりないが、定価はいずれも安かった。二階に昇ってみると周囲に様々のアテ物を並べた中に、退屈そうな木馬が動いていた。この娯楽場の中で恐ろしく観衆の込んでいたのは、寄席から転向したニュース映画館で、入場料一〇銭のせいか周囲の通路まで一杯に埋め、相当高級な文化映画をみせていた。

Ｔ氏の原案通りにこの「楽天地」が完成していたら、ここから受ける印象は非常に違ったものになったであろう。しかし元来からいうと大衆のための娯楽施設は、当局なり社会事業団体なりが適当な企画の下に営むべき性質のもので、これを企業家の算盤に委ね警察行政だけを扱うのは間違っているかも知れぬ。

けれども、また別な観点から考えると、松竹と東宝と二つの興行王国が東京市内に展開する企業戦を傍観するのも興味深いことである。江東楽天地創立事務所の壁には大型の東京地図がかけてあったが、いかにも作戦支部らしく面白かった。

事務街

一

『震災予防調査会報告』第一〇〇号の「甲」から「戊《ぼ》」まで浩瀚《こうかん》な記録を今になってみると、関東大震災当時の惨状をあらためて思い出すが、私にとって特に感慨深いのは建築を扱った「丙《へい》」の上下二冊である。このうちに収めてある「丸之内主要建造物配置図」をみると、震災直前のビジネス・センターに並んでいた様々の建物が材料と構造との種別に分類してあるが、建物別の被害調査を読みながら図面や写真とこの配置図とを照らし合わすのは興味深い。凱旋道路に向かって相対している明治生命旧館[A]と商業会議所[B]とがいずれも明治中期の石造煉瓦造のまま「異状ナシ」と記されているのに、すぐ傍に新しく建った鉄骨構造の東京会館[C]〔以上、214頁〕「二階ニ於テ鉄柱悉ク三吋《インチ》乃至八吋彎曲ス」と書いてあったり、工事の九分通り完成していた鉄筋混凝土《コンクリート》造の内外ビルが「崩壊ス」となっていたりする。丸ビル〔35頁〕はじめ郵船ビ

A

B

C

D

E

A明治生命保険会社
（三菱第二号館、東京）
設計：曾禰達蔵（顧問コンドル）
竣工：一八九五（明治二八）年

B東京商業会議所（東京）
設計：妻木頼黄
竣工：一八九九（明治三二）年

C東京会館（東京）
設計：清水組・田辺淳吉、
草間市太郎
竣工：一九二二（大正一一）年

D日本郵船ビルヂング（東京）
設計：曾禰中條建築事務所
竣工：一九二三（大正一二）年

E東京海上ビルヂング（東京）
設計：曾禰中條建築事務所
竣工：一九一八（大正七）年

ルDでも海上ビルEでもアメリカ風の新しいビルディングがことごとく被害を受けているのに、古く建ったヨーロッパ風の建物が大部分「異状ナシ」となっているのは皮肉なようで面白い。しかし、これに似た客観的調査を建築様式について試みるとしたらどういう結果が出るであろうか。むかし中学時代に学校の図書室でドイツ雑誌をめくっているうち商業会議所の写真を見出し、その下に書いてある「醜い新日本の建築」という文字に驚いたことがあるが、その後にできた大建築の中には一層醜いものが相当ありそうに思われる。けれども美醜の問題は別として、仮にもし、年代別と様式別と二通りの「配置図」を現在の丸ノ内付近でまとめてみるとすれば、比較対照して便利でもあり、面白くもあろうと想像する。

　大正三年に完成した東京駅〔121頁〕を中心に丸ノ内一帯をみると、行幸道路側の東京海上ビル旧館が大正七年に竣工して金融資本の運用に新例を開き、その向かいの郵船ビルと丸ビルとが同一二年に完成して、アメリカ風の高層貸事務所を一〇〇尺の法規内に限定し、ビジネス・センターの積極的な構成要素となったのであるが、凱旋道路の両側をみると、「アメリカ都市の縮図」と境界を接して帝政時代の北欧都市を思わせる煉瓦造の一廓があり、ここから有楽町駅に向かう主要道路の両側には、どういう感覚で設計したとも解しかねる雑多な建物が群がっている。

　東京駅に接触する地域では、昭和一二年に竣工した鉄道省と同八年に完成した中央郵便局〔164頁〕との庁舎がいずれも現代日本の優れた建築界を「健全」に代表しているが、この二つの建物から連想される歴史も興味深い。省線ガードを越え東京駅の操車場に隣接する地域には今でも暗緑色に塗ったトタン張りの陋屋《ろうおく》が震災直後の鉄道省を回顧しているが、ここにはもと明治四三年に造営された鉄道院[F]があり、白壁に筋違えの木材をみせて「カッテージ風の住宅」を拡大したような当時の流行様式を代表していたものである。この過去の「追憶」を蘇らせながら、鉄道省建築事務当局の設計になる新庁舎〔165頁〕を仰ぐと、一種の「感慨」をあらためて誘われる。また、新築の鉄道省本庁舎の向かい側には逓信省営繕課の仮庁舎が同じ昭和一二年にできたのであるが、その奥に建つ中央電信局[G]は大正一四年に竣工して当時の「分離派」を大胆に表示している。この建物だけ取り出してみると何となしに建築科学生の卒業設計を連想するが、同じ技師の手に優秀な東京逓信病院〔88頁〕が完成されたことを思い合わせるとき、この官庁の営繕課が単なる「役所仕事」でないのを知る。

今でも私の手元に「日本最初」の深礎工事を図解した一組の青写真が残っている。昭和一〇年頃であろう。第一生命相互館〔166頁〕の潜函作業が行われている現場で、第三期層の堅固な地盤を足場の上からのぞいたとき取り出してみた図面である。震災の当時「火元」の一つだったという旧警視庁の跡に建った第一生命相互館新館は、非常時下の建材統制がつづく限り、日本にただ一つしかない新式の深礎工事を誇り得るであろうし、最後に完成した「科学日本」の大建築を自負することができるであろう。三宅坂から日比谷の交叉点に向かって濠端を通るとき特に眼につくのはこの建物であるが、第一生命新館の優秀さはむしろ地下四階の設備にあるといえる。帝大地震研究所の参加したこの興味ある建設工事を関東震災一五周年の記念事業と解するならば、

F鉄道院（東京）
設計：上野肇
竣工：一九一〇（明治四三）年

G東京中央電信局
設計：逓信省、山田守
竣工：一九二五（大正一四）年

F

あの巨大な石材のマッスにもまた一種の「記念性」を見出し得るかも知れぬ。

二

明治一九年、政府は臨時建築局を設け、今の官庁街にあたる地域に総合的な施設を企画することになり、まずコンドルに命じて配置案を設計させた。『コンドル博士遺作集』に収めてあるその第一案をみると、明治一一年の陸軍省H、同一四年の外務省I、同一六年の鹿鳴館Jと、当時すでにできていた三つの建造物の間に、内幸町から霞ヶ関、日比谷公園一帯の地域にかけて、太政官、国会、大蔵省、内務省、文部省、工務省、農商務省、海軍省、司法省、警視庁、東京府、及び諸官舎が位するわけである。また第二案では、太政官、大蔵省の二つの庁舎と、内務、文部、農商務、工部、の四省と、それとは別に司法省と、三つの巨大なブロックにまとまり、今の日比谷公園とほぼ同様の地域がやはり公園になり、外務省の隣に露国公使館が位している。この二つの図面は、東京市の都市計画史に残るもっとも古い史料であるが、結局のところ、コンドルの設計したのは現存する海軍省K明治二七年の造営になり、司法省Lと裁判所〔以上、218頁〕Mとは別にドイツ人の技師達がほぼ同時に施行したものでイギリス風とドイツ風とに様式を使い分けたのだという。

G

H

I

J

K

L

M

H陸軍省（東京）
設計：コンドル
竣工：一八七八（明治一一）年

I外務省（東京）
設計：コンドル
竣工：一八八一（明治一四）年

J鹿鳴館（東京）
設計：コンドル
竣工：一八八三（明治一六）年

K海軍省（東京）
設計：コンドル
竣工：一八九四（明治二七）年

L司法省（東京）
設計：ビョクマン、メンツ、エンデ、ギーゼンブルヒ
竣工：一八九五（明治二八）年

M東京裁判所
設計：ハルトング
竣工：一八九六（明治二九）年

　最近、裁判所構成法五〇年の祝典を機としてO博士の追懐談が新聞に載ったようであるが、条約改正の必要から法治国の威厳を外国に誇示するため外務省の企画で建てたと語られている裁判所の建築は、平面設計の愛すべき錯誤にもかかわらず、古風な味を豊かに含んで格式ある「作品」にまとまっている。司法省と海軍省とを両側に配し中央の位置を占めている裁判所の建物は、明治七年の東京裁判所や同一〇年の大審院というような建築史上の追憶と結び付けても興味深いが、また、道路を隔てて並ぶ昭和時代の平凡な官庁建築群を向こうにまわしある種の訓戒を与えている風景とみても面白い。緑樹のある幅広いあの街路は、単に数十年の時間を隔てているばかりでなく、官庁建築が「芸術」であった過去と、官僚化した営繕機構の「機械的製品」となっている現在とを、鮮やかなコントラストに示しているのである。

　仮にもし、明治文化革新期を追懐させる司法省、裁判所、海軍省の三庁舎に向かい合って、昭和時代の「新興日本」を正しく表示する新鮮明朗な大建築が建ち並んだ場合を想像するとすれば、ここの官庁街は、美しく意味深い記念性に輝いたはずである。ただし現実では、警視庁N、内務省O、大蔵省、会計検査院P、文部省Q、特許局〔以上、220頁〕R、の六庁舎が、いずれも、大蔵省営繕管財局の規定したオール・スフ〔ステープル・ファイバー〕のユニフォームで整列しているのである。

O

N

Q

P

R

N警視庁（東京）
設計：大蔵省
竣工：一九三一（昭和六）年

O内務省（東京）
設計：大蔵省
竣工：一九三三（昭和八）年

P会計検査院（東京）
設計：大蔵省
竣工：一九三五（昭和一〇）年

Q文部省（東京）
設計：大蔵省
竣工：一九三三（昭和八）年

R特許局（東京）
設計：大蔵省
竣工：一九三三（昭和八）年

三

「新設スヘキ東京市庁舎ハ輦轂《れんこく》ノ下ニ在ル帝国ノ主都ニシテ且世界屈指ノ大都市ノ庁舎タルニ相応ハシキモノタルコト及帝都市民自治ノ殿堂タルコトヲ適当ニ表徴スルニ足ル内容及外観ヲ有シ而モ複雑多岐ニ亙ル日進ノ市政ヲ円滑、敏捷ニ処理シ得ル機能ヲ充分ニ具備スルモノタルヘシ」

これは、昭和九年に懸賞募集を行ったとき当事者のもっていた抱負である。問題のあった月島の埋立地を敷地とし、塔の頂まで入れると五〇メートルの高さを予想する大建築で、懸賞金は一等の一万円から選外佳作の五〇〇円まであった。一一種類の受賞作品をみると、大阪の百貨店を連想させる一等から名古屋の市役所に似た佳作まで色々あるが、葬られて惜しいと思うほどのものがない代わりに、近頃の「歪められた国粋様式」が見あたらないのは気持が良い。敷地も後には変わって大手町になったが、ここに建材制限下の小さい仮庁舎をみながら五年前の懸賞競技を回顧すると甚だ複雑な心持になる。

現在の市役所の構内は土木局の会議室にゆくとき折々通るが、「バラック迷宮」とも形容すべきその混沌さが一種の歴史的興味を刺戟するので、工営課長のI氏にたのみ、現存する種々雑多な建物の配置図に建造年代を書き込んでもらった。この図面と照らし合わせながら市役所の中を歩いてみると、ベデカー相手の異郷の旅をはからずも思い出すのである。

今では庁舎建築のクラシックになっている東京府庁の一部に市長室はじめ市政の中枢が間借りしているが、屋根の尖塔を仰いでからホールの階段に立つ武人の彫像をみると、古本の展覧会で親しみ馴れた錦絵の余香を感じる。この煉瓦造の建物と廊下に結ばれて、明治三四年の古めかしい木造一棟があり、大正一三年の無造作な増築を寄生させたまま建築部員の仕事場になっている。トタン張りの自動車小屋の前から省線ガード下の狭い道を抜け堀端に極まる一廓に入ると、二十数個の建物が明治、大正、昭和の三代にわたり思い思いの姿に群がっている。明治三一年にできた水道局の建物から昭和一二年の経済局バラックまである中に、丸ノ内食堂*をもつ建物一つが帝都復興期の銀座裏に叢生した借事務所の様式を代表し異彩をはなっているのみで、その他はどれも工場の倉庫か田舎の小学校のようなものばかりである。しかし、東京市庁を構成している建物は、この一廓のみでなく、近くは道路を隔てた電気局から遠くは芝や上野の公園内にまで散在している。要するに東京は、「帝国ノ主都ニシテ且世界屈指ノ大都市ノ庁舎」をまだ一度ももたないのである。

これは甚だ不思議なようにも思えるが、また解釈次第では、今の市役所風景が「東京市」の履歴と性格とをむしろ素直に象徴している——といえそうでもある。

*丸ノ内食堂（東京）
設計：東京市
竣工：一九三一（昭和六）年

四

『明治生命五十年史』『日本郵船株式会社五十年史』『三井銀行五十年史』『逓信省五十年史』『東京電灯株式会社開業五十年史』といった類の記念出版物は、北海道庁の『開道七十年』から第一生命相互会の二五年史まで、昭和時代に入ってから出たものが大部分だが、いずれも当事者の編纂した非売品の刊行物である。官庁や会社の歴史を調べるとき何かと調法なので、めぼしいものはなるべく手もとにそろえているが、『東京名所海運橋五階造真図三井ハウス』だの『東京銀座通電気灯建設之図』だのという愛すべき錦絵の色刷複製から創立者の書簡や新聞広告の類まで収めてあり、豊かな回顧趣味を含んでいるのである。

昭和九年に完成した明治生命館〔167頁〕の位置には「丸ノ内最初の石造西洋館」を誇る旧社屋があった。明治二七年から昭和五年まで生命保険事業の容器として使われていたが、事業の発展に伴い手狭になったので隣接地に拡張工事を興すことになった。はじめの目論見ではこの歴史的建造物をそのまま保存し別に新館を建てるつもりだったらしいが、そののち計画を変更して今のビルディングに再生したのである。地階の大衆食堂は別として事務所の施設は優れているが、建物の様式とともに金属の古風な装飾を愛するところ、伝統的な格式を尊重する趣味に昔の慶應義塾を連想させる。

明治一三年、慶應義塾同人が演説会堂の必要から建てたという京橋木挽町の木造洋館は、明治生命が使った本店最初の事務所で二階の一部は創業時代の事務を扱ったものだという。同一六年、事業もととのい建物の持主も変わったので日本橋茅場町に移転した。記念出版に収めてある版画でみると、黒壁土蔵造の小さい二階建てである。同二四年、建築費だけ二万円以内と予定した坂本町の新築が落成したので、開業満一〇年の記念を兼ねて新築披露をした。面白いことにこの建物は、その後身にあたる「丸ノ内最初の石造館」を模型に縮小したような形をしている。「妻子の為め保険すべし」という当時の宣伝書をみると、生命保険に加入した家族と入らない家族とをコントラストに示した挿絵がある。加入しない家族の方は、仁丹の看板にあるような官員が食卓に向かってビールを飲みながら細君に三味線を弾かせ娘に踊らせている次に、行灯《あんどん》の火影《ほかげ》で泣いている遺族とさらに貧窮したその後の有様とが描いてある。それに引換え加入した方は、坂本町の新築に入る洋服姿の主人と、英雄を葬ってあるような記念墓碑と、静安な生活を送っている遺族とに象徴されているのである。この宣伝書が、どこまで現在の堂々たる明治生命館を築く礎になっているか私は知らない。

五

最近シトゥットガルトで出版された Otto Fischer の厖大な東亜紀行 Wanderfahrten eines Kunstfreundes in China und Japan〔ある美術愛好家の中国・日本紀行〕を読んでいると、「世界中でもっとも錯雑した」日本人の文化心理を要約した文章に出会った。

… Das beste Beispiel der moderne Beamte, Kaufmann oder Industriemensch, der den Tag über in europäischer Kleidung an einem amerikanischen Schreibtisch sitzt, am Abend … den Kimono anzieht und auf der Matte seines japanischen Heims sich niederlässt, … bei der Teezeremonie eine Blüte oder ein Bild bewundert, ein Gedicht im Stil des Basho auf das Papier wirft … . Die Möglichkeit einer so komplexen Existenz kann ich mir nur dadurch erklären, dass eben nicht der Lebensgrund und Ideengehalt, sondern die Form des Verhaltens und Sichbetätigens als Form so vollkommen ergriffen und fortgeübt wird. Dass heisst; Die Begabung dieses Volks ist nicht eine schöpferische, geistige Werte und ihre Ausdrucksformen aus sich selber schaffende, sondern eine rezeptive und bewahrende, eine formale, bereits vorhandene Formen immer neu sich aneignende Begabung.〔註11〕

震災後二年の後に日本を訪れた旅行者が見聞から記したこのサイコロジーは、現在では一層、官公庁や事務所の生活雰囲気に窺われるが、同様な現象はまた、その職場の建築そのものにもある程度までみられる。仮にもしこの著者よりも遥かに敏感に日本の近代建築を観察する旅行者が一九四〇年の東京を訪れ、中心事務街の建物について造営機構の背景ぐるみ詳細に記述するとしたら、定めし面白いものになるであろう。

「腰弁」という綽名がいつの間にか「サラリーマン」という外来語に変わった。神田橋から大手町付近に官庁のあった昔の面影は、今でも震災直後の荒廃したバラックに淡く残っている。通勤者達のつづく埃と砂利の道が消えて東京駅前の広場を横断する地下道の生れる時代が来た。三菱ケ原の名残を止める青草の空き地に国民体操をしたり、午の陽の明るい濠端にタイピストを立たせてカメラに収めたりして甚だ明朗であるが、震災バラックのなくなるに先立って帝都のビジネス・センターに「代用品事務所」の建つ制限時代が来た。セメント瓦にモルタル壁を使った木造二階建ての新しいオフィスがいつまで活動をつづけるか——それは誰にも解らぬであろう。

商店街

一

ミラノの「都心」といえば、本山〔ドゥオモ〕＊からスカラ座を含む一帯の地域であろう。ミラノの文化を象徴するこの二つの建物を、二つの広場ごと結ぶような具合にGalleria Vittorio Emanuele〔ガレリア・ヴィットリオ・エマヌエレ二世、228頁〕＊が建っている。イタリア建国の歴史に思いで深く、一八六五年から七七年にかけて造営された、巨大なガラス張りの商店街である。本山の広場に向かうこの建物の正面は、ヴィットリオ・エマヌエレ二世に捧げた銘をもちルネサンス風の凱旋門になっている。中は四階建ての商店が並ぶ十字街であり、青空の代わりに、ガラスで張った鉄骨の高い天井が仰がれる。一九世紀後半の欧州に流行した商業建築の代表作である。

ミラノにいた頃私が使っていたベデカーを開けてみると、C'est le plus grandiose des promenoirs vitrés de l'Europe〔註12〕と書いてあるが、この「大建築」から私の受

＊ミラノの本山（ミラノ大聖堂）
Duomo, Milano

けた印象は余り鮮やかでない。本山の広場を通りかかったときなど、この十字街に店を出す喫茶店に寄ってコーヒーを飲みマロン・グラッセを食べることもあったが、多くは美術写真屋の店で四ツ切りの焼き付けを選ぶ必要から入ったにすぎない。それに第一、本山の偉容に圧されて、折角の凱旋門も記憶に残す余裕がなかったようである。

このガレリアの照明が本山の白大理石に明るく映ると、暗い空に無数の尖塔をぼかし込んで不思議な感じを誘うのである。由緒の深い大寺院の雰囲気を尊重する人は嫌うに相違ないが、イタリアの大都市らしい特徴はむしろこういうところにある。古代の遺蹟や中世の記念を現代の日常生活に取り入れるイタリア人であればこそ優れた伝統を誇りながら少しもそれに拘泥することなく、新興の建設事業を朗らかに尊重できるのであろう。

二

商店建築を徹底させる形式は幾通りにも考えられる。商店街の環境を破壊して自分の店だけ目立たせようとする意図をもっとも低級な場合とすれば、その反対に、もっとも高級な意味で徹底している一つの典型的な作例として、パリの Maison de Vente Marbeuf ＊を挙げることができるであろう。この建物は、一九メートルの幅に二一メートルの高さという巨大なショウ・ウィンドウを街路に向けた自動車販売店である。

＊ガレリア・ヴィットリオ・エマヌエレ二世
Galleria Vittorio Emanuele II, Milano

ここにショウ・ウィンドウという言葉を使って良いかどうかは疑わしいが、ワスムートの Monatsheft für Baukunst〔建築月報〕に載っている一九三〇年の紹介文をみると Schaufenster〔ショウ・ウィンドウ〕と書いてあるから差し支えないであろう。それに事実、そう解すべき性質のものでもある。三方の壁に五階の棚をつり、靴を飾るように自動車を並べてある。しかし、このショウ・ウィンドウを装う商品は靴のように店員の手で勝手に取り出すことができないから、ストック棚に相当する背後のガラージュと直接に連絡している。ガラージュの各階は「ショウ・ウィンドウの棚」と水平に連絡しながら、内部の斜道を運転して車を昇降させる具合になっている。

早大の建築科が一〇年近い以前に購入した文化映画でみると、この巨大なショウ・ウィンドウの壁面に沿うてカメラが動き、一八枚の大型ガラスを取り付けた細い金属框の具合などもよく解るので、この建物の実感をある程度まで計量することができる。しかし、雑誌に載っている図面と写真と数字とだけで頭の中にこの店を想像していると、いつの間にか自分が巨人になったような錯覚を経験する。そして、この店の中で働いている店員達がまるで小人のように思われて来る。

私がパリにいた頃には、こんな面白い店はなかったようである。けれども、その時分の私は、画商と古本店のほか何を売る店にも親しまず、衣裳屋のショウ・ウィンドウにつられて三五〇フランの人形を奮発し故国の家族へ義理をはたしたのが唯一の例外だったから、まして、巨人が靴を買うような気持で自動車屋のショウ・ウィンドウをのぞき、店員達を小人のごとく扱う勇気など恐らくなかったであろう。

＊パリの自動車ショールーム
Maison de Vente Marbeuf, Paris

三

今では丸ビル〔35頁〕の商店街も東京市民の日常生活にスッカリ融け込んでしまったが、あれができた当時は「丸ビルにゆく」という言葉に一種の享楽調が含まれていたものである。経営当事者の回顧談によると、一階の商店街で扱う商品はある程度までセレクトする方針の下に各商店と契約したものだという。ところが震災のとき一時はここが唯一の商店街になったので、そんな贅沢をいっている余裕がなくなった。その癖が残って現在のような純然たる商店街に変わったのだそうである。この話で私も思い出したが、震災で商店街が全滅したときには丸ビルだけが砂漠の中のオアシスのように有難かった。

現在の丸ビルは、一階のほか二階と地階とを商店街に使っている。二階の商店街というのは余り例がないそうであるが、関西の某百貨店が丸ビル五階に支店を設ける企画をたてたのをきっかけに、二階の商店街が出現したものらしい。現在では、東京市と全国の道府県との商品を置く陳列所のほか、普通の店が並んでいる。日本画の即売所が多いのは時局の特殊現象を小規模に反映しているのかも知れないが、二軒ほどある酒場は、日本風の室内意匠が加えてないため船着き場の飲み屋のように侘しい。この商店街には夜店のような屋台が通路の真ん中に並んでいるが、サラリーマン相手のネクタイ屋もあるし、切手蒐集家の需要を充たす店もある。

地階の商店街は、東京駅に連絡する地下道が開けてから存在が特に目立つようになったが、ここの店はほとんど全部が飲食店で、大衆食堂、汁粉屋、寿司屋、蕎麦屋の類からビーヤ・スタンドまである。昼時の混雑は大変なもので、ショウ・ケースの乾からびた見本を定価と比べている人達や店内の空席を探している人達をみると、妙に寂しい気持になる。朝夕のラッシュ・アワーには省線やバスの空席を取り合うので血眼になり、勤め先のオフィスでは憂世の摩擦を感じ、中食のときにまで座席を取るのに気を使う。そういう生活を毎日繰り返しながらいつまでもつづけてゆくとすれば、性格に影響するところも大きいであろう。昼時の体操を奨励して「体位向上」をはかるのも結構だが、交通時や食事時の心理的影響を考慮して適当な処置を講じ、「心の余裕」を与える方が先決問題だともいえる。

四

どのくらいの時間を立ちつづけるのであろう。入場を待つ見物人の列が日劇＊の周囲を取りまいている風景を折々見受ける。興業会社の宣伝部員から考えれば人気のある「活きた証拠」で結構だろうが、何だか気の毒な気持がする。もっとも、そういう気持は、映画館を利用する必要のまったくない現在の私などが感じるだけで、観衆は案外に平気なのかも知れないが、寒い風の吹いている日など甚だ憂鬱な眺めである。

ところが、この日劇の地下室に降りてみると、私の感傷的な気持が急に変わるのを

＊日本劇場（日劇、東京）
設計：渡邊仁建築工務所
竣工：一九三三（昭和八）年

経験する。というのは、ここにもまた地上と同じように切符売場があり、見物人の列が同様につづいているため、地上と地下とに動かぬ行列の重なっているのが何となく滑稽に思われて来るからである。しかし、そればかりでなく、日劇地下の商店街は全体の感じが明るい。この映画館ができたころには下足などを扱う場所に設計した部分まで、今では賑やかな街路に変わっている。ニュース劇場の入口の前には小規模の広場があり、大衆食堂とお好み食堂、雑誌売場、遊覧案内所などがそのまわりにある。それから、柱を並木にみたてベンチを置いた休み場があり、屋台店、日常品売場、電話ボックスなどを程良く配置してあるほか、別経営の食堂と喫茶店とがあり、色々の体力計器やアテモノを並べた一角から階段を少し昇ると、理髪店と写真館がある。そのほか、ショウ・ケースと看板が具わって商店街らしい雰囲気を構成している。ここの地下街は、ニュース劇場の観覧席を含めても七〇〇坪ほどだというが、この平面内に圧縮された程度の商店街をもっているのは、日本ではちょっとした地方都市である。階上に美容院中心の「女だけの都」を寄生させ、地下に地方都市の消費街を繁栄させているところ、「キングコングの便所」と綽名をつけられた日劇も、中々に興味深い建物である。

五

現代都市の地下に発生した商店街として特殊な興味を惹くのは、交通施設に随伴する諸形態である。大きい鉄道駅の地階や地下鉄停車場の中二階などがそれである。私の知っている鉄道駅の地階では、名古屋駅の大規模なコンコース下に沿うて片側に整然と割付けられた商店街が、比較的まとまった印象を残している。しかし当局が目下企画しているものでは、新築の大阪駅に大掛りな商店街ができる様子である。

新大阪駅の駅前広場は六千数百坪であるが、各種の交通機関を集める総合広場としてはなお狭小であるため、歩行者の交通整理には主として地下道を利用する方針となり、それに伴って、特殊な地下商店街を設ける必要が生じたのである。場所が大阪の中心区域であり、企業者も需要者も大阪風のサイコロジーをもつことであるから、この地下街は純然たる消費街に変形するかも知れない。鉄道側と商店側との貸借契約にも従来と異なる形式をとるらしく、色々の意味から複雑な問題を含む新施設として興味深い。

東京市にある地下鉄の停車場は、ある程度まで百貨店の延長のごときものである。現在のところ地下中二階の商店街をもつのは銀座であるが、百貨店の地階にある所謂「マーケット」を細長く引き延ばしたようなもので、ここを通るときには一抹の寂しさを感じる。そういう点では、日本橋三越のように、明るいショウ・ケースに季節の感覚を盛り込む方が遥かに快い。そうかといって高島屋の地下道のように、壁面から柱までスッカリ鏡で張りつめると、賑やかにならず侘しさが増す。ここを通過する地下鉄大衆の装いは、夜会服のように華やかでないからである。

百貨店に残っていた「呉服店」時代の遺風は下足の廃止とともになくなり、サービス用のバスが流行した。はじめの頃には乗馬服のようなユニフォームで女車掌を登場させた店もあったほどだが、このバスが地上から消えるとともに地下鉄とのタイアップが現れ、その副産物として地下の商店街を発生させた。こんなところにも「変遷」の面白味は拾えるものである。

六

フランス風の文化史に折々見受ける優れた考察法を応用して、『ショウ・ウィンドウの歴史』を著し、Essai de sociologie et d'esthétique〔社会学及び美学についての試論〕を試みるとしたら、定めし面白いものができるであろう。この問題は、現代の大都市生活者とショウ・ウィンドウとの間に存する複雑多様な心理的連関をテーマに取っても興味深いであろうが、また、ショウ・ウィンドウを造形的に構成している色々の要素について、その歴史的関係を辿ってみる仕事も、きわめて興味深いであろう。

例えば、ショウ・ウィンドウの第一条件ともいうべきガラスの使いかたにしても、これだけで立派な専門科学上の研究題目になっているほどである。昼間の表面反射を除くため、二個の曲面ガラスを組み合わす方法なども外国では随分使われているようだが、こういう現象をガラス工業の発達史に織り込むだけでも相当に面白そうである。

それから、ショウ・ウィンドウの内部を装飾する意匠にしても、「構成派」の舞台や「立体派」の絵画から図案化されたものが多い。これは、余りに高踏的な「芸術」が結局のところ「広告」に転化して社会性を保っている皮肉ともみられるが、また「現代的感覚」の発育する過程とみなすこともできるであろう。

けれども、Essai de sociologie et d'esthétique の視野を極度に限定してマネキン人形だけを扱ってみても、興味深い史的考察は充分に可能である。マイヨールとピカソの追従者として甚だ小規模な才能をみせたアルヒペンコは、女の裸体を完全に図案化し工芸化したところに一種の功績をもっていた。「尖端的」とか「前衛的」とかいう言葉が羞恥心を超越して使われた時代には、マネキン人形の肉体も羞恥心を超越して様々に変形したものである。一九三〇年頃の商業美術雑誌を今になって取り出してみると、人形の肉体の背後に当時の商店街の雰囲気をハッキリ思い出す。

七

だいぶ昔の話であるが、銀座の商店街を中心に皮膚病のように発生した特殊飲食店を、外観と内部の意匠について軒並み調べてみたことがある。その頃のある夏の晩、銀座の某百貨店に入ってみると、吹抜けのホールに高い台を組んで水浴姿の「生ける人形」をビーチ・パラソルの間に置き、遊歩客の好奇心を満足させているのに驚いた。金属色の人形の肌に特殊な照明を与えて肉体の丸味を強調し、エロティックな効果を巧みに使ったのもその頃であったと思うが、この流行の先覚者が新興舞踏家であるかマネキン人形であるか私は知らない。

近頃のことである。Sマネキン製作所の新作展覧会場で当事者から面白い話を聞いた。帽子屋に売るマネキンはごく平凡なタイプの女に造らなければいけない。ショウ・ウィンドウで人形の被っている帽子が気に入ると、自分の顔に似合うかどうかを確かめずすぐ買って帰る婦人が多いが、家の鏡に向かって被ってみると予想とまったく違うので、翌日また返しに来る。これでは返品が多くて煩わしい。ついては、どんな顔形の婦人をも失望させない「最大公約数」のようなタイプの人形を造ってくれ。――そういう文句が来るそうである。これに類する話は美容院の経営者からも聞いたことがあるし写真館主の会合でも聞いたことがある。反省力に乏しい普通の女を相手とする悩みが、マネキン製作の方針にも混入するのは当然であるが、それにしても面白い話である。

なお、今のような時世では、マネキンの姿態が「時局に反する」というのを種に百貨店をゆする者もあるらしく、そんな事情からも以前のように派手なヴリエテをみせることができなくなったが、その代わり、モンペ姿や国防婦人会のユニフォームに似合う「日本的」な顔が必要になって来た。

「マネキンを造り出してから何年になりますか」と当事者に聞いてみたら、「もう一一年になります」という。「マネキン人形の様式史を編纂したらどうです」と真面目なつもりで提案すると、「それは先生にお願いします」と微笑しながら答えた。二〇年近くの昔、上野の美術学校で私の荒寥たる彫刻史を聴講していたここの当事者には、まことにふさわしいユーモアである。

本山

一

　ケーベル先生の書かれるものを毎月の雑誌に読んでいた遠い昔、私の心に深い感銘を与えた短い言葉がある。日本に来てからは良い音楽会に親しむ機会がないので、楽譜を取り出し音楽を「読む」ことにしているという諦めの気持である。先生のように偉くない私ではあるが、書斎に坐り型の大きい窓のガラス越しに澄み切った青空を仰いでいると、時折はイタリアの地図をたよりに薄れた記憶を追懐したくなるのである。

　旅に手擦れたベデカーを開いて折畳みになったローマ地図のIをみると、まず眼につくのはサン・ピエトロ寺院［43頁］である。机の引出しからセルロイドの定規を取り、本堂の軸にそい広場の中央に立つオベリスクにあててみる。その延長の直線がサンタンジェロの城と橋との間をよぎりテーベレの河面を横切って、ウンベルト一世橋の上に止まるのであるが、この直線の終る橋の上は、サン・ピエトロ寺院の魅力を味わうにもっとも好都合な視点である。

私の幼い頃から父の家にかけてあった「洋行土産」の額の一枚は、サン・ピエトロを遠く真ん中に望み右にサンタンジェロの城を配する風景画で、視点の関係は丁度この直線通りになる。中学時代のある日、型の大きい画用紙一枚にこの風景画を水彩で模写したが、ちょっとした工合で、サン・ピエトロの位置が遠くなりすぎたり余り近くにせまって来たりして困ったことを覚えている。この風景画の構図をまとめている一つの丸い屋根が、私の生涯に医《いや》しがたい郷愁を残すであろうとは予想しなかったが、ローマに滞在しヴァティカノ宮を訪れた帰りの夕暮、テーベレの静かな河岸を歩きながらフト思い出したのは、この古びた額の風景であった。そこで、注文通りの構図ができあがるまで河岸を歩き、裁判所の建物を対岸にみるウンベルト一世橋の袂まで来て振り返ってみると、夕陽に彩られた空をバックに美しいシルエットを描くサン・ピエトロのクーポラが浮かんでいた。子供の頃から温めつづけていた願いのはじめてかなったような悦びを感じたが、記念の額が震災でなくなっているのを思い、カーボン全紙に焼き付けた同じ図柄の写真をアンデルソンの店で買った。この写真は額縁に入れて今でも私の書斎にかけてある。

けれども、このローマ地図Ⅰは、もう一つの懐かしい幻想を私の心に蘇らせてくれる。サンタンジェロの城の反対側に定規を少しずらすと、ピンチオの丘を下るスペイン階段〔14頁〕の中央に直線が通る工合になる。この直線は、一五年前の冬をとおし朝の日課のように親しんでいた一つの習慣を思い出させる。ピンチオの丘に住んでいた私は、スペイン階段を降りて街に出る日が多く、あの複雑な階段を一歩ずつ降りながら、正面にみえるサン・ピエトロの大穹窿＊を眺めつづけていた。深い青空のもと永遠の都の宝冠のように、サン・ピエトロのクーポラは豊かな陽の光に輝き、朗らかで気高く、いかにも美しかった。

ピンチオの丘からヴァティカノの丘にゆくときは電車に乗る場合が多かった、ピアッツァの横で降りベルニニのコロナーデを横切り、広い石畳に立って堂を仰ぐと、ミケランジェロのクーポラはマデルナのファッチアタにさえぎられて三分の二しかみえない。重い皮帳を押して堂内に入ると、ピエタの石像の前に祈る貧しい老婆、愛児を両腕にさし上げてペテロの足に接吻させている母親、水盤を守る天上の童子の下で床に跪く巡礼、リュクサックを負う北欧の質朴な旅人、ガイドブックをもつアメリカの観光客、などが雑然と群がる中に、青銅の天蓋が聳えている。黒と金とに光るこの聖器に丸ビル〔35頁〕とほぼ同じ高さがあろうとは想像できないが、エレヴェーターで天井に上りクーポラの下端から堂内をみおろすと、にわかに「高さ」の実感を覚える。それから、クーポラの頂まで階段を昇り、ローマ全市を俯瞰する遥かな眺望を楽しんでから、真っ直ぐな鉄梯を登って十字架を支えている円球の中に入ると、「冒険」に成功した子供のような無邪気さで旅人たちが親しみ合っている。

クリスマスをローマで迎えた私は、シチリアと南イタリアをしばらくまわってから、再びピンチオの丘にもどって来た。せまる旅程を感じながらこの地を去り難く、フィレンツェに発つ日を延ばしながら温かい冬の陽に浸り、遠い丘や近くの広場からサ

＊サン・ピエトロ寺院の大穹窿（クーポラ）
S. Pietro in Vaticano, Roma

ン・ピエトロのクーポラを仰いで、できるだけ心に刻み付けようと願った。

そのうちにローマを発つ日が来た。カムパニヤを過ぎる汽車の窓からサン・ピエトロに最後の別れを告げたいと思ったが、みえるはずのクーポラはとうとう探しあてることができなかった。

二

史的観想の糧をサン・ピエトロ寺院ほど豊かに与えてくれた建物は他にない。この大伽藍に親しむ私の気持の中には甚だ愛すべき空想も混じっているが、実現の望みがまったくないだけに、この種の空想はかえって楽しいものである。

空想第一号は、浩瀚な『サン・ピエトロ寺院造営史』を耽読するときの悦びである。一人の理想的な歴史家が理想的な条件に恵まれているとして、総本山の造営史を主題とする大掛りな著述を完成するとする。グレゴロビウスの『ローマ市史』八巻程度の分量と、パストールの『法王史』にみる精密な仕事とに加うるに、シタインマンの『シクストゥス礼拝堂』を読むような迫真描写を兼ね、ダゴベルド・フライの『ブラマンテ研究』や『ミケランジェロ研究』に窺われるほど的確な建築史学の考察法を具えている、——という偉大な著述である。この造営史は、コンスタンティヌスがミラノ勅令を発した紀元三一三年の前から、ムッソリニがラテラノ協定を結んだ一九二九年の後まで、一千六百数十年の期間を含み、総本山の造営事業を中心に展開した各般の歴史的関係を扱うのである。それに、クラウスの『クリスト教美術史』のような型と古風な背革表紙とに装われ、できるだけ豊富に絵画と写真と図面とをそなえているのである。こういう『サン・ピエトロ寺院造営史』が、俗世間に暮らす私の貧しい書斎にとどいて来たとする。毎日の煩瑣な仕事と摩擦の多い生活とから解放された幾時間かをこの書物にあて、絢爛な幻想を味わい厳格な歴史学の世界に浸ることができるとしたらどれほど楽しいであろう。

空想第二号の方は、別に神のごとき歴史家の出現を必要としない。その代わりに、私の生活条件が根本的に現在と異なることを前提するのである。サン・ピエトロ寺院にちなんでこれまで私が読了して来た有りとあらゆる書物の他に、特別な図書館を利用しない限り金銭を超越して個人の求め難いような本まで、いずれも私の堂々たる書斎に集まっているのである。例えばHeinrich Adolf Freiherr von Geymüllerが著したサン・ピエトロ関係の研究の中、Les Projets primitifs pour la Basilique de Saint-Pierre de Rome par Bramante; Raffaello Sanzio, studiato come architetto; Leonardo da Vinci as architect; Michelangelo als Architekt［ブラマンテによるローマのサン・ピエトロ寺院の初期案、建築家ラファエロ・サンツィオ、建築家レオナルド・ダ・ヴィンチ、建築家ミケランジェロ］などは、もとよりそろっているのである。それからまた、必要の起り次第いつでも勝手にイタリアに出かけ、気のむくままに旅行をつづけたり滞在したりする。法王庁の図書館をはじめ各地の保存施設に収めてある根本史料を利用する便宜も自由にもっている。そうい

＊サン・ジョワンニ・イン・ラテラノ
S. Giovanni in Laterano, Roma

う生活ができる私であったら、総本山を包む歴史的雰囲気の中に心ゆくまで沈潜して、その境地を楽しみながら興味のある仕事を少しずつまとめてゆくであろう。こういう生活が仮に一〇年ほど恵まれるのであったら、私のもっとも恐れている「幸福」という言葉を安心して使えそうに思われる。ピンチオの住み心地良いアパートからヴティカノの丘まで通う日課なら、「傍観者」を職とする私も心懸けを改め真面目に勤めるに相違ない。

三

アウグスティヌスが説いた「神国」の建築による「創世記」では、伝説と史実との融合をある程度まで感じる。現在のローマでもっとも古い歴史をもち高い格式を有する大寺院をみても、建設当時の面影を明確に描いてみるのは難しい。救世主の名をもつ最初の大寺はSan Giovanni in Laterano〔サン・ジョワンニ・イン・ラテラノ〕＊となってからも幾度か改築されて今の美しい近代建築となった。聖パウルスのための二度目の寺として四世紀の終りに近く造営されたSan Paolo fuori le mura〔サン・パオロ・フオリ・レ・ムラ〕＊は、その壮大な規模を誇りながら一五〇〇年近く全世界の巡礼の崇敬と憧憬とを集めていたにかかわらず、屋根職の過失から数時間のうちにその大部分を焼失し、現在では一〇〇年ほど前に完成した新堂に昔の姿を偲ぶばかりである。

＊サン・パオロ・フオリ・レ・ムラ
S. Paolo fuori le mura, Roma

グレゴロビウスの記すところによれば、サン・ピエトロ寺院の旧堂は現存する古い寺々にも見受けるように、ある程度まで応急的なものであったらしい。大理石や花崗岩の数多い支柱さえ思い思いの柱頭をもち、床の石畳には前身を語る文字や彫刻が残っていたという。当時の面影を写した図に想像する限りさほど壮麗だったとも思われないが、ましてクリスト教文化の確立していない頃としては、異教徒達がこの建物を軽蔑したであろうという推察すら可能である。ガリラヤの漁夫の遺骸を守るこの寺院の間近には、贅をつくした巨大な円形の墳墓がハドリアヌス皇帝を讃えるように聳えていたのである。それだけに、オベリスク一本の寂しく残る闘技場の廃址を聖地と観る敬虔な教徒達にとって、サン・ピエトロ寺院は「神国」の建設を象徴する大伽藍だったに相違ない。Et moi je te dis aussi que tu es Pierre, et que sur cette pierre je bâtirai mon Eglise, et les portes de l'enfer ne prévaudront point contre elle.〔註13〕というマタイ伝の言葉も、そう考えると特殊な響きをもつのである。

この由緒ある旧サン・ピエトロの堂内を舞台とする壮大な歴史劇の中で、政教関係の錯雑を極めた中世史にもっとも意味深い追憶の一つをとめているのは、紀元八〇〇年のクリスト降誕祭当日であろう。「……これ等のことありてより、吾等の主エス・クリストゥスの降誕し給ひし日となれり。人々は聖きペトルスの堂宇に集ひぬ。恵み深き法王レオ三世は貴き宝冠をカールに授けたり……。」というような言葉を、当時の盛儀を語る古い文書の断片に拾っていると、遥かな中学時代に教室で聴いた西洋歴史の講義から近頃よんだ新興イタリアの発達史まで、幾度も繰り返し語られた

「画期的儀式」の場面を改めて思い出す。

パストールの『法王史』ユリウス二世篇をみると、サン・ピエトロ寺院改築事業を企画するに至った法王の気持を、その成熟する心理過程について詳細に分析している。幾多の貴い追憶を秘めた旧堂を破棄してまったく様式の異なる新堂を造営するに決した動機は、考えれば考えるほど複雑で面白いが、おそらく、パストールの研究以上に、ランケの所謂 Penetrieren〔相互浸透〕を必要とするであろうし、歴史科学方法論上の興味深い問題を含むであろう。軍を進めて法王庁の支配権を拡充し、造営事業を興して敬虔な心の披瀝とした覇者ユリウス二世は、ペテロの後継者のうちで歴史家の興味を著しく惹く法王の一人である。

「……既に余はカルディナールとして、諸方の、わけてもローマ市の寺院僧院を或は修理し或は再建せり。聖き位につきて教会の任務の重るに及び、更に一層の誠意と資金とを傾けこの種の事業を企画したり。賢きソロモンは、なほクリスト教の光を仰がざりしと雖も、神の徳に相応ふ殿堂の建立に如何なる犠牲をも惜しまざりき。……」とパストールの引用する文書を読んでから、「……かくてサン・ピエトロの物質的建設は、その精神的建造物の一大部分を倒壊せしむる結果を招いた。この巨大な造営事業に消費されたおびただしい金額を補充する苦肉策のために、ユリウス二世の後継者達は異端者ルーテルの蹶起を誘致し、教会をして遥かに多額の精霊を失はしめた……」という言葉をグレゴロビウスの最後の一巻に発見するとき、歴史的展開の限りない妙味を観るのである。

四

現在のサン・ピエトロ寺院を西洋建築史に織り込んで様式史上の連関を辿り、この寺院建築と関係ある作例を拾ってみると、その範囲が著しく広汎なのに興味を感じる。いかにもクリスト教の総本山にふさわしく、寺院建築の総本山という工合である。

そのうちもっとも面白いのは、サン・ピエトロ寺院の生命ともいうべき大穹窿〔240頁〕を中心として、クーポラを戴く大小各種の寺々を歴史的に配列し、具体的関係を辿ってみることである。ちょっと思い出すものだけでも非常な数になるが、主要な作例に限っても数は案外に多い。まず、古典時代の遺構パンテオンを改宗させたS.Maria ad Martyles〔サンタ・マリア・アド・マルティレス（パンテオンの中世名）〕があり、初期クリスト教の寺院としてはミラノのS. Lorenzo〔サン・ロレンツォ〕がある。寺院建立再興期の紀元一一世紀に造営されたピザの本山に引き続いて、アルノルフォ・ディ・カンビオからフィリポ・ブルネレスキに発展したフィレンツェのS.Maria del Fiore〔サンタ・マリア・デル・フィオーレ、42頁〕、数多いレオナルド・ダ・ヴィンチの素描A、ブラマンテの設計したローマのTempietto〔テンピエット〕B、トーディのS.Maria della Consolazione〔サンタ・マリア・デラ・コンソラツィオーネ〕CとモンテプルチアノのMadonna di S.Biagio〔マドンナ・ディ・サン・ビアジョ〕D、ヴィニョーラの原型に基づくローマのIl Gesú〔イル・ジェズー〕E、パラディオの構想を伝えるヴェネチアの諸寺、等々を過ぎ、最後に、一九四二年のローマ万博に予定されたLa chiesa dei SS, Pietro e Paolo〔サ

Aダ・ヴィンチの素描

Bテンピエット｜Tempietto, S. Pietro in Montorio, Roma

Cサンタ・マリア・デラ・コンソラツィオーネ
S. Maria della Consolazione, Todi

Dマドンナ・ディ・サン・ビアジョ
Madonna di S.Biagio, Montepulciano

Eイル・ジェズー｜Il Gesù, Roma

Fサンティ・ピエトロ・エ・パオロ寺院
La Chiesa dei SS, Pietro e Paolo, 1942

B

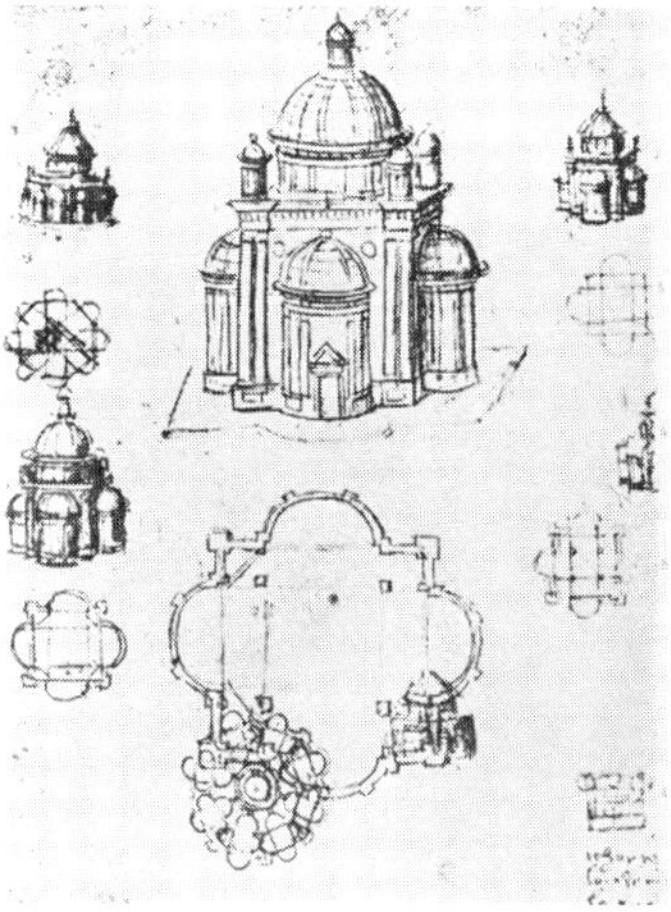

A

D

C

F

E

ンティ・ピエトロ・エ・パオロ寺院、２４７頁〕Fまである。イタリアに建立されたこれらの寺院の長いプロセッションを頭の中に描いてみるだけでも甚だ興味深いのであるが、さらに他の欧州諸国から、サン・ピエトロの余光を反映する寺々を集めてみると、一層の面白味を感じる。最初に眼につくのはロンドンのSt. Paul〔セント・ポール寺院〕で、一六六六年の大火災から復興する機運に乗じて活躍したサー・クリストファー・レンの代表作である。それから一七世紀のパリをみると、Église du Val-de-Grâce, Église de la Sorbonne, Église des Invalides〔ヴァル・ド・グラース教会、ソルボンヌ教会、アンヴァリッド教会〕等が新装の総本山につづく直接の後継者であるが、今のパンテオンが聖ジェヌヴィエーヴの寺に設計されたときも、スフローの構想のうちにはサン・ピエトロ寺院が高く聳えていたようである。そればかりではない。二〇世紀への転型期にベルリン市が造営したドームさえ、ローマの総本山と穹窿の大きさを競おうとする僭越至極な意図を抱いていたのである。

なお、クーポラの形式的変遷は、サン・ピエトロ寺院の再建史そのものの中に内蔵されている。パンテオンの穹窿形式を範とするブラマンテの設計＊の次は、サンタ・マリア・デル・フィオーレのクーポラをある程度まで参照したミケランジェロの構想＊となるが、この巨匠の残した木造のモデルとヴィニョーラからジアコモ・デラ・ポルタを経て実施された穹窿との間にはきわめて微妙な相異が認められるため、この微妙な問題をテーマとする建築史学上の立派な研究さえ発表されているほどである。

しかし、クーポラ独自の問題から離れイタリア寺院建築一般の基本的形式を考察す

＊ガイミュルラーの考証によるブラマンテのサン・ピエトロ寺院構想

る観点を求める場合には、プランとエレヴェーションとの相互作用についてさらに別種な課題が提供されるのをみる。ギリシャ十字とラテン十字の両形式が平面設計上の伝統的な興亡関係を表示することから、ひいてはエレヴェーションにおける三つの構成要素 Cupola, Facciata, Campanile〔ドーム、ファサード、鐘楼〕の相互関係となる。イタリア寺院建築の様式史に内在するこの「必然性」は、サン・ピエトロ寺院の再建事業が起案されてから終極の形態に達するまで、漸次に展開しながら各時代の文化条件を吸収してゆく。いわば一種の「宿命」に順いながら、幾多の矛盾を包含しつつ現在の姿に到達しているのである。そういう意味からは、サン・ピエトロ寺院を建築史学上の一つの「理想形態」と見做して、史的構造関係の複雑な分析を試みることも可能である。

その他、新サン・ピエトロの造営事業にたずさわった大勢の建築家について、各々の作家が残した様々の作品と素描と模型と文書とを連関させてみることも興味深い。ブラマンテ、ミケランジェロ、ヴィニョーラ、マデルナ、ベルニニ、と五人の代表者を考え合わせるだけでも、建築史学上の大事業であろう。

Per amor di Dio e per la riverenza al principe degli Apostori〔註14〕という言葉に、この巨大な造営事業を受け継いだ七二歳のミケランジェロが晩年に書いた書簡を読むだけでも深い感銘を味わう。イタリア歴代の建築家達が抱きつづけた理想を実現したサン・ピエトロの Cupola は、設計者の肉眼に仰がれる機会をもたなかった代わりに、時代思想を超越して常に最高の讃辞を受けて来た。全世界のクリスト教徒を壮大な

＊ミケランジェロの構想

腕に抱くベルニニのPiazza〔広場〕は、新興イタリアの輝かしい戦勝の後にVia della Conciliazioneの建設を促して、中世期以来の政教相剋史に和解の象徴を与えるはずである。ブラマンテの構想を伝える一枚の素描と現代ローマの整備工事を撮した一葉の写真との間に四百二十余年の時間を算えながら、「総本山」というものの意味を今更のように感じるのである。

王宮

一

ヴェルサイユの造営事業を芸術価値の尺度で測るとすれば、特に優遇するほどのものではないかも知れない。それから、増築と改造との複雑に錯交している現状を一個の「作品」として扱おうとすると、いたずらに煩瑣な分解作業が倦怠を覚えさせるだけかも知れない。しかし、近世欧州史の大掛りな舞台面をここに見出すとか、あるいはまた、王朝文化の性格的な象徴をここに求めるとか、そういう観点から考察する場合には、ヴェルサイユは甚だ興味深い存在となるのである。

ヴェルサイユの詳細な歴史を編纂する場合を想定し招聘される委員達の顔ぶれを予想してみるとする。元よりこの委員会は官庁事務のバリケードではないから、実質的な専門家だけを選ぶのであるが、ちょっと思い付くものを拾ってみても、随分色々な方面の学者を集めなければなるまいと思われる。建築、美術、工芸、造園、等の造形芸術史家達や、経済、政治、外交、風俗、等の歴史家達はいうまでもない。なお、科学関係では土木、芸術関係では演劇、というような専門的な歴史家も是非必要であるが、その他には、比較解剖学の歴史に精通している人、動物園の起源を調べている人、花火の発達を研究している人、等、等の参与も決して欠けてはならない。

ヴェルサイユの歴史が包括する期間は、一六二三年から一九一九年に至る約三〇〇年である。ルイ一三世はこの地に狩猟用の小館を建てて、錯雑した宮廷生活の重圧を避けながら、甘美なロマンスに似た追憶なども残しているが、これが「ヴェルサイユ史」の初編である。それから最終の一節は世界大戦後の講和会議が占めている。今後の歴史まで予想すればヴェルサイユを背景とする事件が色々出て来るであろうが、今のところ「ヴェルサイユ条約」の実質的結果さえまだ見通しが付いていない。

二

ルイ一三世が愛用していたヴェルサイユの小館を、リシュリューの居城の広大な規模と比べてみると、当時のフランス宮廷の事情を素直に反映しているので面白い。しかし、ルイ一四世の独裁権が確立した一六六一年以後の造営＊をここに加えて考えると、その面白味はさらに深くなる。五歳で王位に即《つ》いた「太陽王」の心の奥に、父君に伴われた幼年の記憶が残っていたかどうかは解らないが、マザランが死にフーケが

＊ヴェルサイユ宮殿
Le Château de Versailles, 1674

禁錮されてから、ヴェルサイユの造営事業は絶対王権の象徴にふさわしく発育しはじめた。この王宮の史書の中に一七世紀の面影を止める見取図を幾つか拾い、それを年代順に並べてみるだけでも興味がある。一六六四年、七四年、八二年と、二〇年に近い期間に本館の外観は非常に変化しているのである。

ヴェルサイユで営まれたルイ一四世の宮廷生活を、性格的なクローズアップにとるだけでも厖大な分量にのぼるであろう。それからまた饗宴の催物 Le Plaisirs de l'Ile enchantée の舞台とか、冷水の涼味を楽しんだ le Grotte de Téthys の泉亭とか、世界の珍獣をあつめた la ménagerie の大掛りな外観とか、そういうものを描いた版画類をまとめても相当な数になるであろう。

ある年の夏から秋にかけてルイ一四世は四カ月もヴェルサイユに滞在したが、六日にわたる盛大な饗宴のプログラムの中でとりわけ印象の深いのは、ヴェネチア政府の贈物である金色のゴンドラを苑内の長いカナルにうかべ、南欧の情調を豪華に装いながら楽の音の冴える静かな夜を味わう趣向で、この催しは「アポロンの化身」にもことのほか気に入ったらしい。

典雅な Trianon de marbre〔大理石のトリアノン〕をルイ一四世の私生活と照らし合わせて考えるだけでも相当に興味深いであろう。この「王宮内の王宮」を造営した頃のヴェルサイユは、王宮というよりむしろ首都に近く、庭園を仕切る柵まで取りはらって民衆に解放したという話も、中々に味のある追憶といえよう。

la Grande Galerie〔鏡の間〕* の造営にマンサルの取りかかったのが一六七八年で、

*鏡の間
la Grande Galerie, Versailles

ルブランの装飾工事の終ったのが八四年である。このときからこの大広間は度々の盛儀に太陽王の臨幸を迎えた。六三メートルの長さに一〇メートルの幅というこの広間は、今入ってみると廃址のように寂しい。全欧の動乱を招いたファルツの役の最中、一六八九年から翌年にかけて、二五〇〇個の金銀類が王の命令で貨幣に鋳造されたというが、完成当時の華麗な壮観は想像するさえ困難である。しかし、この広間で行われた外国使節の閲見式を年代順にみると、八五年にジェノワのドージェが来訪したのをはじめとして、翌年にはシャムの使節が閲見を受けている。九七年にはブルゴーニュ公の婚儀を機として盛大な舞踏会が行われ、亡命中の英王ジャック二世と后ともこの宴に加わっている。最後の盛儀は一七一五年、ルイ一四世の没する数カ月前に行われたペルシャ使節の閲見であるが、当時の記録を読むとオペラの舞台にみるような快い幻想を感じる。

三

ルイ一四世の没後、ヴェルサイユの王宮がフランスの歴史と運命をともにする有様も甚だ興味深い。幼少のルイ一五世が偉大な曾祖父から臨終の訓諭をきいたのもヴェルサイユであるが、一七八九年の秋に世継のルイ一六世が悲しい離別の言葉を残しているのもヴェルサイユである。大革命の動乱が終ると、ナポレオンはヴェルサイユの改造を志し、「戦争の神」らしく苑内の植込みからニュンフェ達を追放して、その代わりに勝利の記念像を整列させるつもりであったという。さらに七月革命後はこの王宮の「利用法」が検討されて、傷兵施設や教育機関に転向させる案も出たが、結局のところルイ・フィリップの示唆によってミュゼーに改造することとなり、「フランス歴史の総合記念堂」たらしめるため、当時の美術家達に大量の仕事が依頼されたのである。一八三七年ルイ・フィリップはパリ全市の代表者を盛儀に招いたが、政治思想のあらゆる「流派」の口に合うよう「芸術の饗宴」を巧妙に配慮してあったという。さすがに「中庸主義」の時代である。

普仏戦争はヴェルサイユの王宮を国辱の象徴に変えた。プロイセンは大広間を野戦病院に使ったうえ、ウィルヘルム一世をドイツ皇帝に戴きドイツ統一の盛儀を誇る式場に使用した。平和の復興後はフランスの革命政府が全内閣をこの王宮内に置き、つづいて王宮内の劇場で共和政体を採決した。それだけに、一九一九年の講和会議には、この広間がフランス国民にとって輝かしい勝利の殿堂となったのであるが、反対にドイツからみると、屈辱と窮迫と復興との二〇年を国民の心に焼き付ける厳粛な象徴であった。ナチス・ドイツの写真帖 Das Saar-Buch〔ザール本〕のはじめには、Am 28. 6. 1919 unterzeichnen Hermann Müller und Dr. Bell das dem Reich aufgezwungene Diktat im Spiegelsaal zu Versailles〔註15〕という文字とともに当時の報道写真を見出す。ザール地方と同じくヴェルサイユは、独仏両国の相剋史を簡明に表示しているが、そういう事情を裏書する幾枚かの写真を、ブルボン王朝期の面影をのこす版画や油絵と並べてみると、きわめて素朴な「歴史」の実感が味わわれる。

四

半世紀以上もつづいたルイ一四世の独裁治下にヴェルサイユの造営を計った主な人物を拾い、その在職年代を比べながら考えてゆくと、典型的な統制国家の人事関係を推察することができる。政府側ではコルベールを中心にニコラ・フーケとルーボワ侯があり、芸術側からは建築のルイ・ル・ボウとジュール・マンサル、造園のアンドレ・ル・ノートゥル、装飾のシャール・ルブランが数えられる。芸術に惑溺したフーケを終身禁錮に処した独裁王政の初期から、軍務卿ルーボワの失脚するに至る末期まで、政治家の交代にもかかわらず長年の生涯を通じて厚い寵恩に恵まれていたのはル・ノートゥル一人であった。ル・ボウとマンサルとは仕事を相継ぐ関係になっているが、コルベールの在世中に権力をほしいままにしたルブランのごとき、ルーボワの時代になって悲惨な没落を経験している。

L'Art, c'est moi〔註16〕という言葉を美術史家が思い付いたほど統制組織のゆきわたっていた当時の官制をみると、一六六一年以来コルベールは建築、美術、工芸、造園、土木、その他の監督長官であり、その下にシャール・ペロウが付いている。イタリアから招聘されたロレンツォ・ベルニニを激怒させた典型的な役人である。この役人の次に首席宮廷建築家と首席宮廷画家がいて各々建築家達と画家達とを従え、宮廷彫刻家達は首席画家の配下に置かれる制度である。なお、リシュリューの先例に倣い、美術関係のアカデミー数種もコルベールの監督下に設立されて、封建時代の伝統を守る組合を抑圧するようになっている。

この間にあって、ル・ノートゥルの占めていた地位はかなり独特なものであったらしい。ルイ一四世の興味は建築よりも庭園に傾き、石材の殿堂よりも流水の綾を好んでいたように推察するが、独裁君主の側で色々な見取図を描きながらその心を楽しませていた造園家であるにかかわらず、ル・ノートゥルの仕事と影響とはフランスばかりか欧州の各地にも及んでいた。仕事の性質が庭園図案のようなものだったからできたに相違ないが、背後の政治的権力にたよらず自分の才能で生き抜き、一つの時代を創り上げているところ、特殊な興味を感じさせる存在である。

五

アンドレ・ル・ノートゥルは一六一三年に生れ一七〇〇年に死んでいる。親譲りの宮廷造園師でトゥイルリーに育ち、ルイ一三世の時代から働いていた。シャール・ルブランとは同窓の親友で、フーケの居城が造営された頃から二人は協力し、ヴェルサイユの長期間にわたる仕事にも交友関係は変わらなかった。危険な首席宮廷画家の露骨な排他的態度を知るものは、ここにもル・ノートゥルの幸運な側面を感じるであろう。

ル・ノートゥルはイギリスの宮廷に招聘されたこともあるほどで、フランス国内ではシャンティイはじめ各地の造園に関係していた。しかし、彼の伝記の中で微笑を誘う一つの出来事は、イタリアの庭園を視察に赴いた際、ローマで受けた法王の閲見である。目撃者の通信によれば、ル・ノートゥルは法王と親し気に語り、法王の肩をうち、ともに興じて相抱くに至ったという。この報告がフランスの宮廷にとどいたとき王の近臣は自分の耳を疑ったが、ルイ一四世からみると、彼の庭師の愛すべき習慣にすぎなかった。戦場から帰った太陽王をもル・ノートゥルは同様な親しさで迎えたのである。

ある日、ルイ一四世は自分と同じような移動椅子にル・ノートゥルをかけさせ、並んでヴェルサイユの庭園内を隈なくまわったことがある。幸運な庭師は感激していった。Ah! mon pauvre père, si tu vivais et tu puisses voir un pauvre jardinier comme ton fils se promener en chaise à côté du plus grand roi du monde, rien ne manquerait à ma joie.〔註17〕こういう言葉を随処に発見して国王を悦ばせたル・ノートゥルの心理を俗世間なみに解釈すれば、相当に意地の悪い推察を下すこともできよう。しかし、ルブランのように、背後の権力によって才能の無力を補いながら光輝ある汚名を歴史に残した人物と並べてみると、何となく和やかで毒がない。

ルイ一三世のとき、ほんの青年のル・ノートゥルは、当時の首席宮廷画家として厚い礼遇を受けていた高潔なニコラ・プッサンに画を所望した。その作品は今ルーヴル美術館に収めてあるが、この頃から彼は美術品の蒐集に志し、経済的にも大いに恵まれた後年には一角《ひとかど》の蒐集家になっていた。晩年には、その蔵品を国王に献ずるという賢明な方法を選んだが、その結果さらに物質上の恩恵が加わっている。

社会的に活動した色々な美術家の伝記を読んでみても、ル・ノートゥルほどに「幸運らしく」長い生涯を活き抜いた人物には余り出会わないようである。広大な土地を予想する造園術が著しく流行した王朝期の時代的特質をここにみるわけであるが、それにしても彼は、一人の庭師の墓として少し荘重にすぎる碑文をもっているように思われる。

Icy repose le corps d'André Le Nôtre, chevalier de l'ordre de Saint-Michel, conseiller du Roy, contrôleur général des Bâtimens de Sa Majeste, art et manufactures de France, et préposé à L'embllissement〔sic〕des Jardins de Versailles et autres maisons royales ... Il répondit en quelque sorte par l'excellence de ses ouvrages à la grandeur et à la magnificence du Monarque qu'il a servi ... La France n'a pas seule profité de son industrie, tous les princes de l'Europe ont voulu avoir de ses élèves et il n'a point eu de concurrent qui lui fût comparable.〔註18〕

ルーヴル宮からトゥイルリーの苑に向かい、シャンゼリゼーの大路を見通してエトワールの広場を遠望する――というきわめて雄大な透視的構想は、アンドレ・ル・ノートゥルの造園形式をフランスの首都の中心記念地域に実現したような観を誘う。ルイ一四世の治下にトゥイルリーの苑を築いた造園家の構想の中にナポレオン一世の企画まで予想されていたはずはないが、この巨匠の形式感が根強い伝統となって、パリの中央にその理想を実現したと考えることはできるであろう。私がパリの滞在中いつも親しんでいた地域だけに、そういう想像もめぐらしたくなるのである。

今から一〇年近い昔になるが、美術統制期の社会現象に史学上の興味を感じていた私は、ロレンツォ・ベルニニの滞仏日記やシャール・ルブランの伝記などを耽読し、宮廷の人事組織だのアカデミーの制度だのを好んで調べたことがある。しかし、ヴェルサイユの造営事業や宮廷生活を別な側面から考えてみると、一人の庭師の存在を著しく重要視しなければならないことに気付いて来る。

滞欧期間の短かった私は、晩春から初秋にかけての美しいヴェルサイユを知らない。恵まれた季節の移り変わりを、あの広大な庭園でゆっくり味わうことができたら、ヴェルサイユの印象も遥かに鮮やかだったであろう。けれども、晩秋に近い曇りの日の幾時間かをこの王宮に費やしたばかりの私には、参観者の一人もいない宮殿と庭園とが、いたずらに広漠とした寂しい記憶を止めているにすぎない。イタリアからドイツにかけて数ヵ月の忙しい旅行を終った後、真冬の雪の薄く積もった寒い日に、私はシャルトゥルまで本山の建物を観に行ったことがある。その時、車窓から眺める景色の中に、はからずもヴェルサイユの庭園を発見した。別段の親しみをもっていたわけではないので、なんらの感慨もなくそのまま過ぎたが、冷たい水盤をかこむ冬木立の印象は、不思議に今もって私の眼底から消えない。

博覧会

一

昔からパリで開かれた博覧会の年表を辿ってみる。最初の催しが大革命直後の一七九八年である。un spectacle d'un genre nouveau, une Exposition Publique des produits de l'Industrie Française〔新種のスペクタクル、フランスの工業製品の展示会〕だという。この頃から敷地はChamp de Mars〔シャン・ドゥ・マルス〕であった。会場の設計担当者は美術行政を主宰していたダウィットである。この画家の生涯は二〇年ほど前私も興味をもって調べたことがあるが、その頃は注意しなかったせいか当時の見取図や陳列場内を描いた絵を私はまだ知らない。出品目録とともに好奇心を誘う史料である。このときから二月革命前後に至る半世紀の間に約一〇回の博覧会があったらしい。四四年に開催された博覧会のごとき、国内の商工業を奨励し従業者を教育する主旨を含んでいたというが、四八年の社会的危機や産業の勃興と連関させてみると面白い問題が拾えそうである。その他ルーヴル宮殿の構内を会場に使った一八〇二年の催しやプラース・ドゥ・ラ・コンコルドのオベリスクを中央に見立てた三四年の博覧会など、当時のスケッチを時代の背景におさめながら漠然と想像するだけでも興味がある。

しかし、この頃博覧会を計画していたのはフランスばかりではない。欧州の各国に共通な機運が起っていたのである。したがって一八五一年ロンドンに開かれた最初の万国博覧会が成功を収めてからは、同様な企画が各地で行われるようになった。パリでは一八五五年にこれを試みている。例のクールベが審査に対する不満から自分の出品作を全部取りもどして、最初の個人展覧会を開いたのがこのときである。フランス絵画史上の忘れ難い追憶である。

一九世紀前半期に行われた内国博覧会の建築材料や構造を私はまだ調べていない。しかし、鉄とガラスとを大胆に利用した一八五一年のCrystal-Palace〔水晶宮〕は博覧会建築の「クラシック」である。ヴィクトリア女王の臨幸を仰いだ開館式の写真をみるとある懐かしみを感じるが、五五年、六七年、七八年、八九年、と万国博覧会をつづけている間に、フランスの鉄骨構造技術が進歩した跡を反省するのはさらに感慨深い。

一八六七年の万国博覧会＊は、会場の平面設計を統一的に集中し組織だてているので、特殊な興味を惹く。二個の半円を二個の直線で結ぶ楕円形に近い巨大なブロック・プランが、中庭をかこんで波紋状に屋根を起伏させている。中庭の周囲に七重のギャラリーをめぐらして陳列場としたのであるが、その陳列法が甚だ面白い。ギャラ

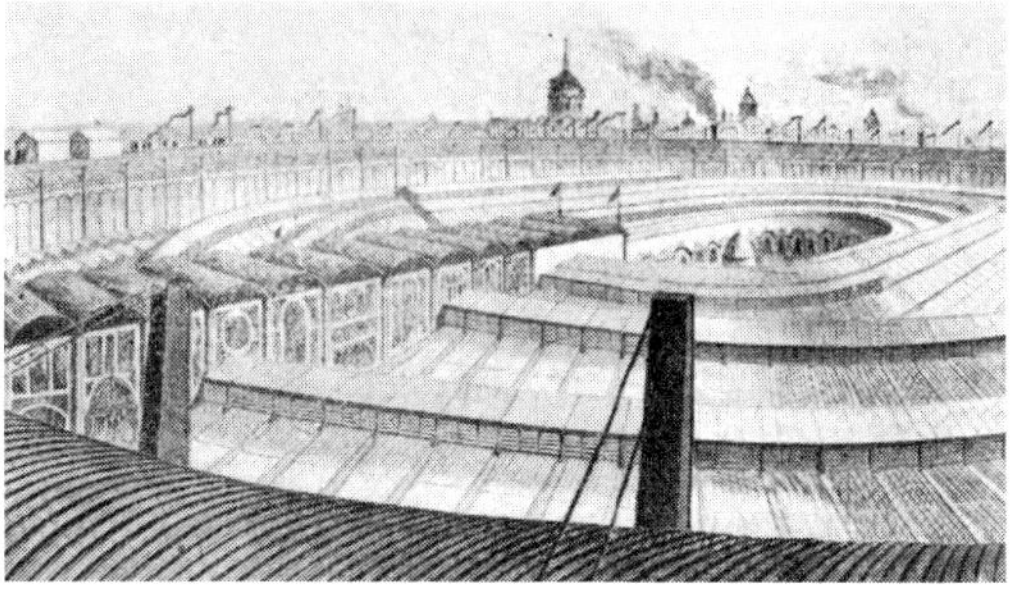

＊パリ万国博覧会　一八六七年

リーはいずれも陳列品別になっているから、そこを一周すれば各国から集まった同種類の陳列品を比較することができる。それからまたギャラリーの各列を横断すれば一国の出品をまとめて国別にみることができる。見物人の気持次第で、出品物別にも国別にもみられるようになっている。Colisée du travail〔作品のコロシアム〕という言葉で形容されたこの不思議な建物は、鉄とガラスとを合理的に活用した博覧会場として妙味がある。俯瞰図をみるとサーカスの小屋がけに似ているが、機械館の内部を描いた石版画や全体の横断図面などをみると、当時としては甚だ規模の大胆なものだったことが想像される。

一八七八年の博覧会は、普仏戦争の痛手から起ち上がろうとするフランスの「悲壮」な覚悟で企画されたらしい。フランスが toujours vivante, sérieuse, active, intelligente et laborieuse〔註19〕であることを欧州各国に知らせるのがその主旨だったという。ただし石造の凡庸な建築トロカデロが造営されたぐらいで博覧会場には特別な進歩をみないようである。これに次ぐ八九年は、近代工業の一〇〇年を記念して計画されたという。それればかりでなく、フランス国家にとって思い出の多い一七八九年の一〇〇年祭にも相当していた。しかし、この博覧会の記念的意義はむしろその建物にあった。技術の発達を回顧するとき、過去の時代に築かれたもっとも偉大なモニュメントを二つながらもったからである。デュテールの機械館とエフェルの塔とがこれであることは断るまでもない。

一八六七年の折にも建物として注目されたのは Galerie des machines〔機械館〕であ

＊パリ万国博覧会 機械館
一八八九年

った。二二五メートルの高さに三五メートルの幅をもっていたのであるが、八九年のGalerie des machines＊は四五メートルの高さと一一五メートルの幅を数える驚くべき規模のものであった。一九世紀の博覧会では機械館が第一の呼物であったろうという推察は可能であるが、機械の進歩と機械館の発達とを並行させてみるのも面白そうである。ことに鉄道施設の伸展に伴われて大掛りな架橋工事が次々に実施された当時の有様を、年代を追うて辿りながら、アーチ構造をもった巨大なホールの発達と照し合わせてみると一層の興味を惹く。

この機械館が専門家の記憶に「不滅の像」として尊敬されているに対して、エフェルの高塔＊は全世界の大衆に親しまれている。エジプトのピラミッドとパリのエフェル塔ほど通俗的に知れわたっている建物は他にあるまいと思うが、工学的技術の強味を標榜する宣伝がこれほど成功した場合も他にないであろう。それだけに、この高塔が企画されたとき受けた非難と抗議も大掛りだったのである。

この塔の完成に先立つ二年前、フランス当局と博覧会当事者とに提示された芸術家達の抗議文は、今では懐かしみのある史料として有名になっている。Nous venons, écrivains, peintres, sculpteurs, architectes, amateurs passionnés de la beauté jusqu'ici intacte de Paris, protester de toutes nos forces, de toute notre indignation, au nom du goût français méconnu, au nom de l'art et de l'histoire français, menacés, contre l'érection, en plein cœur de notre capitale, de l'inutile et monstrueuse Tour Eiffel…〔註20〕という壮大な言葉に始まる長い抗議文は、今われわれが読むと一味の愛嬌を含んで面

＊パリ万国博覧会（エッフェル塔）一八八九年

白いが、当時のエフェルの気持を想像すると、むしろ敬虔な厳粛感に打たれる。
一八三二年ディジョンに生れたギュスタフ・エフェルは、年若い技師として鉄道工事に関係し、二六歳の青年期に大規模な架橋工事を担当している。この偉大な工学技師の伝記に収めてある数多い工事の記録写真を年代順にみてゆくと、八九年の高塔はあたかも彼の豊かな生涯を記念するモニュメントのようにみえるが、事実この塔は、エフェルの体験に蓄積した工学技術の総決算だったのである。人の生涯には色々あるが、エフェルなどもっとも生きがいのある生涯をもった人物の一人であろう。セーヌ河をこめる柔らかい秋霧の中にこの塔を仰ぎながら、私はエフェルに快い羨望を感じたが、この塔に登ってみようという気になったことはパリ滞在中に一度もなかった。

二

『虞美人草』という長編小説は、ある意味から解釈すれば、漱石の処女作のようなものである。明治四〇年三月に教員生活を去って朝日新聞社に入社した第一回の連載小説であるため、緊張した気持から来たのであろうと思われる一種の生硬さをもつ作品である。ところがこの明治四〇年三月という年は、東京市にとっても甚だ回顧的な時期にあたっているのである。日露戦争後の国運隆興期を表示して、東京勧業博覧会＊が上野公園に開かれ、国内の興味を異常に刺戟したからである。

そこで必然的に、漱石の『虞美人草』にはこの勧業博覧会が扱われている。当時の社会に一大センセーションを起している博覧会を取り入れることは、「虞美人草浴衣」まで百貨店に現れたという人気に答える新聞連載小説の構想として、適当な試みに相違ないのである。宗近さんと甲野さんとが京都から帰るとき、京都駅で汽車の込み合う会話にまず出て来る。「うん、京都の人間は此汽車でみんな博覧会見物に行くんだらう。余っ程乗つたね」という文句がある。こういう会話は現代ではちょっと想像できないが、明治四〇年の春には少しも不自然でなかったろう。

『虞美人草』が博覧会を正面から扱っているのは、イルミネーションを甲野と宗近の兄妹四人がみるところである。「蛾は灯に集まり、人は電光に集まる。輝やくものは天下を牽く。……閃く影に踊る善男子、善女子は家を空しうしてイルミネーションに集まる」という文句に始まる一節がある。その後に、「夜の世界は昼の世界よりも美しい事」という藤尾の言葉をきっかけに、四人の男女が池の畔からイルミネーションに感心しながら交わす会話が長くつづくが、今この部分を読み返してみると、非常に幼稚なのにむしろ驚く。未開地の土人にイルミネーションをみせて、その驚き振りを文化人の会話に翻訳したらこうもなろうかと思われる程である。しかし当時の見物人の気持は、『虞美人草』の大袈裟な文章と余り違っていなかったのである。

明治四〇年の春は、私が中学校に入学した年である。仕立ておろしの新しい制服を着て、はきなれぬ長ズボンに不思議な感触を味わいながら、折々友達とこの博覧会をみた。友達の父親が府会議員で回数券を幾冊もくれたせいもあったろうが、学校に出

＊東京勧業博覧会外国製品館
設計：新家孝正
竣工：一九〇七（明治四〇）年

す図画の模写をするため毎日美術館にかよったりした。観覧車というようなものには一度も乗ろうと思わなかったが、不思議館には一度入ったことがある。

風俗画報臨時増刊の『勧業博覧会図絵』だけまとめて製本してあるのを古本展で買い、絵と写真とをみながら記事をひろい読みしてゆくと、この時分のことを詳細なディテールまで思い出す。巻頭の折り込みになった「全図」を開いただけでも一つ一つの建物が記憶の奥から浮かび上がって来るが、記事を読むと思いあたることが多い中に、幼稚な文章から自ずと沁み出る「時代の距離」をあらためて感じる。例えば、静岡の鯛飯を食べさせる店の記事を読むと「……殊に鯛飯は奇想天外より落つる底の趣向を凝し、都人士をして一驚を喫せしめんと詮議の末思ひ付たる工夫は、家屋を総て静岡停車場ブラットホームに模擬し、背景には白扇倒に懸る富士山を油絵の書割となし、客室は汽車の客室の如く作くりて、細く長くブラットホームに横附となし置き、客は停車場の切符売所のやうなところで食券を求め、改札口を経てブラットホームへ出で、客室へ這入ると、窓の外を恰も停車場で鯛飯を売るやう例の鉄道に制服を着けた男が首のところから箱を吊つて呼売するを客は窓から呼んで求めると云ふ趣向なり……」と書いてある。この売店の外見は私もよく覚えている。

しかし、当時の幼稚さをもっとも露骨に現しているのは、褒賞授与式後の園遊会である。「……フロックコート、羽織袴の礼装にて、鮨、サンドウキッチ、菓子、果物を頬張りつつ手巾又は風呂敷に包み、左も重気に提げたるもの尠からず、甚だしきに至りてはコップなどを懐中し去れるものありしは何時もながら呆るる外なし……」という記事とともに、あさましい漫画が見開きで載せてある。この記事によると、園遊会開始後二〇分間のうちにあらゆる飲食物がなくなってしまったという。この時分の世間では、「世界の一等国民」とか「二〇世紀の吾々」とかいう言葉が流行ったように私は記憶しているが、そういう国民意識とこの勧業博覧会とを考え合わせると甚だ複雑な気持になる。

明治四〇年の東京勧業博覧会はイルミネーションをクライマックスとし園遊会をラスト・シーンとする限り、「幼稚」という一言で片付けたくなる。そして、「当時に比べると現在は……」というハッピー・エンディングを付け加えたくなる。これに類する現代の園遊会なるものがどの程度まで礼儀正しくなっているか私は知らない。けれども、現代文化を普及し宣伝する目的の下に企画された科学技術関係の博覧会などをみると、その展示形式は依然として旧のごとく幼稚である。

もっとも、昨年アメリカで開催された万国博覧会なども、映画や雑誌でみたり人の話をきいたりした限りでは、相当に幼稚なようである。ただ非常に大袈裟なところが違うが、「博覧会」という名をもつ限りは、ある程度まで幼稚なのが当然かも知れない。

しかし、幼稚な内容を含む他の側面には、会場の建築や展示形式に著しい技術上の発達を誘致する。それがむしろ博覧会の実質的な収穫であろう。例えば壁面写真の使いかたなどになると、一九三七年のパリ博覧会頃から非常に発達して来ている。実物の陳列物品を説明するのに色々な形の壁面写真を利用して、観衆にも理解しやすくし、展覧会場の図案的効果も引き立たせる――という展示技術が巧妙になって来ている。

映画と写真帖と移動展覧会と、三種のカメラ技術を国策宣伝に著しく利用している欧州各国の事情を裏書する現象である。

一九世紀に流行したような博覧会は、ある程度まで産業勃興期の特殊現象とも解し得るであろう。現代の博覧会では、その陳列内容も自ずから変わって来るであろう。そういう意味では、優秀な宣伝技術として目下愛用されているカメラの使いかたが、博覧会を機会に発達すると考え得るであろう。昔の博覧会で鉄骨構造や電気照明がもっていたような意味を、今の博覧会では壁面写真がもつ——という大胆な考えかたも、外交宣伝戦の激化している現代では充分可能なように思われる。

古都

一

都ホテルのテラスから京都の街の眺望を楽しもうとすると、二つの異様な建物がどうしても眼に入って来る。新築された発電所の建築と平安神宮の大鳥居である。発電所は東山の緑に接し南禅寺に近く、黄色っぽくカサカサに乾いた感触と無味乾燥な形態との妙に「調和」している洋風建築である。それから、記念地域の中に聳えている平安神宮の大鳥居は、褪せたような赤い色と異状にふくれあがった二本の柱とが侘しく、巨大な張子の立看板を思わせるのである。

この二つの建物はそれだけを切り離してみると甚だ目障りな存在なのであるが、あたかも京都市の俯瞰図の上に大きな「?」を書いたような不思議な役割を受け持っている。千余年の齢を保ち数々の歴史的建造物を含むこの「古都」が、一つの難問題に答えた著しく拙い解決案のようなものである。

私は近頃の京都をあまりよく知らない。第一高等学校の在学時代には健康がすぐれなかったので、演習の一週間を休学し、関西にいた親戚達の家にとまり、この地方をあてもなく歩くのが習慣になっていたが、二〇年ほど前、上野の美術学校で講義をもっていた頃帝大の見学旅行に加わったのを終りとして、その後はまるで京都を知らずに過ごした。ようやく昨年になって、神戸の夏季講習に出かけたとき二日間を比叡山ホテル〔181頁〕に宿り、円タクをやとって少しばかり市中を乗りまわし、近頃の京都を瞥見しただけである。今年の初夏には、全国都市美協議会が京都で開かれたので、また独りで車を乗りまわしてみた。私の興味を惹いた幾つかの地域に材料をあさったのではあるが、それもいわば偶然に拾ったという程度である。

京都駅に降りて駅前広場に出ると、不思議なガソリン・スタンドが眼についた。昨年はなかったように思ったので運転手に聞いてみると今年できたのだという。東京の歌舞伎座を子供の玩具にしたような形をして、大衆食堂の壁にくっついている。こういうガソリン・スタンドを建てるのと同じサイコロジーが長野駅に「新しい試み」を実現したり巨大な愛知県庁舎*を造営したりするわけであるが、手近な京都にも岡崎公会堂*に典型的な作例をもっている。平安神宮とその神苑とを中心とする付近は京都市にとって一種の記念地域なのであるが例の大鳥居をはじめ公会堂や美術館などの主な建物は、この地域に統一ある雰囲気をつくる代わりに、甚だ通俗的な遊園地めいた印象を与えている。

三条通りと京阪電車とが交叉するあたりの、京都としてはもっとも交通のはげしい

*愛知県庁舎
設計：愛知県総務部営繕課
竣工：一九三八（昭和一三）年

ところに高山彦九郎の銅像がある。本来からいうと、何に限らず「精神」を象徴する「行為」であるべきものを「行為」そのものの写実的な姿で残すことは、かえって「精神」を没却する結果になるのであるが、まして、歴史の転換期に生れた一人の憂国の志士が現代都市の雑踏の中に跪拝する姿は甚だ異様な感を与える。仮にもしこの銅像が非常に傑出した彫刻作品であるとしても、その「効果」に変わりはないであろう。この銅像ができた頃、これにちなんだ教育映画を文部省の委員会にもって来たことがあるので、前から覚えていた。これに類する銅像は、東京にもあるが、京都のように「大衆的史蹟」の多い土地がまず一つの警告を提供したわけである。

蓮華王院本堂の建物は、日本建築史上の貴重な遺構の一つであるが、そればかりでなく、あの大胆な構想と優れた効果とは、世界の建築史上にもほとんど類例をみないのである。したがって、掛替えのないこの建物を大切に保存し、理解ある鑑賞者に充分な便宜を与えなければならぬ。京都市の立場としてはできるだけ条件にかなうよう留意すべきはずであろう。この場合に必要な処置は、本堂の周囲に相当広い空き地をつくる、という甚だ簡明な方法で足りるのであるが、境内をみると見物人相手の掛け茶屋などがあって、この建物の全面的な効果をみられないようにしている。こういう性質の建築は、一つの面からみるにしても、遠近様々な視点から眺めてその固有の美しさを鑑賞することができるのであるが、そういう必要条件がまったく無視されている。また、この建物の裏側にまわってみると、雑草の繁る空き地に柵がして入れないようになっているばかりでなく、本堂の優れた効果をみるのにもっとも好都合な丁度

＊京都市（岡崎）公会堂
設計：京都市営繕課
竣工：一九三一（昭和六）年

その場所に、宝物事務所が邪魔をしている。当事者のつもりでは、三十三間堂は千体仏を全国の「お上りさん」にみせる陳列場のようなものだと思っているのかも知れない。「世界に比類なき」点で富士山などという天然の既製品より遥かに誇るべきこの建造物は、遊覧バスから流れ出る制服の処女達にかこまれて、その幼い好奇心を満足させる見世物小屋のように建っているのである。

しかし、南禅寺の付近などは、古建築を包む環境として非常に気持よくまとまっているし「お上りさん」に煩わされることもなく、あたり一帯の雰囲気がシットリと落ち着いている。昔ながらの京都を大切に保存しながら、現代生活の中に巧く取り入れた一種の高級住宅地と考えても破綻なくまとまっている。先年の風害で並木の古木が著しく傷められたように聞いていたが、静かな環境を掻き乱すほどではないし、この寺の優れた山門の美しさも、思いのままの角度から満足に鑑賞される。日本建築のように屋根と軒と組物とに重点をもつ建物は、これを仰ぐ眼に遠近高低の様々な視点が是非とも必要なわけであるが、そういう条件にも欠けるところがない。物寂びた緑樹と静寂な環境との中に快く浮き上がっているのである。

それから、現代日本らしい建物では、京都帝大に近い独逸文化研究所*の外観が相当に良くまとまっている。ナチス・ドイツの建築規格を主な構成要素とする建物であるから、一見してすぐそれと気がつくにかかわらず、エレベーションの総体的な効果がどことなく京都の建物らしく、このあたりに古くから残っている雰囲気の中に融け合っているのである。面白いことにこの研究所のすぐ隣には、似たような目的から企

*独逸文化研究所（京都）
設計：村野藤吾
竣工：一九三四（昭和九）年

画されたフランスの建物＊がある。独逸文化研究所が感覚の細かい関西の建築家Ｍ氏の設計であるに対して、フランス文化の建築は本国から図面を送って来たままに建てたのだという。何となくフランス植民地の建物を京都に移築したような感じで、ここの環境には少しも調和しない。この二つの建物を並べてみると面白い対比が味わわれる。

河原町通りを中心に現代の京都市の消費区域を歩いてみると、ここにも面白い問題が拾える。河原町通りには物議を醸した朝日会館〔127頁〕が色褪せた壁画を聳えさせ、支流のような寺町通りには、街幅に比べて不相応に大袈裟な鈴蘭灯が枝を交える並木のようにつづいている。ともに「新しい物好き」な関西人のサイコロジーを代表した過去の遺物である。

三条と四条の間、河原町通りを挟んで新旧二種の享楽街の見本のように、新京極と先斗町《ぽんとちょう》とが並行している。現在の新京極は東京の浅草を圧縮したような具合で、仲見世にあるような店が中央の通りから横丁までギッシリつまっている間に、浅草映画街の封切館を一軒ずつ離して所々に置いたように「新興建築」めいた外装が突き立っている。浅草公園の池の辺に並んでいるような興行場や表通りに並んでいる飲食店に似たものもこの圧縮された娯楽街の中に割り込み、小型の宗教建築まで点在しているのである。名古屋の大須観音付近や大阪の道頓堀あたりと比べてみると、どうも新京極の方がコンデンスされている点では徹底しているようである。

興亜奉公日の午、私はたった独りで「新しい公休日」に雑踏する新京極を歩きまわ

＊関西日仏学館（京都）
基本案：メストラレー
設計：木子七郎建築事務所
竣工：一九三六（昭和一一）年

ったのち、先斗町を四条から三条まで通り抜けてみた。新京極と正反対に、興亜奉公日の午の先斗町は無人境のように静まりかえっていたから、家の奥をのぞいたり横丁に入ってみたりするのには甚だ便利であった。このあたりの様子は漠然と覚えている昔の印象と少しも変わらないようであったが、三条通りに近く特殊な学校の洋風建築が堂々たる構えで狭い街路に玄関をむけているのに出会い、思わぬ近代施設に淡いユーモアを味わった。

鴨川の端に京阪電車を乗り入れた当時は、古都の風致を害する暴挙だというので中学生の私まで義憤を感じたものである。しかし昨年京都に来て、四条の大通りがこの電車の軌道と平面交叉をしたまま赤旗を振る駅員の整理に委ねてあるのをみたときには、その「古風さ」に驚いたのである。日本で最初に市内電車を使ったのは京都だそうである。東京でいうと明治三〇年代当時と少しも変わらない外形をした電車が、いまだに京都の中心街路を走っている。

初夏の東山の鮮やかな色彩を大型ガラスの広い窓から豊かに受け容れた都ホテルの新しい客室は、泊まる私の心にまで緑の光線が沁み透るほど快く静かである。中学二年生の大昔、大阪に住む建築家の伯父から「三等車に乗って来い」と厳命され、中年女の膝に抱かれた吹出物だらけの子供と向かい合ったまま一八時間を堅い腰掛に揺られはじめて関西に来た。そんなことまで、なにかと思い出しながら、あらためてこの古い都に異郷的な魅力を感じていた。

二

「古都」という名に総括されている様々の都会のうちで、京都市のもつ特殊性を都市の形態について考えてみるとする。手近な例として奈良市を選んでも解ることだが、京都と奈良とはともに日本の旧い都であり、県庁の所在地でありながら、都市としての性質も著しく違うし形態も非常に異なっている。極端ないいかたをすれば、奈良はむしろ廃都に近いのであるが、京都は日本歴史の展開に主要な役割をもちつづけていたばかりでなく、現代に入ってからも、所謂「六大都市」の一つとして独自の生活を営んでいるのである。

そういう特殊な事情にある京都市だからであろう。今年の全国都市美協議会開催地を自分で引き受けたばかりでなく、中心の議題までも提案して来た。京都市が豊かに包蔵している歴史上の遺産と、現代生活の要求から生じつつある各種の施設とを、都市形態の上でどう調和させるか――という興味深いテーマである。

この興味深いテーマが現代の京都市にとってもっとも痛切な問題の一つであることは、誰にも首肯し得るところであろうと思うが、それでは具体的にどんな方策を講じたら良いか？――という段になると、解決の難しさが一層ハッキリして来るばかりである。今回の協議会では、この議題の主任が私に割りあてられているので、こういう問題に理解ある各方面の人達の代表的な意見を予め聞いておく必要を感じた。

私が選んだ人は六人である。ＡＢＣ三氏は建築以外の専門家で、ＸＹＺ三氏は建築専門の技術家である。A氏は内務省都市計画委員会の主任技師で、専攻は土木であるが都市生活の諸現象に深い関心をもつ人である。B氏は鉄道省国際観光局の事業課長で、職責に拘泥することなく、かつ「京都」のディテールに拘泥することなく、観光都市としての京都を概括的に考えている人である。C氏は現代日本を正しい意味で代表する文化評論家で、永く京都にも住み京都をよく理解している人である。さらに、X氏は逓信省経理局営繕課の技師で、逓信関係の優秀な建築を国内の各地に設計しているばかりでなく、日本の住宅建築に関する模範的な紹介書をドイツで刊行している人である。Y氏は現代日本の建築理論家として徹底した考えをもっているばかりでなく、日本建築史の研究に没頭しながら優れた現代風の建築を設計している人である。Z氏は、関西地方の主要都市でもっとも活躍している建築事務所の経営者で、京阪地方の注目すべき建築のうちこの技術家の設計になるものは多く、しかも、充分に思考の訓練をもつ人である。

A氏の意見によれば、所謂「美観地区」とは、建築家が良心をもって設計すべき地域の別名に他ならない。現代の建築は、各々その用途に従って徹底的に設計されるべきで、そういう正しい意図の下に設計された建築は、いかなる地域においても立派に調和する。それに対してこれらの建築が建てられる地域の伝統に阿諛《あゆ》し追従する場合には、決して良い結果をもたらさない。長野駅や京都公会堂のごときこの適例である。

B氏もまた、強いて日本風の屋根をつけたような建物を好まない。現代生活の要求に従って新しい形式の建築ができるのは自然であるが、ただ、地域によって高度の制限をしてほしい。例えば駅前広場とか河原町通りとかは法規通りで良いが、風致地区の建築には別に高さの制限がほしい。

C氏の考えによれば、京都市の造型的性格を表示している基調の一つとして、軽い曲線を描く切妻の屋根をもつ民家の総体的な効果がある。東山とか加茂とかいう京都独特の地域にはその各々について個別的に考慮する必要があろうが、一面には民家の屋根の構成する基調に調和するような建築がほしい。しかし、それかといって、古いモニュメントの屋根を模造するような試みは絶対に不可である。

X氏は、建築とその環境との関係を分かち難いものとして考えている設計家である。建築作品の価値は直接にこれを取りまく環境と切り離して評価し得ないと信じている人である。京都市の美観区域に設計する官庁建築は、その本来の性能に基づく必然的形態のうちに自ずから環境と調和した設計を見出し得るはずであるが、この場合特殊な考慮を要するのは外装の色彩である。京都風の民家が基調となっている地域では、周囲と融合する「ひかえめ」な色調を求めるべきであるが、緑樹に映える神社の神域近くでは、ある程度まで樹木の緑色とコントラストをなす明るい色彩を選びたい。

Y氏によると、「京都市にもっとも不調和な建築」として非難の的となっている朝日会館のごとき、現代にできた京都の建築の中ではむしろ良い方である。少なくともこの建築の形態には、その目的にかなった必然性がある。それに対して、日本古来の木造建築を模倣し無理に屋根をつけたような建物は、その価値において朝日会館より遥かに低い。美観地区の建物でも、本来の機能的な形態をもち白色の外装にして特殊な色彩を使わぬ方が良い。

Ｚ氏の設計方針として、伝統的な京都の雰囲気を多少とも予想する地域の建物には、フラット・ルーフを避け必ず屋根をつける。しかし伝統的な宗教建築を模倣したような屋根ではない。日本的な屋根をどう「活かす」か？――という具体的な問題はもっぱら設計者の才能に任すべきことである。したがって、美観地区の審議会のごとき素人考えで規格化すべき性質のものではない。氏は手近な一例として、独逸文化研究所を挙げた。市外の比叡山ホテルと市内の独逸文化研究所とは、関西に活動するこの建築家の「作品」による解答といえる。

ここに略記した色々の専門家の意見は必ずしも一致していない。けれども、木造による宗教建築の屋根の美しさをコンクリート構造の建物に模倣した場合必然的に生じる醜さを排拒する気持に変わりないようである。その他の点についても、仮にもしこれらの意見に指示されているような方針を適当な形式で具体化していたとすれば、現在の京都市は今よりも遥かに美しい都会となっていたであろう。今後の京都市は、地方長官の諮問機関として設置される委員会の良心と教養と感覚とによって「運命付けられる」範囲が多くなるであろうと思われるが、現代建築についてなんらの識見も理解も経験もない「職業代表者」や「学識経験者」で構成される形式上の委員会ができるとすれば、単に否定的な成績しか期待し得まい。この場合にもまた、法規を善用するものは「人」であって「制度」ではない、ということを感じるわけである。

けれども、そういう問題とは別に、近頃制定された防空建築法の適用は、一般民家の構成する京都市の基調を守ろうとする立場からみると、非常な難問題である。特殊な住宅なら敷地も充分で耐火材も使えるし工夫を凝らすこともできるであろうが、街に建て込む普通の家は、外壁面に木材の出ない無造作なモルタル仕上げを甘受しなければならないであろう。こういう事情からも、古都らしい京都の持ち味は、次第に崩されてゆくかも知れない。

しかし、もっと積極的な方面で、整備され改善される範囲も多いであろう。例えば、蓮華王院の不都合な環境に思い切った「手術」をほどこし、この優れた建物の特徴を鮮やかに浮き出させるような整備事業が、国家の中央機関で計画されて良いはずである。近頃の日本では、東洋建築史の専門研究家の多くが大陸の古建築の保存事業に莫大な予算を希望しているようであるが、それらの建築よりも遥かに優秀で大切な幾多の日本建築が、災害の危険にもさらされ研究家や鑑賞者にも不便なまま放任されている。取れる予算があるのなら、日本の国土に残る古建築を保護し古都の形態を新しくととのえる用途に使いたいものである。

新都

一

二万五千分の一の地図をたよりに六郷川から横浜港に及ぶ地域を辿ってみる。丘寄りには京浜間をつなぐ鉄路が走り、海上には京浜運河と横浜港との防堤がつづいている。この二つの線で区画された地帯のうちには、現代日本の産業都市の興味深い諸問題が圧縮されているのである。

この地帯を過去の時代の正確な地図と比較してみる機会を私はまだもたない。しかし仮にもし、日露戦争前後と関東震災頃との地図が私の手許にそろっているとすれば、京浜間の変遷を三つの時代について対照することができるから、定めし面白いであろうと考える。

遠い少年の頃の京浜間は、私にとって特別な意味をもっていた。毎年のこと梅雨のあけるのを待ちかね、葉山に医を営む父の友人の家にゆくのが何よりの楽しみで、輝くようにみえた新橋駅に人力車を走らせ横須賀行の汽車に乗る。停車する駅ごとに先年の記憶を新たにしながら、実にゆるゆると目的の逗子に近づくのである。当時の停車駅は、品川、大森、川崎、鶴見、神奈川、横浜、という順序で、蒲田や東神奈川はまだなかった。

私の記憶に残る当時の川崎駅は、今では地方の小駅でないとみられないようなものであった。午の陽の強い光が砂利をやいて無蓋のプラット・フォームは人気なく静まり、白ペンキの駅標にはトンボが羽を休めていた。こういう小駅の停車時間が当時どのくらいだったか知らないが、随分長かったような気持である。

恐らく、複線の鉄路が一筋通っていたにすぎぬであろうと思われる私の少年時代の京浜間は、海岸と丘とに挟まれた細長い水田の中に、街道に沿う小さい町を点在させた地域だったのであろう。京浜間の鉄道を複々線にするという計画が新聞に出たときには、子供心に日本も大変進歩したものだと感心したが、震災当時の大臣の中に東京・横浜を一つの都市計画に統一するという復興案の持主を発見したときには、私のうけた致命的な損失をも忘れて、一つの大きい希望を感じたものである。ある苦々しい事情のため東京の復興計画まで著しく縮小されたほどであるから、京浜間の都市計画など到底具体化し得なかったであろうが、この大掛りな復興案を今取り出してみたら案外に面白いかも知れない。

二

二万五千分の一の地図で川崎市をみると、海岸の埋立地に著しく広大な工場区域ができているのを漠然と予感するにすぎない。しかし、川崎市の中に入り一日の生活状態を詳細に観察すると、現代日本の殷賑《いんしん》産業都市が包蔵する面白い問題を幾つも拾うことができる。

日露戦争ごろ田舎の小駅に過ぎなかった省線川崎駅は今では日本で第二位の昇降者数をもち、鉄道省建設局停車場課の設計技師に難問を提出する不思議な「大駅」に昇格しているそうである。この数量は一日単位の計算であるが、これを通勤時刻単位とすれば「日本一」という方が至当かも知れない。というわけは、昇降者数を一日について計量すると新宿駅が第一位にあるが、ここにはラッシュ・アワーの混雑があまり著しくない。郊外の住宅地から都心に通勤する者の大部分にとって、新宿は単に通過駅か乗換駅であるにすぎないが、川崎駅ではラッシュ・アワーの約二時間二回が昇降者数の大部分を占めるから、四つの出入口をもっているにかかわらず混雑は想像以上だという。この話を当事者からきいたときには、交通量のもっとも集中する朝の出勤時間に現状をみたいと思ったが、まだその機を得ずにいる。

けれども、これだけの昇降者数をもつ現在の川崎市でありながら、都会らしい形態はほとんど具わっていないようである。先年竣工した市役所*の庁舎を建築雑誌の写真でみたときには、広い前庭をもつ都心の建物のように想像していたが、実際は狭い

*川崎市役所
設計：川崎市臨時建築課
竣工：一九三八（昭和一三）年

街路に沿い、百貨店や映画館と接近して建ち、すぐ前には朽ちかけた板囲いの空き地があったりしている。一番賑やかな消費街のごときも、水田の畦道を拡大したように不規則な形で曲折しながら、狭く一本通っているにすぎない。そのほとんど全部が商店で、裏通りに入ってみても特殊飲食店など余りない。

面白いことに川崎市の映画館は、平日も朝から興行して相当の入場者をもっているという。県の都市計画課長の話では、交通機関の不足から遅刻した工場労働者が入るのだという。それに対して商店街が発達しないのは、川崎市に来る通勤者が多く蒲田や横浜方面に住んでいるためだという。正確な実情を調べてみたら、殷賑産業都市特有の興味深い現象が窺われるに相違ないが、こういうところは、古くから工場都市としてまとまり統一した形態を具えている地域と非常に性質が違うようである。私の知っているごく少数の実例として助川や野田に比べてみるだけでも面白いコントラストがある。

この種のいわば「変態」な都市発達の現象は、単に交通問題ばかりでなく、居住、保健、慰安、等の施設についても色々の難点を含んでいるに相違ない。昔は田であり海であった土地に、今は工場と商店と住居とが建て込んでいる。こういう土地の特殊性について、保健や防害の根本的考慮が充分に研究されているかどうか私は知らない。しかし、工場勤務の交通量が異常に大きい川崎市としては、精神的にも肉体的にも勤労者の生活が自ずから健全に発育し向上するように、都市計画を立案すべきであろう。観念的な指導精神や禁止本位の着想でなく、具体的で積極的な都市施設によって、

「無言のうちに」人間の本能を正しく肯定した方策を講じることが是非とも必要であろうと思われる。

現在の川崎市をみながら私はすぐKraft durch Freude〔註10参照〕の組織だった社会施設を連想した。けれども、問題は川崎市だけに限らない。日本全国に栄えている新しい殷賑産業都市は、いずれも同様な事情に置かれているのである。

三

京浜国道を通って、川崎市から横浜市の鶴見区に出ると、街の様子が少しずつ変わり、消費街などもある程度までまとまっている。それからさらに神奈川区に入り横浜駅に近づくと、国道の両側にみる建物の具合まで次第に都会らしい形式をととのえてゆく。その有様は、一種の面白い眺めである。

現在の横浜駅は市の中心から孤立したような形になっている。駅前広場を距ててアパートが一棟あるほか、あとは荷物車の引込線と倉庫と桟橋とになっている。それから、横浜駅から桜木町駅にゆく間、片側は高島荷物駅、横浜船渠、三菱重工業となり、都市の玄関と中心との途中に工場地帯が侵入しているような具合である。こういうところは同じ港湾都市でも神戸などと違っているが、現在の横浜市としては、なんらかの方法で駅前広場と都心とを連絡するように計画したいらしい。例えば、広場に沿う地域を適当な条件の下に売却してデパートなりホテルなりを建てさせ、媒介物に役立てようという案などが考えられるわけである。

現在の伊勢佐木町は、横浜市民の中心消費街として独特の形態をもっている。歩車道を遊歩用に使って車の通行を禁じている一本の長い街路であるが、鈴蘭灯をネオンで模倣した奇妙な街灯が電力を節約したまま二列に形骸を曝しているのも、過渡期の風景という感じである。街の両側にある各種の商店、飲食店、映画館、等の様子は、この街路が電車通りと直角に交わる中央を境に前半と後半とでかなり異なっている。これを東京にたとえるなら、前半が銀座、後半が浅草という具合である。銀座と浅草を一本の路線につないだような消費街は東京にないが、電車の騒音や自動車の交通に煩わされない遊歩道も東京の市民には羨ましい。しかし、この消費街の形式をととのえ利用率を高めようとする立場からみると、「消費街の群衆心理」ともいうべき興味ある現象が色々注目されて来る。

山下公園からヨット・ハーバーの予定地まで海岸寄りの一帯は、港湾都市らしい横浜を特徴づけている中心の地域であるにかかわらず、建設半ばという感じである。税関と横浜公園とをつなぐ大路が神奈川県庁舎を中心に記念地域めいた統一さをもつに対し、ニューグランド・ホテルのある海岸通り付近は、何となく震災当時の名残を思わせるものがある。ホテルに接した優秀な敷地に麦畑を見出すのは驚くべきことであるが、この辺の地価は想像以上に安い。建築法規と建材制限との双方から押さえられて手をつけるわけにゆかないらしいが、東京の中心事務街にみるような特殊な便法でも講じない限り、この一流地域は当分のあいだ未開のままであろう。

形式の良くととのっている山下公園にも欠点はある。海岸通りに沿う境界の樹木が低く葉を繁らせているため、街路から海上への見通しを遮るので、ニューグランド・ホテルがここの眺望を独占する形になっているが、ナポリの海岸通りのように枝の高い適当な樹木を植えるとすれば、この欠点はなくなるであろう。

山下公園から港外までの海岸に沿う地域は、外人用のヨット・クラブを除くと、侘しい住居群と広い貯木場と荒寥とした草原とになっている。外防波堤に接して約一万坪のヨット・ハーバーを築き、日本人用のクラブ・ハウスを建てる計画があるという。現代の欧州には、水辺に調和した美しさと風圧に堪える形とを兼ねた明快なクラブ・ハウスができているから、そういう様式をここに適用したら気持の良いものにまとまりそうな場所である。

聞くところによると横浜市では、都市の繁栄を計る方策を色々考えているという。当事者の中には動物園を設けようと考えている人もあるが、動物園のように飼育費のかかる施設は、普通の形式ではかえって市の負担を増すであろう。それよりもむしろ、ロンドンの近郊にあるような現代風の動物園を思い切って設計し、園内の建造物を大胆な図案効果に組みたて、その図案の中に動物を配合するという形式をとるとすれば、案外に面白い結果が得られるかも知れない。もっとも、もう一歩進んで考えれば、ナポリで連想される水族館を造る方がさらに適した処置ともいえるわけだが、横浜市の魅力が港湾の特異性にある点を考慮するならば、海辺に臨んだレストランを営むのが合理的であるともいえよう。この種のレストランを、建物の平面設計から眺望の具合まで、港湾都市らしいエキゾティズムを明快に味わわせるように工夫すれば、船の乗客や送迎者にも簡便に利用されるであろうし、東京方面や湘南地方の居住者にも悦ばれるであろう。昔ならロセッタ・ホテルのように旅客船を使うところであるが、船というものの余りめずらしくない今では、水辺とともに広々とした緑地を周囲に予定する建物の方が良さそうである。

仮にもし、海岸寄り一帯の地域がこういう享楽施設に利用されるとすれば、港湾都市としての横浜は相当形態のととのったものになるであろう。神奈川県庁舎を境界線にみたて、山下公園からヨット・ハーバーまで海岸通りを延長し、貯木場や小住居地を適当に整理すると、この道路は自ずから本牧までつづくことになる。そこで海岸一帯の地域は、陸路では桜木町駅、海路では桟橋につづく享楽地帯となり、横浜市以外の居住者や異郷人に多く利用されるであろう。それから、神奈川県庁舎から市内に入って伊勢佐木町を中心とする地域は、横浜市民大衆の日常の消費生活を満足させる場所となるであろう。甚だ単純な素人考えであるが、少なくとも「机上の空論」として弄ぶだけの役には立つ。

四

ある時私は、内務省と神奈川県との好意に恵まれ、都市美協会の主な役員数氏とともに、六郷川から横浜港外に至る広い地域の興味深い案内を受けた。私が今取り出しているのは、その時使った二万五千分の一の地図で、三時間ほどのドライブ行程が、赤鉛筆で記入してある。この赤線を辿ってみると、川崎市の中心区域を一周し、鶴見の潮田町から工場地帯の中を曲折し専用道路を通り、京浜国道に出て横浜駅に至り、伊勢佐木町から裏側の特殊営業街を抜け、海岸に沿い本牧までゆき、山手町の裏を通って再び県庁舎の前に出ている。

地図に記入したこの赤線を辿りながら、そこから連想される都市計画上の諸問題を次々に思い出してゆくと、長時間のドライブにも増す複雑な興味を感じてつきるところがない。そして、それに伴い私の連想は、遠い昔の思い出から将来の空想にまで限りなくつづいてゆくのである。

中学にいた頃、私は外国にゆくことを郷愁のように思いつめていた。知り合いの船員に連れられて旅客船に遊びにゆき、横浜市の一部がどこを見回しても「西洋館」ばかりなのに感激したことがある。今から考えれば、アメリカの西部劇に出て来るようなペンキ塗りの木造家屋であるが、通りを見通し横丁に入ってもどこも「西洋館」だけだということが、何となく外国にいるようでうれしかった。その頃の私には、外国土産にもらう写真帳と船会社のカタログとが一番気に入った本で、暇さえあればそういう本を取り出して勝手な空想を描いていたものである。それほど幼い心を慰めてくれた横浜ではあるが、子供時代の希望がともかくも実現することになったときは一面の焼野原であった。父の死を送り複雑な負債を整理し、親類達の醜い反感を掻き分けながら、横浜に住む友人E君の温かい心に導かれて、焼跡のバラックを幾つも訪れ旅行に必要な手続をすませた。馴れない旅にたった日には、眼界から遠ざかってゆく横浜船渠のクレーンが寂しく胸にこたえたのである。

今から一〇年ほど前、北独ロイドのコルンブス号が来たときには毎日この港に通った。新聞記者さえ一切入れないという船であったが、船員のはからいで詳しくみることができたばかりか、ある日などは、オフィサーの肩に抱かれた私の次女と、その後につづく妻と長女とを発見して驚いたほどである。入港から出帆まで懐かしく見守ったこの船は、その翌年もまた渡り鳥のように横浜を訪れた。岸壁のレストランにいた顔馴染の若いオフィサーに手を延べ、今度はドイツで会いましょうと別れたが、欧州が新しい動乱に巻き込まれはじめた頃コルンブス号が自沈したという新聞の報道を読み、親友の戦死を知ったような深い感慨を味わう結果になった。

遠い昔のささやかな追憶まで思い出しながら、私は横浜市の「机上の設計」を描いて独り悦に入っている。外遊の印象に残るナポリやコロンボの海岸寄りの風景を薄らいだ過去から取り出したりして、赤線を入れた一枚の地図に親しむのも、二度目の外遊が夢と化した現在では淡い慰めの一つである。

廃　都

一

秋の雨に侘しい午後ラヴェンナをたった私は、クラッセの松林を車窓に眺めアドリア海に沿うて南下したが、雲の厚い空をうつして重くにごった海面をみていると、郷愁に似た寂しさが心に沁み通るようであった。リミニを通ったときは、この都を訪れる暇のないのが残り惜しく、街がつきるまでアルベルティの建てた寺を探したが見あたらなかった。フォリニオで乗り換えの汽車をまつ間、駅のレストランで夕食をとったが、アッシジの駅を過ぎモンテ・スバシオに灯光を数える頃には、空が晴れて明るい月が出ていた。黒く浮き出た山の端にサン・フランチェスコの寺院*が描く小さい影絵を見出し、何ともいえぬ感動を覚えた。ペルジアに着いて予定したホテルの客室に入り、窓を開けたボーイに「良い眺めでしょう」と言われて、月明りの谷間を見おろすと、陰惨な歴史をもつこの都の静かな眠りが面白いものに思われて来た。ラヴェ

*サン・フランチェスコの寺院
S. Francesco, Assisi

ンナ、ペルジア、アッシジと三つの都会を相次いで訪れる私のプログラムは、偶然にも、イタリアの廃都の典型的な姿を三つ間近に比較する結果となったのである。

中世初期の欧州を混乱にみちびいた民族移動の時代、ラヴェンナは西ローマ帝国終焉の地であった。ホノリウスからロムルス・アウグストゥスに、オドアケルからテオドリクに、西ローマ帝国が衰亡しゴート族が支配権を獲得する転換期の中心都市がラヴェンナであった。しかも当時はアドリア海に外港をもっていたというからローマとヴェネチアとに対立する大都会であったろう。けれども、寺院建築の遺構を求めてアルピ〔アルプス〕の麓からシチリアの南岸までイタリアの各地を旅した私は、ラヴェンナほど寂れはてた廃都を他に知らないのである。

もっとも、ラヴェンナが他のイタリア都市よりも甚だしく衰頽したのは、政治史上の推移にのみ原因するのではないらしく、この都の地質に与えられた不思議な運命も関係しているようである。文化史の通人マクス・ベーンの記すところによると、名刹サン・タポリナーレ・イン・クラッセ＊の建つあたりの荒寥たる草原も、昔はラヴェンナの城門と海港とをつなぐ外市として賑わった地域だという。地球物理学の専門家にでもきいたら解るであろうが、ラヴェンナの海岸線は次第にこの都から遠のき、かつて海だったところに今ではピニョロの林が繁っているそうである。そればかりではない。中世初期のもっとも貴重な数々の遺構の基礎に地下水があがりはじめ、地表を少しずつもち上げながら、二重の破壊作用を進めているという。例えば、テオドリクの墳墓の下部は水に浸され、洗礼堂の床は三メートルも沈んでいるという。物寂びた

＊サン・タポリナーレ・イン・クラッセ
S. Apollinare in Classe, Ravenna

都に残る絢爛なモザイコに眼のくらんだ私は、建物の基礎など注意しずに終ったが、寺田寅彦先生の在世中にラヴェンナの土地の実情について教示を仰がなかったのは、尚更心残りである。

しかし建設と復興との文化事業に熱心な新興イタリアのことだから、現代科学の粋をつくせば救済の方法はあるに相違ない。保健施設がこの廃都に行われたのはファッショ政権誕生後の日なお浅い頃だったと記憶するが、こういう事業を芸術保存に延長する企画も早晩実現されることと考える。少なくとも、レオナルドの壁画の剥落やピザの鐘楼の倒壊を防止する難問題よりは、解決が容易らしく思われる。

建設年代がローマより古いという山岳都市のペルジアは不思議な魅力をもっている。エトルスク時代に築いた城門の名残や墳墓の跡が散在する中に、中世期の館が広場に影をおとし、ルネサンスの愛らしい小寺がウンブリアの平原を見おろしている。地勢の特異性によるこの都の面白味は、坂ばかりの道路が家の床下をくぐり高い壁の間を通り抜けて、曲折しながら旅人を引きまわし迷わすところにあるが、そういう風変りな形態の奥には、イタリア都市の歴史につきものの陰惨な追憶を、どこよりも多く包蔵しているのである。

ペルジアは、イタリア山岳都市の性格をもっとも極端に表示しているので非常に私の気に入ったが、マタラツォの血腥い《ちなまぐさ》『ペルジア記録』を耽読した人には、陰惨な伝説の残る城塞の中を歩くような気持がするかも知れない。マリー・ヘルツフェルドの独訳したこの記録は、こういう史料をできるだけ買い集めた学生時代にもっていたことがある。イタリアの文化史に興味を感じながら史料の世界の回顧的な魅力に惑溺した時代が私にもあった。間もなく、そういう魅力に引き込まれる危険を知った私は、折角集めた本を半分も読まないうちに思い切って売りはらったから、『ペルジア記録』は終に精読しないでしまった。この記録にあるような変質的な残虐さは、ペルジアに限らず帝政末期のローマから中世期の豪族割拠の時代まで、イタリアの各都市に語り伝えられているが、ペルジアの都市形態を背景に置いて想像すると、余計に「凄味」が加わるのである。

陰惨なペルジアから清浄なアッシジへ向かう旅は自動車を雇った。牧歌めいたウンブリアの野をわずかに距てた同じ山岳都市でありながら、この二つの廃都は歴史の性質が正反対で面白い。仮にもし、一つの唐突で幼稚な形容をもち出すことが許されるとすれば、ワグナーのタンホイゼルの一幕目と二幕目との鮮やかな転換をここに連想したいほどである。ヴェヌスの山の薔薇色に漲る乱舞から、ワルトブルグ城外の和やかな丘をながれる牧笛に変わる。音楽史家の称讃するあの転換の美しさと、ペルジアからアッシジにドライブして感じた対比の面白さとは、私の乏しい滞欧経験に二つの色鮮やかな印象となって残っている。

私の学生時代に、親鸞聖人と聖フランチェスコとが一時流行したことがある。この流行にかぶれて私もまた法然や親鸞の伝記を読み、フランチェスコの事跡をあさった。青年期の感傷を混ぜた憧憬をとうの昔に忘れている私ではあったが、アッシジを包む「聖地」の雰囲気は素直に受け取ることができた。モンテ・スバシオの白い道を車が昇り、サン・フランチェスコ寺院に間近いホテルに落ち着いた私は、明るい太陽に輝く清浄な環境を楽しみ、居室のテラスから月光に浸るウンブリアの野を悦んだ。

アッシジに送った数日は、心の洗われたような印象を残している。カルチェリの僧院を訪ねて橄欖《かんらん》の実を穫り収れる乙女達や小道をゆく羊の群れに親しみ、寺々の晩鐘を聴きながら夕靄に沈む平野を望んだ一日ほど、静穏な快さを味わった経験はイタリア旅行中になかった。朝日に沐浴みながらサン・ダミアノの僧院＊を訪れて昔読んだ聖者の精進を偲び、ローマにたつ前日の夕暮にあてもなく丘の小道をさまよい歩いた追憶は、今から考えると、自分の過去でなく、子供時代に読んだ何かの噺の一節のような気がする。

二

コロセウムに樹木を配したコローの素直な写生画は、作者自身が生涯アトリエに掲げて親しみ、イタリアを懐かしむたよりにしていたものらしい。自分のために求めることのない心の美しさをもっていた彼も、この絵だけは美術館に保存されるよう希望したという。おそらく、長い生活の侶伴として愛惜の情に堪えなかったからであろう。パリでフランス画家の評伝をあさっていた頃何かの本で読んだ話であるから、確実な出処は覚えていないが、コローの性格を浮き出させるにふさわしいという以外に、何

＊サン・ダミアノの僧院
S. Damiano, Assisi

となく私の気に入っているのである。たぶん、イタリアの廃都の限りない思い出が私の貧しい生涯を幾分か豊かにしてくれているのと、少しばかり共通な「人情」が含まれているからであろう。

私のイタリア滞在を時間で計算すればわずか三カ月ほどであるから、いかに貧しくとも一生の体験に組み込めば些細な分量にすぎないはずであるが、この中に圧縮されたイタリア都市の印象は、つきることのない観想の糧となっていまだに私を養ってくれているのである。そういう意味では、青年期の追憶を秘めた一枚の絵を懐かしむ巨匠の気持と余り違っていないかも知れぬ。

しかし、イタリアの廃都といっても、コローが描いたような古典時代の遺蹟には、私は余り親しみを感じない。イタリアの各地に「廃址」の姿で現存するこの時代の建造物を一つずつ取り出してみる場合には、貴重な史料に固有な力を私もまた感じるが、アテネのアクロポリスやローマのフォーロにさえ、廃都としての懐かしみを特に覚えるということはない。私はエフェソスを訪う機会をもたなかったが、仮にもし、自分の靴のしたにアルテミスの神殿の基石を踏むことがあっても、大英博物館のエフェソス・ルームに壮麗な柱台の断片を仰いだときほど深い感銘を受けないであろう。ギボンが『ローマ帝国衰亡史』を書く気になったところだとかいうアラ・ケリ寺院の裏から広い廃址を見おろしたときも、別段の感興を誘われなかった。その代わり、クリスマス近い日の暮れがたにこの寺を訪れて、『即興詩人』に出て来る子供の説教に微笑し、門前の群衆にまじってサント・バンビーノの御札を買った和やかな気持は、私の旅情に快く沁み込んだまま今でも鮮やかに残っている。

また、古代の都市が日常生活を営んだまま「缶詰」の状態で保存されたといえるほどに完全なポンペイのごとき廃都も、世に二つとない貴重な史料から受ける興味の他には、むしろ憂鬱な後味を私に感じさせた。二千余年を火山灰に埋もれたローマ時代の都市が一八世紀の半頃に発掘されはじめたときには、欧州全土の好奇心がここに集まり、ポンペイ風の室内意匠が流行し、イタリア旅行記が愛読され、廃址をあしらった風景画が勃興したが、それ以来、イタリア旅行のプログラムには必ずポンペイが加わり、歴史的な「災害地」が通俗的な「観光地」に変わり、往々にして、低級な猟奇を好む漫遊客に陳腐な土産話を提供する見世物にまで成り下がっている。何事も起らなかったように柔らかい煙を吐くベスビオの静かな姿を崩れた壁の重なる彼方に仰いでいると、明快な陽光を沐びながらも関東震災の実感を思い出し、誰にともない憤りを覚えたほどである。

古典時代の廃址に親しみをもたない私は、中世期の面影を残しているイタリア各地の都市に深い魅力を感じる。これらの都市は昔ながらの生命を保ちつつも積極的な活動も示さず、現代化した形態ももたないのである。歴史的な遺構と生活している区域とが分離しないで、独特な都市形態に渾然と融合しているのである。「廃都」という言葉の意味にも色々あるが、これらのイタリア都市もやはり一種の「廃都」であろう。

もっとも、私がイタリアを旅行したのは一九二四年の秋から二五年の冬にかけてであるから、ファッショ政権の誕生後二〇年に近い現在では、こういう都市の様子もかなり変わっているであろう。新興イタリアを象徴する大胆な現代様式の建物が至るところにできた最近では、中世期の雰囲気を残す廃都の数も余程少なくなっているに相違ない。私がいた頃はムッソリニの統制力がまだ安定の途中にあったとみえ、物々しい街頭風景に出会うこともあったほどだから、新しい都市計画など想像もしなかったが、日本に帰りイタリアの国運を無視して勝手な幻想を楽しんでいる間に、幾つかの廃都は新しい建設に参加して形態までも変えてしまった。そういう事情を考えてみると、私の居合わせた時代は、イタリアの廃都の豊かな趣を無責任に味わい得た最後の期間だといえそうな気がする。

橋

一

イルストリルテ・ツァイトゥングが一九三五年に発行したドイツの鉄道一〇〇年記念号は、興味ある記事や挿絵を色々のせて一覧するのに楽しい特集であるが、その中には、最初の「鉄道時代」を描いた愛すべき版画が、色刷りで大きく、一面に入れてある。切石を積み上げた陸橋の上にお伽噺の国から来たような汽車が走り、橋の下を二頭だての荷馬車が通って、橋の向こうには長閑な牧場の景色がみえている。当時のドイツ連邦では、大小様々の国の間に政治経済の連絡もなく、関税や郵便も統制されず度量衡や貨幣もまちまちで、標準時さえ定まっていなかったという。こういう不思議な連邦の中に、延長六キロの鉄道が一八三五年に敷設され、少しずつ各連邦内に広がっていったが、これは、ドイツを政治と経済との側面から統一する上に、ある程度の先駆的な役割をもったようである。関税同盟の歴史をみると、鉄路の延びるにつれ連邦内の「国境」が次第に消失してゆく経過を辿ることができるそうであるが、そういう意味では、古い版画にみる石橋に、一種象徴的な面白さを感じても良さそうである。

工学技術家エフェルの伝記を読むと、当時のフランスに勃興した鉄道用橋梁の建設事業が、彼の優れた業績の大部分を占めているのを知る。pont droit〔直線橋〕から pont en arc〔アーチ橋〕に構造設計を進めながら、鉄骨アーチの機能を拡大していったのである。けれども、その頃のフランスはまた、万国博覧会をも繰り返し開催していたので、架橋工事で習得したエフェルの鉄骨構造技術は、数回の博覧会建築にも優れた手際をみせた。そしてその終極が一八八九年の高塔であった。もとより、鉄骨構造の発達は、当時のフランス技術界に広く窺われたところであるが、エフェルは、いわばその代表者だったのである。鉄道と産業との相互関係が、同時に、鉄道橋と博覧会建築との相互関係を伴って発達しているのは、当然ながら面白いことである。

二

ドイツ道路監督局が企画した国策宣伝書の巻頭には下のような文句が記してある。

… Zu allen Zeiten ist die Strasse Ausdruck der Geschichte ihrer Epoche gewesen, die Spur, die sie hinterlassen hat, kündet noch von der Vergangenheit. Wege und

Schicksale der Nationen stehen in einem symbolhaften Zusammenhang. In der Art ihrer Bauweise, in ihrer Linienführung, spiegelt sich nicht nur die Technik verschiedener Jahrhunderte, sondern mehr noch der Geist und Wille ihrer Schöpfer.

〔註21〕この言葉は何となく「道路哲学」の書き出しを思わせるが、この道路施設にちなむ様々の本を読むと、ここに一つのコスモスがあり、深い興味を誘われるのである。

現代ドイツの建設事業中で特に傑出しているReichsautobahn〔アウトバーン〕は、甚だ複雑な使命を帯びている。例えばこれを軍事施設と見做すとすれば、空軍の威容と同程度に国民の信頼を強めることであろう。ドイツのように、周囲の国境に向かってつねに鋭敏な神経を働かし迅速な動員にそなえなければならない国では、高度に発達した機械化部隊を自由に移動させるだけの軍用道路を必要とするが、ことに第一次大戦当時の輸送難の苦い追憶をもちながら、第二次大戦前の緊張した情勢を予感している際だったから、この道路の国民に与える気持は容易に想像することができる。また、この国道から来る間接の影響としては、ドイツ国民に統一的な国家精神を涵養《かんよう》させる効果があろう。連邦時代から残存していた伝統的な割拠精神は敗戦後の混乱時代に国民精神を分裂させたが、政治上の統制と併行して企画された大規模な国道は、かの一〇〇年の昔、鉄道の敷設によって分散的国情が改善された場合よりも、さらに多くの効果を期待することができるであろう。

しかし、国民の日常生活を考慮する上で統治者の決して忘れてはならない大切な問題も、この国道は立派に解決しているのである。というわけは、勤労生活を営む一般国民の保健と慰安とに役立つ優れた「社会施設」として、この国道が和やかな使命を帯びているからである。「国民自動車」という言葉からがすでに快く耳にひびくが、形も良く能率も優れている乗用車を的確な配給法で広く国民に買わせ、国情にそう燃料の生産率を高めておく。勤労生活者は週末になると家族や友達をつれて、運転しやすいこの国道を時速一〇〇キロで旅行に出る。KDF-Wagen当事者の計算によると、汽車旅行よりも遥かに費用が節約できるそうである。

これらの複雑な使命を帯びている自動車国道は、ドイツの自然に組み込まれ、自然と融合しながら、現代の自然美を構成するように設計されている。Technik〔技術〕とNatur〔自然〕とKunst〔芸術〕とを渾然と総合させるところにこの国道の特徴を標榜しているだけあって、沿道の地域には造園術がほどこされ新設建造物が監督されている。この国道は、眼に親しい村寺を緑野の中に望んだり、今まで知られなかった美しい湖の側を通ったりしながら、丘を登り谷を越え河を渡って、軽い曲線を描きながらどこまでもつづいている。したがって、その間には大小各種の橋梁が架設されるわけで、その設計には殊更に注意がはらわれている。

工学的技術と芸術的形態と自然的環境と、三つの要素を具備するところに新しい総合芸術「国道橋」が生れた。この芸術部門では、主要都市の建築などとまったく異なり、規格化の弊害が少しもない。構造、材料、形式とも、橋梁の建造される地域の事情に従って的確に選ばれる。これらの橋梁はドイツ各地の自然の姿のように異なっているが、それでいて、全体としてみると、新興ドイツの建設事業を象徴するように、どことなく新鮮であり、統一してみえるのである。もっとも、昔でいえば大都市の都門めいた役柄を意識した橋梁になると、所謂ドイツ風の灰汁《あく》を残しているが、そういう作意のない橋はいずれも気持よくまとまっている。

そこで、仮にもしReichsautobahnに架けてある全国の橋梁を残らず一冊の著書に集め、地勢と風光と、構造と材料と、参加した建築家の意見とを記し、様々の視点からうつした写真や詳細図とともに収録したものを刊行するとすれば、単に専門技術家の参考資料となるばかりでなく、造型芸術の基本問題を実質的に研究しようとする人達にとっても、非常に有益な材料となるに相違ない。遥か以前から、「橋梁美学」というようなものは漠然と考えられていたようである。けれども現代では、構造、材料、等の技術を橋梁周囲の環境と調和させるように利用することと、それらの橋梁がもつ社会的使命を綿密に計量することが、審美的価値判断の必要条件となっているのである。

堅実で健全な国民精神を培うものは、決して抽象的な観念ではなく、実施に造営された社会施設である――という甚だ自明でしかも閑却されがちな根本問題を、ドイツ国道の橋梁はあらためて理解させるであろう。そういう点では、私の希望する『国道橋全集』一冊のごとき、甚だ含蓄のある教育書といえそうである。

三

無精な私は好んで旅行に出ないせいか、心に親しい橋の印象を余りもっていない。しかしそのわずかな中で美しい記憶を残しているものが二つある。ヹロナの市中で趣の豊かな地域はアディジェ河沿いの辺りであるが、中世期の城塞をそのまま橋に延長したようなポンテ・ディ・カステル・ヴェッキオを真ん中に見立てる景色は、いかにも渋く落ち着いていた。それから、もう一つはピザである。アルノ河が両岸の広い石畳の間を静かに流れ、夕陽の光を水面に漲らしている中に、置き忘れた宝櫃のようなサンタ・マリア・デラ・スピナが岸辺に立っている。この小寺のうしろに少し離れてポンテ・ソルフェリノが、遠景を引きしめながら河畔の静寂な雰囲気をシックリとまとめていた。

建築家の設計した橋の中で特に私の気に入っているのは、テオドル・フィッシャーがミュンヘン市に設計したプリンツ・レゲンテン・ブリュッケである。この都の雰囲気にふさわしく上品な落ち着きをもつ美しい石橋である。古風な建築の伝統を残しながら努めて新しい感覚を盛り込もうとしていたこの建築家の、多面的な仕事の中に組み入れると、設計者の気持が快く浮き上がってみえる佳作である。

日本で「橋の上」というと、外国で「広場の中」というときのように、一種の派手な場面を連想する。日本の都市には広場がない上に、京都、大阪、江戸、等の主な都会がいずれも橋に深い縁をもつためかも知れないが、それにもかかわらず、作品として優れた橋は余りないようである。隅田川にできた鉄橋の中にもこれといって形の良いものはないが、鴨川に架ける京都市の橋などになると、本来の条件がすでに難しくなって来る。この都会に今でも残る伝統的な雰囲気と融合しながら、水量の少ない河の性質とも調和し、しかも、現代風の構造と材料をもつ、ということが余程の工夫を必要とするからである。

橋梁のように、その使用目的が簡単でありながら構造が制限されていて、その上に、これを取りまく周囲の環境と微妙に調和しなければならない建造物は、どうしても、その視覚的効果が地味になる。それだけに、地方色や地勢を異にする様々の国をめぐりながら、色々な時代に建造された各種の橋を詳細に調べてみたら、案外に興味ある問題が拾えるかも知れない。しかし、これほど面倒で見栄えのしない研究を志す人は、まずあるまい。橋の歴史を書いた幾種類かの本も、私の散見した限りでは、特に感心するほどの仕事ではなかったようである。

一　門

建築のもつ「象徴性」というようなものを考える場合、もっとも好都合な材料は恐らく門であろう。門は、その形態が単純であるにもかかわらず、その中に含まれている意味は案外に複雑多様である。この事情はひろく一般の門についていえることで、普通の住宅が日常使用している門でも、宗教建築や城廓に付属する門でも、その点に変わりないのである。例えば、日本の住宅建築で注意深く扱われている「構え」のごとき、門が示す一種の象徴的効果によるものであり、また、演劇の場面として常用されて来た大名屋敷の門前なども、ある程度まで象徴的な役割を受け持っているのである。なお極端な例としては、ロダンが計画した「地獄の門」のように、象徴的意味を当面の課題として扱っている作品もある。象徴派の芸術思想を彫刻界で代表していたロダンが、la Porte de l'Enfer〔地獄の門〕に彼の生涯の記念像を求めたことは、きわめて自然な結果だったといえよう。その昔、フィレンツェの洗礼堂にギベルティが使った美しい構想を範にとり、ダンテの作品に観想の意味を得た試みであるが、ロダンの美術館に残る模型をみただけでも、未完成に終ったこの門の壮観は想像することができる。しかし、余り正面から象徴性を扱っているので、門のもつ複雑な効果を考察するにはかえって役に立たないかも知れぬ。

そこへゆくと、一九世紀の初頭を中心とする時代精神を盛り込んだ記念門は、およそ門について考えられる色々な問題を拾う上で、適当な材料といえるであろう。この頃に造営された記念門の数多い中から、パリのアルク・ドゥ・レトワールとアルク・デュ・カルーゼルとベルリンのブランデンブルゲル・トールとミュンヘンのプロピュレーンと、この四つの作品を選び出し、相互に比較対照してみると興味深いのである。

この四つの記念門は、どれも、古典芸術の精神を範に求めた設計であるが、その形式は著しく異なっている。記念的な意味や周囲の環境に対する関係も異なっているが、それればかりでなく、これらの門が完成してから大体一世紀経過した現代に受け持っている役割も、また非常に異なっているのである。

二

ナポレオンが戦勝記念として計画した Arc de Triomphe de l'Etoile〔アルク・ドゥ・レト

＊アルク・ドゥ・レトワール
Arc de Triomphe de l'Etoile, Paris

ワール」＊とArc de Triomphe du Carrousel〔アルク・デュ・カルーゼル〕＊とは、パリ市に新設された記念地域と遠い伝統を誇る記念地域と、二種の異なる地域に設計されたものである。凱旋門としての性質は同じでも一切の事情が異なっているため、この二つの作品は、面白いコントラストをなしているのである。

まず、この二つの凱旋門が造営された位置を調べてみる。高まった景勝の地域に広場を設け、放射状の大路一二本を周囲に開く丁度その中心に位するのが、アルク・ドゥ・レトワールである。それから、ルーヴル宮とテュイルリー宮との間にある広場の中に、二つの宮殿をつなぐ増築によってかこまれるように建つのがアルク・デュ・カルーゼルである。

そこで、エトワール広場の凱旋門は、余程「大きい」感じのものでないと周囲に対して収まりがつかないわけであるから、この凱旋門が「世界最大」となったのは、もとより当然の結果である。これに対して、カルーゼル広場の凱旋門は、当時の予想としては、むしろ広い中庭に建つ装飾美術のようなもので、大きい必要はなかったのである。したがって、両者を高さの比率にとってみると、三と一ほどの相異がある。

この根本条件から必然的に規定されて来るのは両者の建築意匠である。アルク・ドゥ・レトワールは細部に拘泥することなく、門全体の「量」の効果をできるだけ強調する必要があるので、形式はなるべく簡素にし、側面の外観も考慮したモニュメントのような印象を与える。そこで、主要な装飾となる群像も前後両面の壁に左右各一個ずつ、巨大な浮彫のように使われている。これに対して、アルク・デュ・カルーゼル

＊アルク・デュ・カルーゼル
Arc de Triomphe du Carrousel, Paris

の方は、細部まで丁寧に扱われ、淡紅色大理石の装飾柱に青銅の柱頭、繊細な仕事に適した石灰石の装飾浮彫という具合である。

これに連関して、二つの記念門の作者の意向も異なっている。アルク・デュ・カルーゼルの協同作者ペルシエとフォンテーヌとは、同窓時代の友情をそのままイタリアに持ち越して古建築を研究し、ローマ市のフォルムに残るセヴェルスの記念門を模倣している。古典文化の末期にできたセヴェルスの門は、環境との調和など無視した作品であるが、それだけにかえって、宮殿建築の間に置かれる記念門の範としては好都合だったかも知れない。

けれども、アルク・ドゥ・レトワールに試みたシャールグランの意図は、むしろ、古代ローマの伝統から脱するところにあったようである。この仕事に一時のあいだ協力していたレイモンドは古代の様式に則ることを主張したらしいが、シャールグランは装飾柱や過剰な彫刻を好まず、壁体のボリュームだけで押し切ったのである。

三

Brandenburger Tor〔ブランデンブルゲル・トール〕*とPropyläen〔プロピュレーン〕*との二つの記念門は、いずれも、ドイツ地方的文化が栄えていた時代を象徴する点で相似た性質の建造物であるが、この二つの作品の間にもまた、興味深い対比をみることが

*ブランデンブルゲル・トール
Brandenburger Tor, Berlin

できる。

ブランデンブルゲル・トールが造営された一八世紀末のベルリンはフリードリヒ・ウィルヘルム二世の時代であった。フリードリヒ大王に嗣いでプロイセンを支配したこの王は、首都の生活を復興しながらも、造営事業に資力を費やすほどの興味はもたなかったらしい。しかし、王宮からパリーゼル・プラッツに至るベルリン市の記念地域は、新しい時代思潮の下に整備の手が加えられはじめていた。その最初の代表作がブランデンブルゲル・トールであったことは、いわば自然の成りゆきであろう。

ウンテル・デン・リンデン街がパリーゼル・プラッツに極まるところ、一種の都門のような役割をもつこの門は、はじめから、その下を通過する交通を予想して設計されたようである。古典思潮が栄えていた時代であるから、作者ラングハンスはアテネの都門を連想していたらしいが、材料からして粗末なこの記念門は規模も余り大きくない。両翼に都壁をもつ簡素な形であるが、六本の支柱に分かたれた狭い間隔も、当時の交通量としては充分だったのであろう。

この門ができてから約半世紀の後に完成したミュンヘンのプロピュレーンは、やはり、古典芸術の伝統に基づく意匠をもっている。当時のバイエルンには芸術ディレッタントの典型的人物ルードウィヒ一世が君臨していたので、朝恩の厚かった建築家クレンツェは迅速多作な生活に忙しかった。しかし、晩年に設計したこの記念門は、幸いにして彼の生涯を飾る傑作となったのである。

芸術の保護者を記念するケーニヒス・プラッツ〔193頁〕をいわば「引きしめる」

＊プロピュレーン
Propyläen, München

建物として設計されたらしいプロピュレーンは、記念門というよりも、むしろ記念建築のような形態をもち、同じ作者が手がけたワルハルラやバヴリアと性質の似ている象徴的建造物であるから、この広場の中に置いてみると、程良く落ち着き快く調和するのである。

四

この四つの記念門は、誕生したときの条件が互いに異なっていたように、現代までながらえて受けた運命もまた異なっている。

ナポレオンの没落後に完成したアルク・ドゥ・レトワールは、第一次世界大戦後に勝利を象徴する国民記念建造物となり、シャンゼリゼーの大路に向かう正面の石畳に無名戦士の墓を守り flamme du souvenir〔追悼の炎〕が夜毎に炎えて、秋の式典にはフォッシュ元帥の姿も見受けられたのであるが、最近にはドイツのハーケン・クロイツ旗が凱旋門の頂に翻り、ドイツ軍の入城を迎える式場と変わったのである。

アルク・デュ・カルーゼルは、戦勝を誇る青銅の馬をヴェネチアのサン・マルコ寺院にもどされ、トュイルリー宮を国内の動乱に失って以来、広い緑地に孤独の姿を止めている。古代ローマの廃址に建つその前身と同じように、パリの記念地域に一つだけ残存している遺蹟という感じである。

プロイセン歴代の式典場をひかえているブランデンブルゲル・トールは、ナチス政権の確立後、その使命が著しく重くなって来た。式典の「演出」をことに注意する現在のドイツでは、主演者ヒットラーの登場する晴れの舞台として、この地域が常に愛用されている。この記念門は、バスがその下を通るときなど、両側に触れそうなほど狭く、外装の損傷している箇所も認められるくらいであるが、それもかえって、舞台のセットに似つかわしいかも知れない。国策写真帖に繰り返し写されている式典のバックとしてみると、感覚の無骨なところなどナチスの建築様式と同じようであるが、そんなところにも、また別種な面白味が感じられる。

ミュンヘンのケーニヒス・プラッツは芸術保護者の象徴から一変してナチス党員の記念広場となった。そしてプロピュレーンと相対する位置に、殉党戦士の記念墓碑や党の主要建造物ができたので、この広場を撮した写真には、記念門の姿が現れなくなってしまった。

世界歴史の急転にちなんで現代人の注意を惹いたパリの凱旋門を東京駅前の広場に置くと、丸ビル〔35頁〕の一倍半ほど高く聳えることになる。形の単純なこの巨大な門を東京市のビジネス・センターに置いてみたら、定めし不思議な効果が出るであろうが、今のパリでは、この門を包んでいた美しい雰囲気も消えて、寒む寒むとしてみえることであろう。歴史のつづく限り、アルク・ドゥ・レトワールに内蔵される象徴的な意味は益々複雑になってゆくに相違ないが、その複雑な追憶を味わいながらこの愛すべき門を仰ぐ日は、私の短い生涯に二度とめぐって来ないであろう。

浴室

一

居住生活に健康な「贅沢さ」を求める場合、私が設計に力を入れるのはまず書斎と浴室とであろう。この二つの室がもつ特殊な魅力は、静かに落ち着いた独居の気持に適い、この気持から来る素直な要求を満たすところにある。食堂の魅力などは、和楽に恵まれた家庭や親交の豊かな朋友を前提しているし、寝室の魅力に至っては、甚だ錯雑した人間喜劇を伴いやすいのであるが、そこへゆくと、書斎と浴室との贅は至極簡単であり、また安全でもある。したがって、私の理想とする「生活の設計」にふさわしい住居建築は、自ずから、書斎と浴室との節度にかなった「贅沢さ」を希望することになる。

面白いことに、この二つの室に求める私の好みは、正反対なほどに違っている。書斎の「贅」は、一見したところ無雑作であり無技巧であるようにみえながら、実は、主人の個性が深く滲み込み注意がゆきとどいている、という一種の味わいである。誰が住んでもすぐ使えるというようなものでなく、主人の生活に渾然と融合した雰囲気をもっているのである。その中で仕事をしているときは自分の周囲をまったく意識しないが、余裕のある心で室内を見まわす眼には、新鮮な快さと落ち着いた親しさとを常に感じさせるのである。

ところが、浴室の「贅」にはこういう主観性がなく、いわば純客観的なのである。居住文化規格品の博覧会に出したら賢明な審査員が一等にするであろうと思われるモデル・ルームのように、どこからどこまで明快に輝き、合理的な美しさの中に整然たる諧調を浮き出させているのである。この間に、設計者の勝手な着想や建築主の気まぐれな趣味が混入する隙はない。健康な身だしなみを好む人なら誰にでも気に入りそうな規格品である。書斎の規格品ほど空虚な装飾は少ないであろうが、規格化されない浴室は概して不健康な趣味の産物である、と私は考えているのである。

材料の吟味を凝り切った贅沢な住宅の中に案外な浴室と化粧室とを発見して、私独りの勝手な幻滅を味わったこともあるが、新鮮な趣味をもつ貴族や富豪の邸宅を幾つかみても、他の室に比べて余りに「事務的」な浴室に出会うのが常である。私の癖で、化粧室に入ると必ず鏡台の前に腰をかけてみるのだが、華やかな宴会にゆく前のように和やかで豊かな気分を誘う雰囲気をもっている室も、めぐり合う幸運をいまだに恵まれていない。

妙な対比であるが、設計者の案内でみせてもらった数多い建物のうち浴室に感激したのは、日吉台にできた慶大予科生の寮舎＊ぐらいであったろう。谷を見おろし緑樹のしげる崖の端に別棟になっているここの浴室は、外壁をグラスで仕上げた円形の室で、同心円の浴槽が広々と温水をたたえている。遥かな丘に落日をのぞみながら、友達同志でこの浴室につかるのは定めし愉快であろう。遠い昔に卒業した青年期のしかも嫌いな寮舎生活などを羨む気になったのは、この浴室を見学したとき以外になかったようである。

二

私の好む入浴の時間は、朝起きたときと夜寝るときとの二度である。ホテルに宿るときは毎日この通り実行できるが、現在の家庭生活では就寝前の一度に節約している。欧州行きの往航では入浴時間を夕方に定めたため、船長を相手にデッキ・ゴルフをしているときバス・ボーイの迎えを受け不便を感じたので、復航では早朝の時間を選び、毎朝バス・ボーイに起される結果となった。その代わり、朝の光に輝く藍色の海と空とを純白の浴室から眺める快い日課を一ヵ月余り味わうことができたのである。

朝晩二回の沐浴を楽しむためには、浴室の窓を東側にとり照明器を天井の中央と鏡の上とに二ヵ所求める。朝の陽光は白色タイルの壁と白色陶器の浴槽とに健康な悦びを与え、明るい灯光は賑やかな雰囲気を醸し出してくれる。人によっては檜の香をこ

＊慶應義塾大学予科寄宿舎の浴室

めた日本風呂を好むであろうが、特殊な享楽の気分に浸っている場合を除くと、私は洋式の健康な明快さを好む。大西洋航路の「豪華船」などにはモザイクの意匠を凝らした浴室に濃厚な壁面装飾をみるが、私の趣味にはまったく合わない。浴槽の贅沢なものには淡紅色の花崗岩をくり抜いたものや褐色斑紋の大理石を使ったものがあるが、体を沈めたときの感触は白色陶器が一番快いようである。

至極簡単で求めることの少ない浴室の「贅」ではあるが、それさえ私には恵まれていない。現実の生活では白色モルタルの壁面と白色ペンキ塗りの建具と、それらからなる手狭な浴室に家族たちの入る白木のガス風呂を置き、毎晩寝る前に入るという程度である。それも、このうえ燃料が制限されればどうなるか解らない有様である。アメリカ映画の『暴君ネロ』をみると、ポプペアが豊麗な肉体を沈める獣乳の浴水を二匹の猫がなめていたが、現実の私は上がり湯の蓋の上に仔猫をのせて、湯に浸りながら鼻を付け合わせ戯れるというほどの、軽い心安さを味わうのがせいぜいである。

三

私の家が強制移築になったときは、問題の借家難で適当な仮寓が見あたらず、山手の屋敷町にある古く小さいホテルの一室を私だけ借りることにした。窓外の音響はなく静かなことでは不足がなかったし、それに、使い馴れた机ぐるみ引越したのであるから仕事にも不自由はなかったはずであるが、私は一日中気をいらだて、檻に押し込められた野獣のように落ち着かず、予定した仕事もほとんど手につかぬ有様であった。

この好ましからぬ症状が、客室ごとに浴槽と便器とを具えていないところから来ていることはよく解っていたので、一ヵ月分前金の期限も来ないうちにここを引き上げ、軽井沢の山荘から長距離通勤をすることにきめた。毎週火曜日の朝早く軽井沢をたち木曜の夜遅く軽井沢に帰るので、その間に、幾つかの学校の講義と役所の委員会とその他の会合と用事とを押し込んでしまうのである。東京で送る二晩は、東京駅に近く各種の乗物に便利なホテルを使うことにきめ、必ずバス付きの室を空けておくように予約した。

毎週火曜日の午にホテルにつくと浴室を点検し、外出して顔なじみのグリルで中食を終ると午後の用事にかかり、夜遅く帰って入浴し落ち着いた気持になる。翌日の朝は、始発の省線電車が目覚し時計の代わりをつとめて、夜の明け切らないうちに起きると、すぐ仕事にかかり、温水の通る時間を待って入浴を楽しむ。このホテルは、めずらしいことに浴室の位置がフロントにあるので、朝の光が直接に射して気分を殊更爽やかにしてくれた。

丁度この時分は東京全市が水の不足に悩んでいたのであるが、このホテルでは朝晩の入浴にも不自由なく、他の宿泊客と顔を合わす侘しい煩わしさもなく、電話線一本の他は室外と遮断されているので、都心の騒音にかこまれながら快く仕事をさばいてゆけた。半日ほど引きこもって原稿を書きつづけたこともあったが、すらすら運んで何の苦労も感じなかった。

屋敷町の静けさにかこまれながら慰めなくいらだち、ビジネス・センターの騒音の中に安住の親しみを味わうという経験は、実のところ、私自身にも意外であった。この変則な三ヵ月の生活ほど浴室の有難味を感じたことは、風呂好きな私にもはじめてである。

四

個人の家に宿ることのできないのが私の性分であるが、つきつめてみると、問題は浴室にありそうに思われる。旅行中の宿にしても同様であるが、極端な例になると比叡山ホテル〔181頁〕など、山岳観光ホテルの模範的な優秀作であり、環境の素晴らしさも最上級でありながら、用水が豊富でなく客室ごとに浴室を置いてないため、私には長期の滞在が難しいのである。それに対して同じ設計者の手になる都ホテルの最新館は、いつまでも住んでいたい欲望を誘われた。私のいた東山寄りの角の室は、環境、室内意匠、家具、など申し分なかったうえに、ゆとりのある浴室の設計が棚の配置まで注意深く扱われていて、それが殊更に気に入ったのである。

温泉ホテルにしても、私にとっては同様である。箱根の富士屋のように「天人の湯」だの「青春の湯」だのという江ノ島趣味の浴室を並べている「豪華物」は問題外である。しかし強羅ホテルのように現代風のホテルが間取りのゆったりした住み心地の良さそうな日本室に浴室を付けてないのは、私からみると惜しいように思われる。したがって私は、登別温泉の二つの旅館が誇る大掛りな混浴場などを図面でみても、ただ温泉施設としての興味を感じるだけで、自分で利用しようという気にはなれないのである。

私がこれまで宿った色々なホテルの浴室の中で、特殊な主観的条件も加わりもっとも深い感銘を残しているのは、ミュンヘンの滞在中に使った浴室である。静寂な公園の冬木立を大型の二重窓から間近く望む二階の一室は、シングルのベットを置いた室としては広々として家具も贅沢だったし、浴室の他に更衣室も付いていて気持が良かった。三カ月にわたるイタリア旅行の疲れを休めながら、子供時代から憧憬《あこが》れていたドイツの第一印象を味わうにふさわしい室であった。日曜のあさ暗いうちにホテルについて、カフェーをとると常の習慣通り寺院の聖儀を傍観し、午後には第九シンフォニーの総稽古を聴き、夜は歌劇場でタンホイゼルを観た。ホテルに帰り、静浄なこの都の最初の一日を思い返し、アルピの彼方にシチリアまでつづく遥かな白い道を心のうちに辿りながら、タンホイゼルの序曲を口ずさみ浴槽に体を沈めていると、全身を包む快い温感とともに、何ともいえぬ幸福感が滲み通るようであった。

乏しい旅費の中から高価な間代を奮発して得た「仮の浴室」ではあるが、貧弱な私の生涯に組み込んでみると、その利用価値は申し分なかったようである。

書斎

一

パストールの『法王史』に詳述してある諸般の事情から推察すると、ヴァティカノ宮のCamera della Segnatura〔署名の間〕*は、ユリウス二世が書斎のように使うつもりで造らせた室らしく思われる。天井と壁とを装うラファエロの真筆が、神学、哲学、法律、詩文、となっているのも、ニコラウス五世以来しばらくの間イタリアの図書室に慣例となったテーマであるし、この室の装飾画には書物が至るところに使ってある。かつ当時の図書室では、壁面に書架を置かず、室内の書見台に書物を置いたという慣わしとも矛盾しない。加うるにこの室は、現在呼びなれている「署名室」の名をユリウス二世時代からもっていたらしいから、それらの事情を総合すると、今の言葉でいう「書斎」のような用途に使われていたものと想像して良さそうである。

Camera della Segnaturaの装飾画はCapella Sistina〔システィーナ礼拝堂、47頁〕の天井

*署名の間
Camera della Segnatura, Pal. Vaticano, Roma

画とほぼ同じ時期に完成しているから、ユリウス二世がこの室を使いはじめたのは一五一一年の末近い頃であったろう。そうだとするとこの法王は、一五一三年のはじめに世を去るまで、一年余りの間、世界の芸術史上にもっとも意味の深い書斎をもっていたことになる。助手の力を余り借りすぎたラファエロの生涯を通じて、この室の装飾画ほど純粋に巨匠の面影を残している作品はないし、またイタリア絵画の盛代を性格的に示している点で、この室ほど良くととのったモニュメントも他にない。わずか一年の短い間でも、こういう書斎に親しむことのできたユリウス二世は、類稀なる果報者というべきであろう。

しかし、こういう「世界史的書斎」の主人は、何といっても、この書斎にふさわしい世界史的人物でないと具合が悪い。法王庁美術史の最大の英雄がユリウス二世であるところに、Camera della Segnatura の「書斎」としての面白味があるので、仮にこの室を造らせたのがある凡庸な法王だったとすれば、完成したときからすでに、ヴァティカノ美術館の一室にすぎなかったであろう。

二

優れた建築史家として、ヤコブ・ブルクハルトほどラファエロを尊重した人は他にあるまい。芸術史上の大人物の中で彼がもっとも親しんでいたのはラファエロとモツアルトであったというが、一八八三年に最後のイタリア旅行をしたときには、とりわけ心にかなっていたモニュメントの一つずつに別れを告げ、ピンチオの丘から「永遠のローマ」を俯瞰し、サン・パオロ・フオリの大伽藍を仰いでから、ヴァティカノ宮にユリウス二世の「書斎」を訪れたらしく、当時の手紙にも …jetzt kann ich ruhig sterben, denn ich habe Rafael noch einmal gesehen…〔註22〕と書いたそうである。

しかし、この優れた建築史家が住み馴れた故郷のバーゼルで使っていた書斎は、また、非常に簡素なものだったようである。ブルクハルトの世を去った一八九七年に出ている小伝をみると、その面影をほぼ想像することができて面白い。

パン屋の粉袋で余計に狭くなった路を通り急な階段を二つ昇ると、扉にとめた紙片に鉛筆で描いた古風な装飾文字が主人の姓名を知らせている。この扉の中は簡素にとのい二本の蠟燭を立てた仕事机を窓に向かって置き、その反対側の壁に寄せてピアノがある。書物、マッペ〔紙ばさみ〕、ノートの類を収めた棚が壁面を占めているが、机に近い壁にはローマのパンテオンと旧サン・パオロとを描いた型の大きい銅版画が掲げてある。

ブルクハルトは時折学生を食事に招いたが、円卓を前にした短いソファーに客をかけさせ、主人は木の椅子に坐る。召使ととともにはこぶ夕食は甚だ簡素だったが、話は葡萄酒とともにいつまでもつきない。学生の作った詩などに興がのると、ピアノに向かって即興的に節づけながら快いテノールで歌ってみる。ブルクハルトの遺作には街の風景や建物を写した旅行のスケッチがあるが、そういう追憶を懐かしむのもこんなときであった。

ブルクハルトの書斎では美術史用の写真が非常によく整理してあって、談話の挿絵を引き出して来るのに少しも手間どらなかったそうである。著述よりも力を入れていた日々の講義には参考図を入れた大型のマッペをいつも抱えて行ったが、晩年に階段から落ち腕を損なったのでそれからは自分でマッペをもつことができなくなり、老教授の心を憂鬱にしたそうである。

こういう和やかな追憶にちなんで、歴史上の大人物と歴史学上の大人物との関係を「書斎」に結び付けながら考えてみると、淡いながら一種の味がその間に含まれていて面白い。

三

「自然科学と歴史科学」というような方法論上の問題が一般の興味を惹いていた頃である。霞の彼方に空想的な希望をもっていた私は、当時の高商教授だったM先生の書斎を幾度か訪問した。「そんなことを考えていたって駄目だと思うね」と叱りながら香の良い葉巻を何本も嚙むようにくゆらし、先生は熱心に愚鈍な学生の相手をして下さった。八畳かあるいはもう少し広いぐらいの室であったろう。真ん中に仕事机と数脚の椅子を置き、周囲の壁に二重の書棚を無雑作にまわしてあった。「Quellen〔原典〕さ、Quellen以外になにもいらないじゃないか。新しく出る本を読みすぎると邪魔になっていけないよ。僕もランプレヒトのところに長くいたので、どうかするとあの考えかたが出て困ることがある」という尊い教訓とともに、この書斎を懐かしく思い出す。

　世界戦争でドイツが荒廃してから著名な学者の蔵書が多く売物に出たが、医学図書館のようなものを私費で計画していたS先生は、そういう売物を電報で取り寄せ、新築の書斎に整理させておられた。礼拝堂のように天井の高いこの書斎は壁に沿うて鉄の廻廊がめぐり、忠実な学僕のO博士がシャツ一枚になって働いていたが、惜しいことに建築技師の不注意から震災のとき焼けてしまった。S先生は罹災後しばらく、私の家に近い別邸におられたが、ある晩、散歩のついでに立ち寄られたとき、いつもの強気で病院の問題など話されたが、書斎のことでは寂しく声をのまれた。「扉をあけてみると、棚から落ちた書物が灰になって床に積もっている。足を踏み込んでみると膝のあたりまで埋まった」そうである。

　T先生〔寺田寅彦〕の書斎で通夜の追憶を語ってからもう六年になる。畳を敷いた手狭な日本間は全集の口絵でみるような雰囲気をすでに失い、弔問客を通すように片付けてあったが、壁に寄せた粗末な書棚はそのままになっていた。『思想』が追悼号を出したとき、物理学者のF氏〔藤岡由夫〕が書いた追悼文の一節からは、あの分厚な特集の中でとりわけ深い感銘をうけたのでよく覚えている。T先生は文房堂で七〇銭の解剖器を買われ、帰りの円タクで植物の話をしておられたそうであるが、傍にいるF

氏には「七十銭の解剖器から後光がさしているように思われた」ということである。仮にもし私が、この書斎の小机に向かって執筆しておられる先生を傍からみていたとしたら、私もまたこの室の中に貴い「後光」を感じたことであろう。

四

東南に九メートル、南西に六メートル、鉄筋コンクリート造りのブロックが床の高い中二階になり、母屋と廊下づたいに接続している。単純な立方体をしているこのブロックは、仕事室のほかに寝室と納戸と便所と洗面所とをもち、廊下と階段と陸屋根とを具えている。長方形のブロック・プランを長辺に沿うて三等分すると、母屋に近く廊下と階段と洗面所と便所とがあり、その次に、寝室と納戸とが背中合わせに位し、残りの部分を仕事室が占めることになるから、室割りは簡明で採光の条件も好都合である。このブロックを「書斎」と呼ぶのに疑問を抱く人もあろうが、私からみると、このブロック全体で書斎の機能を充たすことになるのである。

三メートルに六メートルの仕事室は、東南と南西とに、一・五メートルの幅で天井から床までとどく窓を開き、西北の壁面全体と南西の壁面の半分とを造りつけの書架にとる。仕事机のほか長椅子に肘掛椅子を一個ずつ、それに小卓二個ぐらいあれば良い。寝室は東南に向いて一杯の肘掛窓をもつ四畳半の日本間で、押入と棚と地袋と小窓とを具えている。不断は寝るときだけに使うが、気持次第では坐って親しむ室ともなり、体の具合の悪いときは便利な病室にも役立つのである。北西をむく納戸には洋服箪笥二個、下着箪笥二個、和服箪笥一個を置く。便所は水洗便器と手洗、陸屋根にはデッキチェーアを用意する。

主な採光面は、いずれも壁面引入れの建具を四重にする。内側から数えると、白色グラス戸、透明グラス戸、真鍮網戸、板張戸の順序になり、そのデザインを室の性質に合わせる。内壁面は上質のテクスにして、その上に反射のない明色の壁紙を張る。冬期用の付帯施設には床面暖房を使い電熱器を併用し、空気の乾燥を防ぐ工夫をする。夜の室内に空虚な寂寥感を生じやすい現代様式の弊を避ける目的から間接照明は使わず、落ち着いた雰囲気を醸すに適した照明器具を選ぶ。

朝の時間を大事に使う私は、夜早く床に就いて臥しながら読書を楽しむ習慣をもつが、夜中に目覚めると書きかけの原稿に手を入れたり気になる調べものをすませたりすることもある。色々な薬に養われて生きているような体のくせに健康を害することが稀なので、軽い風邪気味でも起きているのが苦しく、少しばかり高熱がつづくと自ずから絶対安静の状態に変わり、看護婦の世話がほしくなる。そういう習慣と性格とから「総合的」な書斎が必要になるので、寝室までその中に編入するのも止むを得ぬことである。

方眼紙を取り出して描く書斎の設計も、現実の私にとっては楽しい「紙上の楼閣」にすぎない。けれども、私の心の半面には、こぢんまりした家につましい暮しをたて、

板垣家書斎（東京、上落合）一九三五年頃

四畳半の日本間に手頃な本箱と机を置き、務めから帰った夜の時間を謙遜な気持で書物に親しむ……というような活きかたを懐かしがるほどのロマンティシズムも潜んでいるのである。

茶室

モザイック・タイルで白色に装われた二階建ての鉄筋コンクリート造り一棟が、ヴェランダから庭につづくように建っている。東京山手にあるこの邸の茶室は渡り廊下で母屋に接続しているが、洋館の正面を中心にして洋風に造られた庭は、その周囲を日本風にぼかし、生垣をめぐらす茶庭を程良くおさめている。西川一草亭が設計したこの茶室は、清楚な味わいのうちに親しみある一種の明快さを含みながら、引きしまった落ち着きをみせている。いかにも一草亭好みらしく、作者の生花や日本画とも共通した性格があり、随筆と談話にみる現代的な心構えをもっているのである。

私は幾度かこの茶室で、気の置けない人達とともに「局外者の茶」を味わった。茶をたてる一草亭の手の動きをみていると、名人の舞踊を見物しているようで楽しく、茶室の中の雰囲気は、昼の外光にも夜の照明にも快かった。茶道の奥に徹した主人と作法をまったく心得ない客達とは、この茶室の静寂な気分を味わいながら和やかに話し合ったのであるが、一草亭なき今は、こういう自由な気持で優れた茶道の世界をのぞかせてくれる人をもたない。

武蔵野の中に手頃な土地を求めて営んだ接待用のヴィルラがある。門の前で車を降りたときから全体の基調が鋭く感じられるような構えである。孟宗竹を適宜にあしらった道を進むと、視野の移動につれ、寄付の奥の玄関が客を迎えるように現れる。玄関を入り靴のますぐ右手に導かれると、庭の中軸を見通す客間になり仕上げの柔らかいタタキを快く靴底に受けながら、美しい小砂利を敷いた庭に踏み出すことができる。崖に沿うて下草を取り合わせた庭は、二本の大きい欅を中心にして周囲を杉と雑木とでかこみながら、崖下の小川につきている。また、玄関の前を右手に折れ、客間の屋根に良く調和した栗の樹の横を通って庭に入ると、杉の林を背景にして並ぶ三つの建物を見通すように道がつづく。一番手前には模擬店用の一棟が派手な朱地に三覚三昧と白く抜いた提灯を連ね、その奥に四阿《あずまや》があり、庵室めいた古い建物を移築したのがある。この三つの建物の前を通り林に踏み入れば、自在鈎《かぎ》を下げ床几《しょうぎ》を置いて落葉を炙く趣向が待っている。さらに、玄関で靴をぬぎ屋内に上がると、客間の左手は茶庭をひかえた茶室となり、そのうしろは相当の室数を具えた居住用の二階建てになっている。これらの数多い建物は、玄関から靴のまま入る客間を中心にみたて、庭の眺めと室の使い分けとを巧みに配列してある。大勢の客を一度に招いて庭を味わわせる別荘でありながら、家族だけで楽しむにも都合よくまとまり、社交と閑居との間に茶道のたしなみを手際よく加味した構想である。

不断は別荘番のほかいないのであろう。中央官庁の営繕課長をしているY氏に誘われ打ち合わせてちょっと庭をみるだけの訪れではあったが、接待用の召使を幾人か本邸からよこしてあり、模擬店を装い四阿に甘味をそなえ、自在鈎の下には炉がたててあった。釜の音の静けさを味わいながら客間で茶の接待を受けたが、庭の眺めは軒裏の垂木と小砂利につづく下草とに縁取られて、快い構図にまとまってみえた。

東京湾を見おろす広大な地域を民衆の享楽に開放して丘寄りの一角を私用区域に残した邸がある。昔の民家を組み込んだ近親の邸宅と並んで古い母屋がたち、地勢を巧みに利用して住宅や茶室の貴重な遺構を移築し、老主人の好みで造らせた居室と茶室を点在させている。日本古美術蒐集家のクラシックとして専門研究に貢献すること多き家柄にふさわしい邸である。

五年ほど前の寒い冬の日であった。親しい友三人と鄭重な饗応をうけ、邸内の遺構を心ゆくまで味わった静かな追憶をもっている。火気の扱いをことのほか厳重にしてある遺構の中には、遠く離れた室々にまで火鉢をそなえてあった。茶室の前の岩のおもてには、この季節に望めぬ流水が音をたてていた。老主人の居室には、さり気なく貴重な小軸がかかり能面が置いてあった。その日の主人役S夫人の心遣いを有難くも思い恐縮にも感じたのである。

茶道の世界の局外にたつ私が、自分の貧しい追憶の中から拾い出したこの三つの場合は、現代の住居建築に茶室を摂取した三態の形式を、典型的な姿で象徴するように思われる。そして、「伝統と現代」という日本建築史上の興味ある課題にちなんだ一つのモーティーフをここに感じる。

日本文化史の世界について何も知らない私ではあるが、室町から桃山にかけて茶室建築の発達した有様を無学ものの想像で朧気に描き、この時代の山水画に散見する特殊な草庵趣味を連想し、宗教意識を加味した簡素な居住形式を遠い過去に回顧し、当時の社会事情を漠然と予感しながら、両時代の住居建築の豊かな展開を考え合わせてみると、豊臣時代の茶室精神を微かながら理解できそうに思われる。仮にもし、豊富な史料を使いこなしている日本精神史の専門研究家が、充分に広くとった視野の真ん中に桃山時代の茶室建築を置き、この小さい「趣味生活の容器」を精神的に組みたてている構造関係を詳細に分析するとすれば、日本建築史の研究家にとって、きわめて有益な結果が得られそうに想像する。当時の茶室建築を一つの「典型的示例」として選ぶ場合には、精神史と建築史とを複雑に織り合わせている史学方法論上の問題に対して、興味ある具体的解答を提供することになりそうである。

しかし、桃山時代に完成したこの茶室建築が、社会的諸条件を著しく異にしている現代の住居建築内に存続している現象も、また興味深いものである。もっとも中には、一種の民族的習癖にすぎぬものもある。例えば、多少の物質的余裕をもつ普通の住宅の間取りに茶室が組み込まれている事情などは、規格的な日本座敷に必ず床の間をつける慣例ともある程度の共有地盤をもち、俳句や生花を普及させているサイコロジーとも似たようなものであろう。日本通の外国人を往々にして善意の誤解に導くこの現象は、むしろ、日本人の習癖にみる一種の形式主義にほかならないであろう。けれども、そういう習癖と異なり、別段に茶道を尊重することなく、茶室や茶庭に含まれている雰囲気だけを好み、これを邸宅に摂取するという気持は、文化現象としてのスケールもかなり広く内容も相当に複雑なように推察する。

現代の住居建築に結び付くこれらの雑多な問題と連関させて、西川一草亭という一人の特殊な「人物」を回想してみるとする。伝統的な風流生活を標榜しながらもっとも現代人らしい多忙な生活を楽しみ、経済価値に還元された現代の茶道を罵倒しながら特選階級の間に広い活動範囲をもった人物である。一草亭のこういう性格と生涯と作品とを考えてみると、ここにもまた、「伝統と現代」にちなむ一つの面白いモーティーフを見出すのである。

二年前の夏、比叡山ホテルに泊ったとき、私は墓参の気持で一草亭の私邸を訪れ、未亡人に導かれて庭の中を歩いてみた。遺稿集『落花帚記』に出て来る露地のあたりは、この庭の中でとりわけ故人の心にかなったところらしかったが、惜しいことに、丁度この部分の地所が三間ほどの幅で道路に取られたので、設計当時の面影はなくなってしまっていた。故人が生きていたら定めし残念がったであろうが、私にとっても寂しいことであった。この日私は、大阪の中央郵便局や淀の競馬場など新しい建物を案内してもらうプログラムをもっていたし、朝から夜まで予定の時間が割りあててあったので、西川邸には車を門前に待たせたまま気ぜわしなく立ち寄ったにすぎないが、庭を歩いている間にも故人の追憶は心の中を流れつづけていた。自分の設計した茶室で茶をたてている一草亭の姿から、私の陋屋《ろうおく》を忙しそうに訪ねて乱暴に繁った野生の竹をほめていったこと、それから令嬢の結婚披露のとき、われわれの卓に向かって「どなたか御話し下さいませんか」と離れた席から無雑作に呼びかけた星ケ丘茶寮の夜など、何かと懐かしく思い出された。茶の湯の稽古を始めないかといわれた言葉に甘える勇気はなかったが、伝統の世界を立派に現代化することを知っていたこの非凡な茶人が世を去ってからは、様々のすぐれた茶室建築までが主人を失ってしまったように思われる。

僧院

一

僧院の歴史を遠く遡れば、六世紀のはじめ修道生活の戒律を定めたヌルシアのベネディクトゥスにゆきつくであろう。建築施設としての僧院が教会造営事業の主だつ課題の一つになりはじめたのは、クリスト教会の指導権が諸般の拡充をみた九世紀から一〇世紀にかけてである。そののちは、宗派の特質と時代の性格とを経緯として僧院の建築史が複雑に展開するから、仮にもし、教会の制度史と社会史と技術史とを基礎に求めて、約一〇〇〇年にわたる僧院建築の歴史を組みたててみるとすれば、案外に興味のある結果が得られるかも知れない。

クリスト教会の歴史について専門的な知識をもたない私は、骨董でもいじるような気持でイタリア各地の僧院を観ることが多かったが、現存する遺構の大部分は中庭をかこむ柱廊だけに固有の価値を残しているため、余計に骨董化して扱いたくなるのである。もっとも、フィレンツェのサン・マルコやアッシジのサン・フランチェスコ〔292頁〕のような僧院には、その中に残っている生命の余韻を誰しも感じるであろうが、本格的な宗教施設として私の興味を特に惹いた僧院は、チェルトーザ・ディ・パビア〔59頁〕の他になかったようである。

一一世紀の末葉に起工したクリューニの巨大な建造物と、シャルトリューズの渓谷に厳格な修道院を営んでいた北欧の僧ブルーノと、南国の侯妃の請願にちなむチェルトーザ・ディ・パビアと、これらの示標を結び付けている史的関係について私はほとんど知るところがないのである。その代わり、ヴィスコンティからスフォルツァに至るミラノの支配者の威力が、都の中に壮麗な本山と豪敢な城館とを築き、狩猟用の荘園に近く華美な伽藍と広大な僧院とを営んだ時代の雰囲気は、ある程度まで親しく感じることができる。シャルトリューズ派の僧侶は一人ずつ孤立した住居を要求するため僧院の規模が必然的に大きくなるらしいが、チェルトーザ・ディ・パビアの中庭は、ここの大伽藍を容れても周囲に充分な敷地を残すほど広く、この中庭をかこんで廻廊に結ばれる二十余の僧坊は、その一個ずつが塀をめぐらす「住宅」になり、数室の二階建てに柱廊と庭とを具え、樹木や下草を植え蔦をからませてこぢんまりととのっている。

この程度に良く整備された建築施設が、人間性を否定し戒律に従うための僧院でなく、精神文化科学の研究所宿舎であるとしたら、気持よくここに住みながら所員仲間の交わりを楽しみ、束縛のない研究生活を味わうことができるであろうし、浮世の邪念に煩わされることもなく、地味な仕事を築いてゆけるに相違ない。私はそんなことを空想に描きながら、晩秋の雨にぬれた枯葉を踏み鉄道馬車の軌道に沿うて、ミラノに帰る汽車の小駅まで歩いて行った。

二

古い什器や調度の類を本来の使用目的から離して新しい趣味生活の中に織り込み、時代の余香に包まれた造型の味を楽しむ——というのが骨董の通念であると解するならば、僧院の柱廊ほど骨董的な趣を含むものは古建築の遺構のうちに見あたらないであろう。

僧院廻廊の美しさにも色々の特徴がある。ヴェロナのサン・ゼノ・マジオーレのように、石肌の渋い色味を誇る中庭の枯れきった雰囲気のうちに、この古都の趣を豊かに盛り込んでいるものもある。ローマの大寺サン・ジョワンニ・イン・ラテラノやサン・パオロ・フオリ・レ・ムラ〔243頁〕のように、由緒ある本堂が改築された後まで、昔ながらの面影を留めている貴重な遺構もある。しかし、とりわけ骨董めいた面白味を多量にふくんでいるのは、シチリアの支配者が私用の山上に建てたモン・レアーレ寺院付属の僧院廻廊＊であろう。

建築史に残る僧院でここの柱廊ほど有名なモニュメントは他にあるまい。中庭をめ

＊モン・レアーレ寺院　僧院廻廊
Monreale, Palermo

ぐる廻廊は二百数十本の白大理石柱に装われているが、手の込んだ柱頭の彫刻はいずれもその意匠を異にし、柱幹のごときも、モザイコの象嵌《ぞうがん》をほどこしたもの、装飾浮彫で包んだもの、随意なモルディングを加えたもの、とりどりの工夫を凝らしながら、好みはいずれも渋く持ち味は落ち着き、程良く時代が沁み愛玩に適しているのである。

パレルモのホテルに避寒の滞在でもするとして、気のむいたときには何度でもモン・レアーレの僧院を訪れ一組ずつ並ぶ柱をゆっくり鑑賞し、持ち味の面白い「作品」を丹念に拾いながら楽しむとすれば、その冬の生活は長閑で快いことであろう。この廻廊の柱を一つ残らず精巧な写真に撮影した刊行物があるかどうか私は知らない。遠い頃、幼い日記のようなイタリア旅行のスケッチを本にまとめたとき、この柱列のクローズ・アップをコロタイプにとって絹地に印刷し、表紙に使ったことがある（『イタリアの寺』）。今ひらいてみると、粗雑な文章を活字にして悦んだ過去を悔いたくなるが、表紙の原画に使ったような写真をできるだけ買いそろえてもって帰らなかったのは、一層残念なことである。

三

一八三八年の夏、当時二一歳の学生だったヤコブ・ブルクハルトは休暇を利用して忙しいイタリア旅行を試みたが、その時の愛すべき記念は、旅行記 Bilder aus Italien

〔イタリア絵画〕の他、同窓の神学生に送った長い手紙や幾枚かの写生画となって残っている。この優れた建築史家がはじめてイタリアの土を踏んだのは前年の夏であった。学友数人とスヰスの内地を旅行したとき、青年達の出来心からパスポートをもたずに「越境」して、伝統的な憧憬の陶酔をほんの片鱗だけ味わったことがある。Giovenil imprudenza!〔なんと軽率な!〕と嘆息しながら面倒をみてくれた役人の好意に守られ無事送還となったこの「冒険」は、Fünf Tage jenseits der Alpen〔アルプスの向こう側での五日間〕に記されているが、微笑を誘うこの出来心を合法的に発展させたのが翌年の旅行である。

　この旅行記をみると、一九世紀の前半期にサンタ・マリア・デレ・グラチエ*の僧院がもっていた面影を追想することができる。当時この地域はミラノ市の郊外にあたっていたらしく、僧院はまだ兵営に使われていたようである。白く塗った壁の前を往復する番兵は、彼らが偶然に守っている世界の至宝の価値も知らず、贅沢な馬車が日に何台か来る理由も知らない。ただ、イギリスやフランスの美しい婦人達がヴェールをとって車から降りるのを楽しく眺めている……と、そういうようなことを青年の無邪気な才筆に描いている。

　私がイタリアを旅行したときも、最初に入った都はミラノであった。それから、本山の次にサンタ・マリア・デレ・グラチエを訪れたことも、「順序」だけは青年ブルクハルトと同じであった。本山の前から電車に乗り、Cenacolo Vinciano〔ヴィンチの食堂（最後の晩餐）〕と旅なれぬ不安から車掌に念を押した。僧院に通じる廊下を歩きなが

*サンタ・マリア・デレ・グラチエ S. Maria delle Grazie, Milano

ら壁画をみる直前に私が感じたのは、覚悟している以上にこの傑作の荒廃を恐れる気持であった。

食堂の空間と壁画との関係を遠近法の観点から目測してみたり、食卓の配列法を伝統的なしきたりについて考え合わせたりした私は、ハインリヒ・ウェルフリンが Die klassische Kunst〔古典美術〕で述べている考えかたを根本から疑いたくなり、書物から受けた先入見がここでも訂正されるのを感じた。何かしらの眼の開けて来るような悦ばしさを味わいながら、廻廊から中庭に出て空を仰ぐと、近くの寺で撞く鐘の音がロンバルディア特有の長閑なメロディーを響かせている中に、ブラマンテの設計した多角形のクーポラが明るい赤色に聳えていた。僧院の廻廊に縁どられた空を仰ぐ機会はイタリアの旅に多かったが、このときほどの感銘を味わった経験はその後なかったようである。

四

アルピの連峰を越えロンバルディアの平原に古寺を訪れはじめたのは一一月であった。北から南にイタリア半島を縦断しながら、ローマでクリスマスを祝い新年を迎えると間もなく、海を渡ってシチリアに来た。まる二カ月の間、土地が移り気候が変わるにつれて、訪れる寺々の様式も少しずつ異なって来た。しかし、地中海をただようノルマンとサラセンとビザンツとの文化がこの南国に造り上げた不思議な建物に親しんでいると、二カ月間に私の辿って来た道の遠さをあらためて感じたのである。

パレルモの中心街を本山の横から王宮の前に通り左に折れて少し降りると、廃址の趣を美しく留める小寺サン・ジョワンニ・デリ・エレミティ＊がある。土塀でかこまれたこの寺の境内は長閑な小楽園のように明るく静まっている。殻だけを残したこの廃寺は、粗い石の肌を灰色に沈ませ、くすんだ海老茶のところどころ剝げた丸屋根を五つ並べている。ノルマン風の鄙びた味の中にどことなくふくよかな趣を含み、素朴な可愛いらしさのうちに異郷的な魅力をひそませた寺である。元は墓地だったろうと思われる空き地にも樹木と下草とが繁り合って簡素な庭にまとまっているが、この庭を隔てたところに僧院の名残の柱廊が蔦をからませて建ち、明るい草花の咲く中庭をかこんでいる。ここから柱廊ごしに寺をみると、鐘楼を軸にして面白く構図が落ち着くが、花壇の鮮やかな色が陽光に輝く奥に壁の灰色と屋根の海老茶色とが柔らかく沈み濃い青空が深まるあたり、色の取り合わせも申し分なく、好もしい小品の油絵を感じさせた。

この廃寺を受け持っている守衛は、植物の面倒でもみる他に仕事はないらしく、小さい花園を監理しているような気持であろう。ここを訪れる常連は、拙い水彩画を描いて観光客に売る職業婦人の他なさそうであるが、廃寺をめぐる土塀の中では偶然に落ち合った旅行者達も自ずから親しくなるに相違ない。

晩春の頃を思わせる陽光に浴しながらサン・ジョワンニ・デリ・エレミティ僧院の

＊サン・ジョワンニ・デリ・エレミティ
S. Giovanni degli Eremiti, Palermo

廃址に休んでいると、この庭が遠い昔から私に馴染の深かったところのような気がして来る。何十年かの過去に幼い心を楽しませてくれた母校の庭を、故郷に帰って訪れたときのような不思議な懐かしさを覚える。長い巡礼の旅に出会った清らかな挿話のように、美しい追憶を味わわせてくれる廃址である。

礼拝堂

一

新しく設計された公共建造物をみると、現代社会に根強く残るクリスト教の力をあらためて感じる。学校、病院、集合住居、共同墓所、等には、構造と材料と意匠とを思い思いに組み合わせた現代風の礼拝堂をみるが、これらの礼拝堂は、郵便切手の蒐集のように分類して楽しむこともできそうである。その他、特殊な村落に自然の環境と溶け合うように設計された小堂もあり、個人の住宅内に建つ私用の礼拝堂もあるわけだから、そういう建物まで加えれば、コレクションは一層豊富になる。中には、意匠のロマンティシズムに灰汁が強く構造の綾を弄びすぎて嫌味に陥ちたものもあるが、また時には、簡素な形式のうちに静寂な気分を盛り込んだ好ましいものも見受ける。もっとも、こういうコレクションの道楽は、平和な時代のヨーロッパをゆっくり旅行でもしない限り、ほんとうに味わうことはできないに相違ないが、宗教を異にする日本でもわずかながら「変種」を拾うことがある。

T女子大学の構内に講堂と礼拝堂とを含む一棟＊が竣工したとき、私は建築事務所の担当者に伴われてこの中をまわり手際のよい平面設計を快く思ったが、礼拝堂の意匠が外観から内部までペレーの創案したランシーの寺院そのままなのに少し驚いたのである。この点は日本の建築界で問題になったようであるが、宗教建造物を特集したL'Architecture d'Aujourd'huiをみると、原作と模倣作を並べ図面と写真とで詳細に比較しながら寛大な態度で注釈を加えている。Nous ignorons les raisons qui ont conduit A. Raymomd à cette imitation fidèle, mais nous pensons q'elle est le signe de la puissance vitale d'une architecture de notre temps, plutôt que d'une faiblesse d'imagination de la part d'un architecte de la qualité d'A. Raymond, …〔註23〕。ある晴れた日に教室の窓から礼拝堂をみると、ランシーの寺ならば鐘楼に相当する細い塔の十字架をたてた部分に、日の丸の旗が高く翻っているのを見出し、この文句を思い合わせて微笑を禁じ得なかった。

また私は、銀座にオフィスをもつ外事会社の試写室でみた映画の一場面を思い出す。マデイラ島の丘上に静寂な余生を送る心の和やかな老婦人がいる。外交官だった夫がこの島で死んでから、墓を守る静かな異郷生活がつづいているのである。子福者の忠僕が敷地の中に住んでいるらしく、老婦人の身の近くにはコリー種の愛犬を一匹みるばかりである。居心地の良さそうなドゥローイング・ルームから直接に庭の石畳に出ると、間近に建つ小さい礼拝堂の入口がみえる。イタリアとアメリカとを結ぶ航路に

＊東京女子大学講堂及び礼拝堂
設計：レーモンド建築設計事務所
竣工：一九三八（昭和一三）年

あたるこの島には、絵を描いて気楽に暮している孫が豪華船に乗って時折訪ねて来るが、出帆を知らせる汽笛を聞くと祖母の顔は寂しそうに曇るのである。丘から石段を下りることのない日常生活の幾時かを老婦人は礼拝堂に親しみ、その間コリーは扉の外にうずくまっているのである……。特に取りえもない凡庸な映画であったが、マデイラ島の場面だけは美しく心に沁みるものをもっていた。私は、こういう生活を送っている老婦人がどこかにいることを素直に信じ、簡素な白壁に映る緑樹の影のほか装飾のない礼拝堂の清浄さをうれしく思った。私自身が祭壇の前に跪き老婦人の冥福を祈っているような気持であった。

二

文字通りの「象牙の塔」にアトリエを営み、怪異な空想の世界に閉じこもっていたギュスターフ・モローがサロメを主題とする幾枚かの絵にみせているような絢爛な好みで礼拝堂を描くとすれば、パレルモの王宮内にあるカペルラ・パラティナのようなものができあがるに相違ない。この礼拝堂は、一二世紀のはじめシチリアを良く治めたロジェル二世の建立になるが、エキゾティックな味を豊かに含ませた不思議な美しさをもっている。スペインのサラセン建築にみるような複雑な室内意匠と結構との中に、ビザンツの文化を偲ばせる金色のモザイコが壁面を掩いつくしているのである。

私はこの礼拝堂にちなんで、王朝文化が造り上げた二つの美しい礼拝堂を連想する。パリのサント・シャペルは、北欧の大寺院と同じように、ステンドグラスで装飾された礼拝堂であるが、建築の細部にまで金色をほどこし、愛すべき童話劇の舞台を感じさせる。国王の祈願誓約により一三世紀に造営されたと伝えられるこの堂は、小さいながらフランスの歴史と運命をともにしたのち、一九世紀の後半になって修復工事の完成したものである。縁起が古く竣工の新しいところが余計に舞台装置めいた印象を強めるのかも知れないが、他に類例のない甘さと愛らしさをもっている。これに対してロンドンのウェストミンスター・アベイにあるヘンリ七世の礼拝堂は、この「国民寺院」の主座にイギリスの伝統を象徴しながら、位高く静まっている。枯れ切った渋味の中に一六世紀の香を留めて、イギリスの寺院に特有な結構の綾をみせている。歴史劇の大掛りな場面にふさわしい礼拝堂である。

ヘンリ七世の礼拝堂を私が訪れたのは、第一次世界大戦の記憶がまだ新しく、休戦記念日を迎えて間もない秋の午後であった。忙しく短いロンドン滞在だったので、都会の面影はわずかな断片のほか印象に残っていないが、この礼拝堂は鮮やかに思い出すことができる。私は今、毎日の新聞に報道されるロンドン爆撃の記事を読み、戦果の進展を緊張のうちに見守っているが、ヘンリ七世の礼拝堂には流石に愛惜の情を感じる。しかし私はこの礼拝堂とともにきまって一人のドイツ少年を思い出す。ツェッペリン航空船の設計技師として大戦中に功労のあった父親をもつこの少年は、船のプロムナード・デッキを私とともに何度も往復しながら、イギリス攻略の「空想」を熱心に話してくれた。健在ならば三十幾つかになるであろう。少年の日の空想が現実化されている今、祖国のために働いているはずである。純真な少年だったから父親の専門を受け継いでいるとすればあるいは軍用機の設計技師になっているかも知れない……。私は毎日の海外報道を読みながら、こんな「空想」を弄んでいるが、そういうときの私の気持では、ヘンリ七世の礼拝堂より一人のドイツ少年の生命の方が大切に思われたりする。

三

フィレンツェにあるパッチ家とメディチ家との礼拝堂*は、クリスト教建築の歴史に燦然と輝く二つのモニュメントであるが、この二つの遺構を比較対照しながら考察するほど興味ある建築史の課題も少ないに相違ない。しかし、この二つの貴重な遺構を直接に結び付けている第三のモニュメントとしてサン・ロレンツォ寺院〔22頁〕があるわけだから、歴史学上の連関を辿る場合には、むしろ、この寺院をモーティーフに選ぶ方が適当かも知れない。

サン・ロレンツォ寺院の改築工事が企図されたとき、多額の喜捨によって影響力を獲得しようとしたのはメディチ家であった。メディチ家は最初の作家としてブルネレスキを選び、はるか後になってこの仕事をミケランジェロに委せているから、いわば、

＊メディチ家の礼拝堂内
Cappella Medicee, S. Lorenzo, Firenze

フィレンツェの文化の盛代を象徴する寺院と考えても良かろう。一世紀余りを費やしたその造営事業は今日に至るまで未完成の状態であるが、仮にもし、本堂の工事がブルネレスキの在世中に完了し、正面の外装がミケランジェロの設計通りに竣工していたとすれば、イタリア建築の盛大期を記念するもっとも美しいモニュメントとなり得たであろう。

この寺院の内部で、造営事業を主導した二人の巨匠を象徴している部分は、Sagrestia Vecchia＊とSagrestia Nuova〔新旧の聖具室〕とである。快く割り切れたこの寺の平面内に手際鮮やかに組み込まれて、「旧」と「新」と簡単に呼び分けられている二つの美しい堂室である。このうち旧堂は、一四一九年頃にブルネレスキが設計して同二九年に完成したもので、壁面を装う浮彫はドナテルロが担当していた。この堂の完成後間もなく、ブルネレスキはサンタ・クローチェ寺院付属のパッチ礼拝堂を起工し、前作の構想をそのまま使って、さらにこれを発展させた。この堂がほぼ竣工をみたのは彼の死後一四五一年で、壁面用の浮彫はルカとアンドレアと二人のロビア陶工が担当した。その後、一五一五年、法王レオ一〇世が出身地を訪れた折、自家に因縁の深いサン・ロレンツォ寺院の正面外装を計画し、ミケランジェロにモデルの製作を委嘱したが、間もなくこの計画は中止となり、それに代わって、一五二四年以来ミケランジェロの手で新堂の造営事業が実施されることになった。メディチ礼拝堂の仕事は、巨匠がフィレンツェを永遠に去る一五三四年までつづいたのち、彼の指定に基づいてヴザリがまとめた。一世紀余りにわたる寺院の造営年表から、パッチ家とメデ

＊サン・ロレンツォ寺院 旧聖具室
Sagrestia Vecchia, S. Lorenzo, Firenze

ィチ家との礼拝堂に関係のある年代を拾い、サン・ロレンツォ寺院を媒介として史的連関の粗い足場を組みながら、当時の有様を追想することは限りない興味を誘うのである。

サンタ・クローチェ僧院の柔らかい砂地を踏み、パッチ礼拝堂*の清楚な外観を仰いでから堂内に入った瞬間、私は心に用意のない驚きを感じた。構造上の結構をそのまま幾何学図案風に組み合わせて軽妙に盛り上げるブルネレスキの手際は、この巨匠の手がけたサン・ロレンツォ寺院やサント・スピリト寺院でよく知っていたが、あの清楚な堂内意匠の中にロビアの陶工の浮彫の鮮やかな色彩と強い光沢とを配合して、これほど美しい効果が現れることはまったく予想しなかった。この礼拝堂を出てから私はスペダーレ・デリ・インノチェンティ〔61頁〕の正面を明るい陽光の下に仰ぎ、同じ意匠の優れた美しさをここにも感じながら、Quattrocento〔一五世紀〕の魅力を深く味わったのである。

サン・ロレンツォ寺院のメディチ礼拝堂は、私がイタリアに別れる最後の挨拶を送った建物である。十数日の忙しいフィレンツェ滞在を終って真冬のドイツに向かう前日、もう一度この礼拝堂をみておきたいと思い、夕陽の沁みる道を急いで堂に入ると、壁面墳墓を守る四体の裸像は高窓から射す青白い光の中に沈み、礼拝堂の雰囲気は厳粛な静寂さに引きしめられていた。私はこの堂の真ん中に独りで立ったまま、ローマのシクストゥス礼拝堂〔47頁〕をあらためて追想し、創造主のような巨匠の力を身近にひしひしと感じたのである。

*パッチ家の礼拝堂内
Cappella Patti, S. Croce, Firenze

洗礼堂

一

洗礼堂の平面は円形か八角形かである。この簡単な幾何学円型の上に、まとまりの良い特殊な建築様式が生れる。この建築様式は、遠い異教時代にできた浴室と神祠との後を受けて、教会文化黎明期の墳墓堂や洗礼堂となり、最後には、法王庁総本山の巨大な堂宇に成長するのである。

クリスト教建築の誕生期コンスタンティヌス大帝時代の余香を残す貴重な遺構は、大帝の二人の姫と背教者ユリアヌスの妃との遺骸を守る墳墓堂である。後のサンタ・コンスタンツァ寺院がこれであるが、この堂もやはり円形を平面とし、求心的に構成された様式をもっている。ハドリアヌスの治世に円形の大神殿パンテオンを造営したローマは、教会文化の時代に入ると間もなくコンスタンティヌスの肉親を葬る謙遜な墳墓堂を建てたが、ラヴェンナもまた、テオドリクの墳墓堂と聖ヨハネの名をもつ洗礼堂とを同じ系統の建築としてもち、今なお保存しているのである。

あたかも洗礼の儀式を象徴するかのように、クリスト教美術の歴史上では、洗礼堂の造営事業が新時代の誕生を告知している場合が多いようである。洗礼堂そのものにそういう現象を誘致する一種の必然性が含まれているのかも知れないが、あるいは偶然の結果か、または主観の錯誤にすぎぬことかも知れない。いずれにしても、イタリアの旅で私の訪れた洗礼堂には、そういう因縁をもつものが多かったのである。

ラヴェンナのサン・ジョワンニ・イン・フォンテは、異教時代からあった浴場建築の一室を五世紀の中頃に改築させて洗礼堂にしたのだという。無雑作に煉瓦を積んだ倉庫のような外観に引きかえ、内壁面を掩いつくすモザイコの渋い美しさは教会文化初期の時代性を深く感じさせる。同様に、カスティリョーネ・ドローナの小邑に残る洗礼堂は、イタリア・ルネサンス絵画史の初頭を代表するマゾリノの壁画を蔵して掛替えのないモニュメントとなっているし、フィレンツェの洗礼堂の三対の扉は、イタリア彫刻の盛大期を告知する美しい曙光であった。その間に一つ、幻想的な魅力を誇るピザの洗礼堂が、風変わりな「過渡期」の装いをしているのである。

二

青空の彼方にアルピの白雪の光るのを眺めている間に汽車は予定の小駅についた。カスティリョーネ・ドローナの廃れた寺にマゾリノの壁画をみるため、ミラノで邂逅《めぐりあ》った二人の知人と日帰りの旅を試みたのである。秋の落葉に寂しい埃っぽい道が一筋、ロンバルディアの平原を白く貫いているほか何の趣もない退屈な半里を過ぎると、自ずからカスティリョーネの小邑に入る。オロナ川のほとりの瀬をなす水辺に鄙びた民家がならんで水車のめぐるあたり、中学時代に親しんだ多摩川上流の旅を連想させる景色である。村の居酒屋のような店で軽い中食をとり、小憩してから主寺にゆく。

昔どの程度まで栄えていた土地か想像はつかないが、ブルネレスキの様式をもつ気のきいた小さい寺などが粗末な材料に築かれているほどだから、主寺の本堂と洗礼堂とを装うためマゾリノを招く気概はあったに相違ない。農家の庭を思わせる境内に立って人の気配のないまま声をかけると、鳩の棲んでいそうな高い丸窓から番人の顔がのぞく。この僻地に来て廃れた寺を訪れぬ限りルネサンス絵画史の最初の代表作を観ることできない、ということが、いかにも不合理に思われるような寺である。

粗末な洗礼堂の外観など、私の印象にはまったく残っていない。ただ、奈良の仏寺でみるような大型の鍵を古びた扉に通す番人の手のクローズアップを、朧気に記憶しているくらいである。しかし、扉が開いて堂内を見通したときには、驚異という言葉にふさわしい感動を覚え、私達三人は申し合わせたように、思わず感歎の声をあげた

＊フィレンツェの洗礼堂　第二門扉優秀作、フィリポ・ブルネレスキ
Filippo Brunelleschi, formella per il concorso delle porte del battistero, 1401

＊フィレンツェの洗礼堂　第二門扉優秀作、ロレンツォ・ギベルティ
Lorenzo Ghiberti, formella per il concorso delle porte del battistero, 1401

のである。

洗礼者ヨハネの生涯に取材するこの壁画を書物の挿絵でみると、そのデッサンの薄弱さだけが眼につく。美術史家の中にも、弟子のマザチオの大きい姿にさえぎられて、この師匠の持ち味を見失う者がいるが、フィレンツェのブランカッチ礼拝堂に師弟の合作を観ただけでマゾリノの価値を測ろうとする者は尚更である。しかし一度でもこの洗礼堂に入ったことのある人は、この先駆者に固有な美しさを見逭さないであろう。

私の薄れた記憶のうちでは、この洗礼堂の建物が古びた粗末な額縁に変わっている。そして、その額縁の中に、大型の聖伝画が眼のさめるような色彩に輝いているのである。

三

コンクールの結果などに余り敬意を表さない私ではあるが、フィレンツェのムゼオ・ナチオナーレに陳列してある一対の青銅浮彫の前に立ったときは、何とも形容のできない感動をうけた。この一対の浮彫は、一四〇一年フィレンツェの洗礼堂の第二の門扉を装う彫刻家を求めてコンクールが計画されたとき、最後まで残った二個の優秀作＊なのである。このときの募集規定によると、「アブラハムの犠牲」を浮彫にまとめ、先進者アンドレア・ピザノが第一の門扉に使ったのと同型の框《わく》におさめるので

ある。聖伝に求めたこの主題は、裸体と着衣との人物、家畜、樹木、岩石、等を取り合わせることになるので、作者の技量を測るに好都合だというのが当事者の意向であったらしい。このコンクールには、当時のイタリアを代表する作家達の多くが参加したが、抜群の出来栄えをみせたのはフィリポ・ブルネレスキとロレンツォ・ギベルティとの二人であった。審査の経緯については専門史家の推察がまちまちであるが、ギベルティを選出した終極の理由は主として鋳造の手際にあったようである。だが面白いことに、このコンクールの実質的な結果は予想を超越したものであった。ブルネレスキは彫刻を断念して神のような建築家となり、ギベルティにはさらに第三の門扉La Porta del Paradiso〔天国の門〕を製作する機会が約束されたのである。

サンタ・マリア・デル・フィオーレの本堂と鐘楼と洗礼堂とはイタリア美術史の壮大な記念群像であるが、とりわけ洗礼堂は、「美術館都市」フィレンツェの性格を鮮やかに表示しているのである。内部は天井から床面までモザイコに掩われて美しく、色大理石の意匠に装われた外観もととのっているが、この堂の誇る至宝は三対の門扉である。

一三世紀を代表するニコロ・ピザノの浮彫からみると一四世紀の前半に働いていたアンドレア・ピザノの作品は、彫刻としての性質がまるで正反対である。アンドレア・ピザノはイタリア・ルネサンス彫刻史の本格的な先駆者にふさわしく、この洗礼堂の第一の門扉に洗礼者ヨハネの伝記を物語っているが、その愛すべき風格はギベルティに受け継がれて第二の門扉のクリストゥスの生涯となり、さらに発展して第三の門扉の旧約書の世界となる。ミケランジェロの讃辞にちなんで光栄ある呼び名をもらったこの傑作の前には、電車が鉄路に軋み、中世期以来の都市生活が日常の雑踏を繰り返しているのである。

四

ピザの洗礼堂は、真っ直ぐに本堂と向き合う位置に建っている。本堂よりおくれて一二世紀に工事を始めたが資金難で中断され、一時は、市民にあまねく建造費の重い税金が割りあてられたという。本堂を造営した頃のピザは、イタリア寺院建築史の新時代を画するこの巨大な工事に馴れないためか技術上の未熟さを感じさせたにかかわらず、驚くべき短期間のうちに竣工を悦ぶことができたのである。ところが、洗礼堂の方はこれに反し、造営事業の遅延を来し、時代の変遷を建築様式に織り込む結果となったので、外観の統一した印象を誇ることができなかった。仮にもし、本堂と鐘楼とを装う同じ様式が洗礼堂にも恵まれていたとしたら、三つそろった白色大理石のユニフォームはいかに美しかったであろう。

しかし、緑の草原と青い空との間に大胆な輪郭を真白く描いている洗礼堂は、ちょっと他に比類のない幻想的な美しさをもっている。本堂と洗礼堂とを真っ直ぐに結ぶ石畳に立って明るい陽光の中に静まる広場の雰囲気を味わった気持は、生涯忘れることがないであろう。

洗礼堂の外観に陶酔を味わってから堂内に入ると、学生時代から親しみつけているニコロ・ピザノの戒壇浮彫が軽率な歴史観を警告している。複雑な歴史の流れを簡単な円型にまとめる人達は、この戒壇浮彫を「古典の復興」の例証に選ぶのが常であるが、実情はむしろ、「末裔」と「始祖」とを混同する錯誤の典型的な示例に適している。古典ローマの伝統を残すニコロ・ピザノにルネサンスの曙光を誤認する——というような場合は歴史学上に案外多いかも知れない。

そんなことをもっともらしく考えていると、甚だ突然に聞こえて来た豊かな音量の一声が、不思議な反響を繰り返しながら穹窿の深みに昇ってゆくのに驚かされた。誰の悪戯かと思い振りむいてみると、いつの間に入ったか番人が得意そうな顔をしている。私は邪魔をされたような気持になり腹立たしく、「穹窿の妙技」を感心したような素振りはみせなかったが、日本に帰り齢をとってから青年ブルクハルトの紀行を読んでいると、一〇〇年前からこの悪戯が案内人の「伝統」となっているのに出合い、はからずも一味の懐かしさを感じた。青年ブルクハルトには、この穹窿の音響効果が余程面白かったようであるが、旅心の余裕をもち合わせていなかった私は、番人が折角聞かせてくれたこの「伝統的妙技」を無下に拒絶してしまったのである。けれどももし、当時の私の旅嚢の中にReisebilder aus dem Süden〔南方旅行の光景〕一冊が入っていたら、私もまた他に見物人のいないのを幸い、自分の貧弱な声を出して「穹窿の妙技」を誘ったに相違ないのである。

国立公園

六月二八日

昨夜は専用寝台車の心安さに同行の人達と遅くまで雑談し、淡水魚の世界の奥深い神秘などをのぞかせてもらったが、いつもの習慣で今朝は早く目覚める。古間木《ふるまぎ》を過ぎ小川原沼を望みながら、北国の初旅に知る寂しい景色を眺めているうち陸奥湾に近づいたが、夏の空が良く晴れているのに海上は濃霧に閉ざされている。浅虫は山と海とに挟まれ、街道に並ぶ店のように宿屋を連ねているだけで、何の味もなさそうな温泉地である。

青森に下車し、駅の二階の食堂に用意された朝食をとる。畳を敷いた婦人待合室が私の注意を惹いたので仙台鉄道局の技師に利用率を聞くと、濃霧のため連絡船の出帆がおくれるときや旅行者が過剰で収容し切れないときは、この室で夜を明かすのだという。折から拡声機を通して「連絡船は濃霧のため……」という告知の流れるのを聞き、北端の鉄道駅らしい実感を味わう。

専用バスの出発までわずかの時間が残っているのを利用し、円タクを雇い青森市のクローズアップを瞥見したが、役所の並ぶ区域が明治中期の東京市の官庁街を縮小したようなのに興味を誘われる。東京では、とうの昔に失われてしまった過去の面影が、僻地の港湾都市に「模写」されたまま残っているのであろう。面白いことに青森市は、新聞社、映画館、病院の類にさえ、古本展の香を連想させるものをもっている。数年前に私は軽井沢から岩村田にドライブして、「文明開化時代」そのままの建物をこの遊廓に見出し驚いたことがあるが、青森市の中心区域に昔風の「西洋建築」をまとめてみようとは思わなかった。できることなら車を留めて回顧的な鑑賞（?）に耽りたいところを時間がないので断念し、写真を撮してもらうことと建造年代を調べてもらうことを依頼するだけで満足する。

蔦に掩われた小型の教会堂を見送って青森市に別れ、青森湾を俯瞰し岩木山を遠望し放牧場の馬に親しんでから、酸ケ湯《すかゆ》温泉の施設をみる。強い硫黄泉が湯治に良くきくといわれているだけに、一経営の宿で最近一ヵ年の客数延人員は一三万に昇っている。どういう統計のとりかたか解らないが、東北地方から北海道にかけての居住民が非常に大勢来るらしく、広い日本間に雑居する浴客はいずれも蒲団を敷き休んでいる。これらの室に収容し切れない客は、板囲いのバラック数棟に狭苦しく雑居しているばかりでなく、玄関にまで溢れている。経営者の話によると、僻地のことではあり来た人を断るわけにゆかないから、廊下にも一杯臥かすほどだという。自炊制度を主とするため宿屋の中の売店は青物までも売っている。給食用の調理場では、西瓜、菓子、パン、ソーセージを皿に盛っていたが、別に自炊用の共同調理場があり、簡易食堂や食事用借し間の類も小さいながらできている。浴室は脱衣所が性別になっているだけで、浴槽には下着のまま混浴している。木造の広い浴室内に数種の浴槽と湯滝を配してあるが、平癒を願う男女の群れが沈んだ表情でその中に充満しているのである。

この宿屋の奥に源泉池がある。青白い熱湯をたたえた相当の沼で、これにつづく河原には「賽の河原」をまねて丹念に石塊を積み上げたのが幾つも並んでいる。湯治客の憂鬱な「慰み」でもあろう。異様なサイコロジーである。この河原を下ったところに野外の湯治場があり、腰を湯気にあてるための甚だ素朴な設備がある。明るい笑いのどこにもなさそうな温泉地である。

酸ケ湯温泉の陰惨な印象は私を憂鬱にしたが、東大建築科のH氏は厚生科学研究所の教授を兼任し温泉協会に関係しているだけあって、国立公園の雰囲気にふさわしい改築を痛感するらしかった。この温泉に接して東北帝大の高山植物研究所もあり、外国の訪問客も来ることであろうから、国立公園十和田の主道をこの湯治場のフロントから離して通し、ここには引込み路線を設けるようにすれば、難点を一応さけることができよう。ただし本来からいうと、湯治用の客舎そのものを改築し、サナトリウム風の明朗な様式を採用して、付帯施設もこれに順応させるべきであろう。建物次第で自然の環境も快適になり、湯治の患者には慰安を与える——という希望を実証するに良い材料である。しかし、この地域は、冬期になると健児健娘を迎えるスキー場に変わり、酸ケ湯温泉がサービスを引き受けるはずであるから、客舎の設計にはその点も考慮しなければなるまいと思われる。

酸ケ湯温泉から垂蓮沼までの地域は、積雪に虐げられたアオモリトドマツの怪奇な枝振りを基調に峻烈な魅力をみせ、山岳に親しみつけない私に不思議な感動を味わわせる。八甲田連峰を間近く配列した垂蓮沼から蔦温泉に導く沿道は、高度が下がるにつれ植物も変わり観景も変化するが、相当に下った樹陰になお残雪を見受ける。この間に一ヵ所、舗装をほどこした部分がある。バス・ガールは微笑しながら「……唯一の舗装道路でございます。アッという間にお別れでございます」という。通過の時間は一分間とかからない。取っておきの洒落をバス・ガールにいわせるため、わざと造ったようなものである。

樹間に蔦沼を俯瞰しながら蔦温泉につき、ここに中食をとり小憩する。山にかこまれ静かに落ち着いた温泉宿である。浴槽の底部は隙をあけた板をわたしただけで、その隙間から透明な湯が断えず湧き出るようになっている。もっとも、清潔なことで宿の名物にしているのは便所であるらしく、手洗いから両便所まで谷川の麗水が流れ通しているのである。中食に出したここの野菜料理は大ホテルの経営者達を悦ばせていたが、温泉宿の雰囲気も郷土料理のように淡泊な風味をもっている。

蔦温泉から子ノ口までは奥入瀬の流れに沿うて道路が通じている。空が良く晴れているから渓谷は緑光を漲らして快い。道路は平坦でほとんど上下がなく、瀬をなす谷川の水面に近い高さで一貫している。これが恐らくこの渓谷に特有な魅力であろう。

眼界がひらけ子ノ口に着いて、用意させたモーター船に乗り、甘いほどに美しい湖上から岸辺の曲折を味わって、十和田ホテルの専用桟橋に降りる。このモーター船は、湖面の荒れるときを考慮してガラス張りの船室になっているが、展望に不便な代わり定員を厳守するには好都合であろう。しかし、この湖面で起るという特殊な事故などを予想するとすれば、近頃の陸戦渡河に使っている大型の浮具に似たものをデッキに備えて置く方が安全である。

十和田ホテルは湖岸から少し昇った位置にある。山小屋趣味を加味した料理屋のような外観に、似たような好みの構えとロビーとをもっている。客室内部の平面設計は、箱根強羅ホテルの日本座敷と系統を同じくするが、ここの方が意匠に灰汁をもつように思われる。二年ほど前、強羅ホテルを設計したT氏の案内で内部を一巡したことがあるので、十和田湖に来てこの日帰りの旅を思い出す。

六月二九日

午前にホテルの施設をみる。客室は大きいので一五坪ほど、普通の室は一〇坪ほどである。いわば一軒建てのこぢんまりした離屋から付帯設備の部分を切り取ってしまったような具合である。「規格品」の中で平面設計の比較的まとまったものをみると、間口二間半に奥行四間、廊下から格子戸をあけて入ると一坪の板の間があり、襖を隔てて二畳の畳敷となり、居間の奥には湖水に向かって肘掛窓をもつ小室とベランダとがある——といった具合になっている。こういう形式の客室を発明したのが旅宿であるかどうか私は知らないし、この「流行形式」を最初に採用したのがどこのホテルであるかも調べてみたことはない。しかし、私が強羅ホテルでこの形式をみたときには、鉄・コンクリートの壁体内に手際よくおさめたスティール・サッシと巧みに折り合わせてあるのに興味を感じたが、ここに来て中に宿ってみると、純木造の建物にしては外部との遮断が具合よく、普通の日本旅館に共通な欠点を少しも感じないで居られるのが有難かった。採光法が拙いのと室内意匠が煩瑣なのと、その二つの点を修正することができれば、気持の落ち着く室になりそうである。ここの食堂はボックス風に区画した畳敷きの室だったのを和洋式に改造したのだという。調理室が旅客収容総面積に対して著しく手狭で、富裕な個人住宅がもつ台所に近いのは意外であった。大小四個の浴室が客室の好みと正反対に甚だ事務的なのも意外であった。木造建築のことだから客室ごとにトイレット・バスを望むのは無理に相違ないが、客室の性質からいうと、小型の浴室がもっと沢山ほしいし、便所につづいて洗面所をとるという平面設計の無雑作な伝統も改善した方が良さそうである。

中食後、仙台鉄道局主催の懇談会に出る。十和田ホテルが新たに鉄道省営になり、東京駅ステーション・ホテルや近畿の古都に昔からある奈良ホテルなどの仲間入りをした機会に、今後の経営方針につき種々の意見を交換する会である。北海道の出張を終った本省のY事務官、仙台鉄道局長、運輸部長以下出席し、雨の音を窓外に聞きながら約四時間ほど懇談する。

このホテルを部分的に改造したまま使うとすれば、経営上の目標は家族連れの観光客に置くべきであろう。外国人を予想し東亜人を考慮に加えるとすれば、洋風の別館を増築して付帯施設も変えなければなるまい。食堂その他共用室内のエティケットにもある程度の制約が必要となるであろう。また、湖面からホテルまでの地域は自然の姿を活かして整備し、十和田湖の固有色を保存しながら、これを充分に味わい得るように考慮すべきであろう。しかし、風致保存本来の建前からいえば、各地の湖辺に乱生している「龍宮式」のホテルや鳴物入りの料理屋ができないよう行政上の工作を積極的に講ずべきである。それと同時に、美観地区や風致地区の監督機関に折々みるようなディレッタンティズムの弊害も、合わせて警戒すべきであろう。また仮に、こういう地域に建つホテルの理想型を考えるとすれば、むしろ、簡素で明快な現代風洋式の外観を選ぶべきである。もとより優秀な建築家の感覚と技術とに待つことであるが、この種の建築は自然的環境との間に摩擦がなくて安全であり、実際上からみても使うに便利である。

六月三〇日

昨夜は半ば儀式的な晩餐会ののち一室に小宴を楽しんで夜を徹するに近かったが、それにもかかわらず、私用の旅をつづける人達は今朝早くたって行った。私は鉄道局技師とロビーの改造について試見を交えたのち、午近く湖畔よりバスに乗り、和井内で局長以下の諸員に別れ、発荷峠から遥かな断崖下の十和田湖に別れて、山を下り毛馬内の小駅までゆく。峠の道路は地質が脆弱そうだから幅員を増やさないと不安な感を誘うが、バスの収容量が過剰な場合には尚更その必要があろう。途中、バスの停留所に真っ白な秋田犬を梳《くしけず》る快活な娘を見出し、鄙びた美しさを悦ぶ。毛馬内駅の貴賓室に中食を終って花輪線に乗り、東北本線に接続する好摩までゆく。

花輪線の風光は豊かな変化に富んでいる。私は車窓からむさぼるように展望を味わいながら、東北の地質や風土に精通しているA氏の説明を興味深く聞く。尾去沢の鉱山を望んでダムの崩壊事件を思い出し、湯瀬温泉を車窓で卒業しているうち、安比川の沿岸から大場屋地峠に至る美しい自然にめぐりあう。河岸に柳が繁り落葉松や胡桃の林を配する景色の柔らかさに親しんでいると、高原の雄大な展望がひらけて来る。なだらかな山の斜面に緑草を食む放牧の馬群を見おろしていると、岩手山の厳粛な姿が近づいて来るのである。寺田先生は盛岡・好摩間の東北本線に岩手山の遠望を味わい深い感銘を受けられたようであるが、花輪線から仰ぐ岩手山は車窓の展望としてさらに美しい。「故郷の山にむかひて……」という啄木の和歌を好む私は、汽車の進行につれ刻々に裾野の輪廓を変え雲の姿を変ずるこの火山を、飽かずにいつまでも眺めつづけていた。寂しい小駅に咲きそろっていた一株の紅いバラや愛らしい売子の笑顔などを含めて、花輪線の観景は私の心を素直に楽しませたのである。

上りの東北本線に乗り換え、地方都市らしい盛岡市の外廓を見送ってから、今度の旅にはじめて食堂車に入ってみる。駅の構内にあるレストランのような食堂車である。東北を知らない私には、東海道本線の食堂車のように冷房装置がなく天井に扇風機のまわっているのもめずらしく、事務的なボーイの代わりに快活なガールがサービスるのも面白かったが、最後に残った同行者の晩餐は何となく寂しく、暮れがたの窓外を眺めながら、一品料理とともにかすかな哀愁を味わったのである。

硝子

一

『仏蘭西座』という欧州映画は、フィリップ・ドルレアン摂政期の雰囲気を背景に求めた作品であった。建築セットから小道具まで時代調をよく浮き出させていたが、中で一ヵ所、艶名の高い武将の性格を示す寝室のセットが気になった。フランス座の女優に親しんではじめて純真な恋を知る場面のバックであるから、この映画にとっては大切なセットなのだが、寝台をかこむ壁は当時の風俗画にみるような絹布を使わず鏡づくめになり、しかも背面の鏡は大型の一枚ガラスになっているのである。鏡ガラスの大きさの限度を年代的に比べた図表によると、一六八八年に二・四平方メートルだったものが、一七六〇年には四・四二平方メートルとなっている。『仏蘭西座』の時代は丁度この二枚の鏡ガラスが示す年代の中間に位するわけだから、主人の好みで寝台の鏡を大いに奮発したものと解釈すれば、史実に矛盾しないことになる。この映画に出て来る社交室の鏡ガラスがいずれも当時の方式通り張り合わせになっていることを思うと、こういうところにも一種の「性格描写」が成立するのを感じる。

『邂逅』というアメリカ映画に下のようなカットがある。ニューヨークで別々に自活している婚約者同士が、エンパイヤ・ステート・ビルディングの頂上で約束をはたす日の来るのを待っている。娘は宿願の日を心のうちに描きながら、バルコニーにたち空の一方をうっとり眺めるが、彼女の瞳を楽しませているものは画面の視野に入って来ない。しかし、娘の背後に開かれた大型一枚ガラスの扉にエンパイヤ・ステート・ビルディングが映っているので、観衆には彼女の気持が鮮やかに見通せる。ガラスの製法の著しく発達した現代らしいドラマトゥルギーの一種である。

こう考えて来ると、大むかし評判だった『プラーグの大学生』なども面白い作例の一つであろう。悪魔に自分の映像を売った大学生が、金と才とで社交界の婦人達に歓迎されながら、鏡を絶えず恐れなければならないというホフマン風の物語は、やはり、建築の制約を予想してはじめて成立する。王朝文化の伝統を残す建築意匠では、壁面の鏡にうつる客達の映像そのものが「活きた装飾」となり、社交室の雰囲気を構成していたからである。

夢のように脆いスクリーンの世界ではあるが、それだけかえって、ガラスにちなむ面白い問題が色々と拾えるのかも知れない。

二

ロンドン空襲による居住者の死傷総数は相当に多いようであるが、その大部分は窓ガラスのために受けた傷害であるという。正確な比率は知らないが、新聞の報道などをみても、路面に積るガラスの破片を特に記している。こうなると、市街地建造物に使用されている大量のガラスが空襲の際には敵側について、爆弾とともに居住民を殺傷する協力者となるわけだが、今度の大戦で切実となったガラスの欠点を除こうとする考案は、以前から専門家が研究していたのである。

素人の私だからよくは知らないが、問題は要するにガラスの破れかたにあるらしい。強い衝撃なり圧力なりが加わった場合、鋭い刀型の破片とならないように工夫する必要があるわけだから、例えば、亀裂が入ったまま原状を保たせるとか、または反対に、非常に微細な破片となって完全に崩壊させるとか、そういう性質を与えることが望ましいのである。現在では、都市緑地帯の樹木について、空爆による折れかたや裂けかたが問題になっている。大きい枝のまま飛散するような性質の樹木は、かえって破壊力を授けることになるからである。こんな考慮もはらわれている「時代」なのだから、ガラスの破れかたの研究はさらに必要なはずである。

太陽の恩恵を受けるに特効があると称する紫外線透過ガラスは、破れやすい上に時間がたつと有効率が著しく低下するらしく、実績はポーズほどに挙がらないようである。また、赤外線遮断ガラスなども、食料品の生産工場に適するだけで一般的には欠点をもっているという。温度と音響とを遮断するに好都合なチェッコ製の特殊ガラスもあるそうだが、実際に使った具合を私はまだ知らない。中空になった煉瓦型の国産ガラスを壁面に使うのが日本で一時流行したが、製品によっては甚だしい欠陥もあり、感じからいっても好ましくない。

外国ではショウ・ウィンドウのガラスに街路の反射を避ける方法が色々考案され実施されているようであるが、日本の美術博物館では、ガラス戸を開けて陳列品をみせることが特別待遇の「象徴」のようになっている。湿度や塵埃の影響を受けやすい日本美術の保存施設としては、ガラスを使う上にもっと注意がゆきとどいていても良さそうに思われる。

利用される数量と範囲とが著しく増加するにつれ、それに正比例して改善の余地も多くなっているのは、ガラスの特質の一つとして興味深いことである。

三

O. Völckers の Glas und Fenster〔ガラスと窓〕は近頃私の面白く読んだ本である。北欧の建築について生活文化とガラスとの関係を種々の観点から瞥見した試みであるが、仮にもし、この書物と似たような形式で『ガラス芸術』とか『ガラスと産業』とか、または『ガラスと科学』とかいうような著述を目論むとすれば、相互に補い合ってガラスの世界が複雑に展開することであろうと想像する。

フェニキア文明にちなんでプリニウスの語るガラス発明の「お伽噺」を書き出しに求め、屋形骨壺に住居の窓の遠い起源を探ねる著者は、ガラスに縁をもった生活文化史のモーティーフを色々指摘しているから、これらのモーティーフを緒にして勝手な連想を弄んでいると、つきない興味を覚えるのである。

ガラス窓に投石して「意思表示」に代えるという習慣を古い記録に辿るとすれば、ごく古い先例は一三七四年のブラウンシュワイヒにあったそうである。当時の暴動で悪まれていた議員達の住居はこの制裁を受けたというが、その頃と現代とでは、ある程度まで破壊の目的が異なっていたかも知れない。当時はまだ窓ガラスが相当な贅沢品だったから、これを破壊することによって物質的損害を与える役にも立ったであろうが、現代ではむしろ、ガラスの壊れるときに味わう本能的快感が主なように想像する。したがって、今後ガラスの性質が変わり、投石しても「痛快」な音をたてて壊れなくなるとすれば、この種の意思表示はあるいは流行らなくなるかと考える。

中世北欧の歌人達が春の訪れを讃美する気持の中には、当時の一般住居が高価なガラスを使わず「代用品」に甘んじていたことも関係するらしい。もっとも素朴なものになると窓にはめた板の扉に小さい間隙を切ってわずかな外光を入れていたというから、冬の期間は定めし堪え難かったであろう。少し上等な代用品は、動物質の皮革を加工し防水をほどこした半透明の材料であったが、本物のガラスでさえ、一八世紀頃までの普通製品は充分な透明度をもっていなかったそうである。こういう事情を現代の住宅に設けられたサン・ルームと対照して考えるとする。天井から床までガラスを張りつめた室の外には、白雪に掩われ冬木立をあしらった丘や野がひらけ、暖かく快く健康な太陽が室内に漲っているのである。

イギリス、オランダ、ドイツ、等の北欧では、街路に向かう建物の外観を窓によって装飾する習慣が生れた。そこでイギリスは、一軒につき六個以上の窓をもつ家に課税する制度を採用したというが、この税制は、一六九六年に施行し一八五一年に廃止したそうである。こういう「非衛生的」な税制は、窓自慢の富裕な階級を国庫が利用するには適していたであろうが、保健奨励の主旨から当時の状態を考えるとすれば、むしろ、合理的な窓の開けかたをしている民家の税金を免除して、ガラスを買う負担を軽くしてやるべきであったろう。

現代の富裕な人達の間には、「民家」風の山荘を建て窓を故意に小さく開けることが流行っている。本来からいうと、こういう窓の開けかたをする農民は、大部分の時間を戸外で送るから眺望の必要を感じないし燃料を節約をするため無駄な大きさの窓を欲しないわけであろうが、山荘を享楽する人達がその真似をするのは滑稽な話である。まして、軽井沢のように夏季に湿気が多く雨の降りつづくこともある土地に、中部ヨーロッパの農家を模倣した別荘を設計したり、使いにくい民家を買って移築したりする流行をみるのは、尚更滑稽なことである。

食料に関係したドイツの施設をみると、ガラスの受け持つ役割が著しく大きいようである。例えば、ビタミンの欠乏に起因する小児の脊髄疾患を減滅するためからも温室を使う野菜の生産拡充が企画されているし、家畜や家禽の飼育にも「放し飼い」の不足を補うためガラス面の大きい飼育小屋を設計しているそうである。日本でも近頃はガラス工業が著しく発達していることではあり、農産拡充の問題もようやく深刻化していることであるから、贅沢な果物や愛玩用の草花から離れて、食料の獲得にガラスを動員する方策を講ずべきであろう。

アルブレヒト・デューラーの版画の中で、私の気に入っているのは「ヒエロニムス」*である。小型の丸ガラスをはめた大きい窓の側で聖者が仕事をしている前に、獅子と犬とが猫のように陽光を享楽している。宗教画としていかにも和やかで快い作品である。デューラーがガラス窓の讃美者であったかどうか私は知らないが、この絵はある程度まで「ガラスの時代精神」を表示しているようである。デューラーと同じ時代のしかもニュルンベルヒにいたプロテスタントの牧師ヨハン・マテジウスの説教を、『ガラスと窓』の著者は巻頭に引用しているからである。

Last es auch dankens werd sein
dass man unser fenster mit glass für wind und kelt also verwaret
dass denoch die liebe sonne
und das tagliecht dardurch
zu uns in unser stube und Camer scheinen können!〔註24〕

*《書斎の聖ヒエロニムス》
Hl. Hieronymus im Gehäus, 1514

四

ものごころのつきはじめた頃に親しんでいた書斎の窓が、私にまず「ガラスの魅力」を教えた。私の使っていた室は、粗末なくせに不必要なところまでステンドグラスをはめた不思議なものだったが、机に近い南向きの窓ひとつは、特別な理由から気に入っていたのである。この室の壁によせた書棚の中で一番幅をきかせていたのが、千代紙表紙のモミヤマ文庫とドイツ訳のメーテルリンク全集とであったことを思い合わすと、バラの花を図案風にまとめたこの窓のステンドグラスに一種の「時代調」が含まれていたことは争えない。冬の朝陽がこの窓にさしはじめる頃、女中が室にはこんで来るトーストと紅茶の食事をすませると、次の訪問者は一匹の白猫にきまっていた。鳴声を待つように扉を開けてやると、猫は真っ直ぐに室内を横切り、この窓縁に置いてあるクッションに飛びあがる。それが毎日の習慣であった。また夕方になると、室内が薄暗く沈み南側の窓だけが明るく浮き出して、夕陽をうけたステンドグラスの色が鮮やかな朱味を帯びるのであるが、私はそれを眺め、幼く甘く取りとめのない空想を楽しんでいた。当時の私が甘えながら親しむ相手は、この一枚のステンドグラスの他になかったのである。

滞欧時代に私がもっとも親しんでいたガラスは、パリのノートル・ダーム寺院のステンドグラスであった。ヨーロッパを知った最初の日にまず訪れたのもこの寺であったし、帰朝の前日に最後の別れを惜しんだのもここであった。その間、何かの折にこの寺院をこめている雰囲気に浸ることが多かったが、暗い室内に聖楽を聴きながら仰ぐことを好んだのは美しいステンドグラスであった。私は、この寺院ほど古風な美しさを窓ガラスに残す遺構を知らない。カイロの回教建築にみる色ガラスの幾何学模様も気に入ったし、ミラノの伽藍のステンドグラスの規模の大きさにも興味を感じはしたが、ノートル・ダームのステンドグラスほど渋く落ち着いた味をもつものはどこにもなかったようである。こういう寺院に親しむ日が永くつづいたら、私もまたカトリック教徒になっていたかも知れない、という気がするのである。

今私の住んでいる味気ない家の玄関には、金属製の鎖でさげた菱形縁なしの鏡がかかっている。何年かの「昔」、Aガラス会社から年末に贈って来たものである。良質の厚いガラスを使った見本品であるが、意匠も気に入ったし大きさも手頃なので愛用している。しかし近頃ではこの鏡をみながら、こういう年末の贈品を送って来た「時代」があったのだと、遥かに遠い過去の思い出のように考える癖がついている。

街道宿

一

「十九日午後三時過ぎ、追分油屋は余りにあつけなく、全焼いたしました。自動車で駆けつけた時、もう本屋は煙ばかり。堀君その他三人の客を、藤屋へつれて帰りました。油屋の人達も身一つ辛じて逃れたありさま。堀君前夜拙宅に泊り、一物も出さず焼きました。山の家は明朝水道が止りますので、両三日中に帰ります。」

昭和一二年の秋が深くなる頃軽井沢の川端康成氏から受けたこの端書は、私を驚かせ悲しませたが、とうから予感していたことが終に事実となった、という気持も混じって、案外あっさりとあきらめがついた。中山道に昔ながらの面影を残す建物であってみれば、技術の確かな建築写真家に撮してもらう必要があろうと、常々考えながらついそのままになっていたのである。

建築学会の機関誌にO老博士が発表された「中山道宿駅の本陣」をみると、天保一四〔一八四三〕年に取り調べた明細書を基にして興味ある数字表ができている。中山道宿駅六七について、本陣、脇本陣の軒数、旅籠屋を大中小に分けた戸数、家屋総数と旅宿数との比率、人口、その他二、三の項につき明細に整理したものであるが、なお、各々の宿駅の本陣・脇本陣を総坪数で計りながら、規模の大きさを推定した数字表なども、この稿の中に記してあった。

これらの数字表は、中山道宿駅の地名に親しんでいる私を楽しませた。今では街道宿の雛型のように寂れた姿を残している坂本が、当時は本陣二軒、脇本陣二軒、それに四〇の旅籠屋をもっていたことが解るし、軽井沢のように旧態のまったくなくなっている宿駅が、本陣一軒に、脇本陣四軒、合わせて七二六坪を数え、大宮に次ぐ大規模のものだったことも解る。そうかと思うと、現在は相当な町に発展している岩村田が、その頃は一軒の本陣ももっていなかったりするのである。

天保一四年の追分には、本陣一軒、脇本陣二軒があったという。昭和一二年に焼失した遺構の建造年代はもっと古いはずであるが、それが三軒のうちのいずれであったか私は知らない。それから、当時の規模がどの程度に変化していたかも知らない。ただ、O老博士の稿に記された本陣建築の基本形式を私の記憶する油屋と照らし合わせて考える限りでは、ある程度まで昔の面影がこの遺構に残っていたらしく思われるのである。

しかしこの街道に沿う宿駅には、私の興味を惹いた建物がもう一軒あった。もと自動車が気楽に使えた頃は、私の家に近いガレージがもっていた使い良いオープンに親しい人達を誘って、古くから残っている町や新しくできた土地会社の企画などをみてまわる習慣をもっていた。私が岩村田を訪れたのもそういう機会であったが、ここの遊廓では面白い家の「掘り出しもの」を悦んだのである。「文明開化時代」の版画から抜け出して来たような五層の建物で、一番下の一階は追分あたりから移築した日本屋だが、その上は四階とも南京下見ペンキ塗りに、一番上の一階は灯台のような塔型となり、その次には角灯を軒にさげて見晴らしを楽しむ室がある。明治二〇年代に建てたというが、中山道の宿駅に残るこの廓ほど、当時の「西洋建築」の性格を面白く保存した家を私はみたことがない。ここの廓の建物は、大火から復興する静岡にすっかりもって行ったそうだが、まさか、あの五層楼を原型のまま移築したとは思えないから、愛すべき「文明開花様式」の代表作(?)も消失してしまったに相違ない。

岩村田を訪れた年の秋、同行者の一人である室生犀星氏から贈られた全集第一巻の見返しに「夏の日のおもひでに、岩村田にて」と一句が記してあった。

廓《さと》廃《あ》れて松は緑の燃ゆる也

室生氏の心を深く惹いた幾本かの老松は、建物が取りはらわれた今も、池をかこんで残っているという。しかしそれも、これから先どうなることであろうか。

二

碓氷峠の一号トンネルを出たところから谷間を俯瞰すると、背後に切りたつ妙義の峰、右側に山の裾を洗う渓流、左側に丘を下る国道、と三方から縁取られた中に、木立を配し耕地にかこまれて、坂本の宿が小さくまとまってみえる。胃散と石鹼との広告が「郷土愛」の国策的精神を裏切って、美しく和やかな環境に侵入しているのを不快に思いながら、車窓から親しく挨拶する宿駅なのである。

文久元年〔一八六二〕年和宮御下向の御休泊日程をみると、沓掛から坂本までが一日の行程で軽井沢が御昼休になっていたようだが、今では軽井沢に夏を享楽する人々の多くが東京までドライブするとき坂本を通過し、この静寂な宿駅を一瞬の間に通り抜けながら、何となく気持の良い印象を受けているようである。私もここを昼夜二回通過したことがあるが、その頃から、何かの折にこの宿駅を訪れたいと考えていた。幸いなことにこの夏、鉄道省の便宜を受けて、静かな午後の数時間をここの環境に親しむ機会を得たのである。

案内の労をとってくれた横川の駅員は感じの良い人であった。私はまず駅付近の鉄道従業員施設をみたが、神社の傍に新築された診療所がレントゲン装置まで備えて、こぎれいにまとまっているのは快かった。その代わり、倶楽部の方はどこにも楽しさがなく、撞球室は「自粛」の精神に基づき蜘蛛の巣と埃にまみれ、蔵書の少ない図書館も暗く侘しかった。毎年のこと、春の終る頃に汽車でここを通ると、桜が咲きそろって和やかにみえるのであるが、発電所を取りはらった跡の野球所には、煉瓦の破片がまだ片づかず残っていた。雑貨でも売っていそうな小さい店の中をペンキ塗りにして「写真館」の看板をかけ、小型のポートレートを張り合わせた額を飾っていたが、この店の主人が駅員のカメラ・アマチュアを世話しているのだという。山間の職場であることを思うと、横川にはもっと明朗な慰安がほしいようである。

坂本は、横川駅からゆっくり歩いて二〇分余りの距離にあるが、鉄道関係の従業員でこの小邑に住む者は相当に多いらしい。山にかこまれ渓流に挟まれたこの街道宿は、昔の道路として著しく幅の広い路面に向かい、道の両側に清水を通す玉石の溝をもち、この溝から人道の幅ほど後退して軒を連ねている。昔なら女を置いたであろうと思われる室の外観をそのまま残して、うちに蚕を飼う家が多く、町並みの中ほどに町長の住居と国民学校とが隣り合っている。民家の裏は、その間口の幅を川岸まで延ばして短冊型の耕地に区画し、桑畑、野菜畑、水田などに使っている。

町の生活は昔と今とでまったく変わっているのに、形だけは旧態を良く保存してある。ただ、町の入口に一戸、田舎町の「新築住居」めいた小さい構えが、刈り込んだ生垣をめぐらし軒のトタンをペンキで化粧して、落ち着いた調和を乱しているが、町のつきるところに老樹の繁る神社まであり、全体の印象はまとまっている。昨年頃までは自家用車やトラックの往来も多かったが、今年は外国使館の美しい乗用車がたまに通るぐらいで、町の中心を断えず攪乱される煩わしさはないようである。

静かに落ち着いた町である。街路が軽い斜面になっているので、軒並みの描く曲線が良い趣をみせている。家の前に筵をひろげて働く人達の間に草花が美しく咲いたりして、破れた障子も余り気にならない。家の間を抜けて裏にまわってみると、耕地の緑の奥に妙義の峰が淡い霧に包まれて柔らかく深まり、点在する杉の木立が黒っぽく沈んでみえる。

五月か一〇月に来てみれば、自然の色彩が豊かで別な美しさが味わわれるであろう。今年の秋か、あるいは——事情が許せば——来年の春にでも、もう一度ゆっくり訪れたいと心の惹かれる町である。けれども、たわいない空想を弄ぶとすれば、程良いところに少しばかり土地を得て、ここの環境にふさわしい家を造り、すなおな心をもつ土地の娘にでも世話をたのんで、時折の滞在を楽しみたい、と甘えたくなるほどの町である。

三

どういうものか今年の夏は、軽井沢の私の庭に雉が一度も来なかった。雛鳥を幾羽もつれて通るときが多いが、時には雄鳥だけ来て渋い声で鳴き、いつまでも動かずにいることもある。格別に広い庭ではなく、ガラス戸の中には夕暮の灯火が光り、道路には乗用車が断えず通るのに、雉は落ち着きはらっていたのである。今年も私は心待ちにまっていたが、とうとう一度も来ずにしまった。たぶん、私の住まいの近くに最近建った幾軒かの大きい家が雉に嫌われているのであろう。私は独りでそうきめ、あきらめるより他なかった。

ヒットラー・ユーゲントの宿舎や中部ヨーロッパの民家を連想させる山荘ができはじめた頃はまだ良かった。昨年頃からは、どうみても料理屋としか思われない家が幾軒か建ちはじめたが、今年来てみると、朱塗の春日灯籠を列ねたり、ヒメマスの養魚場をこしらえたり、浅間岩の長い石垣をめぐらしたりする者共が色々と現れ、高原の簡素で上品な雰囲気を、賤しい心にけがしていたのである。このあたりは私が、仕事に疲れたときなど好んで歩いたところであるが、今年は避けて近寄ることがなかった。私が勝手にきめた雉の気持はつまるところ私自身の気持だったようである。

その代わり私は、アカシアの並木の下の小川に沿う細道に親しんでいた。空が良く晴れて陽光の豊かな朝は、コーヒーを飲み終ると、何をおいてもここに出かけて来た。この近くには、今年堀辰雄氏の買った家がある。この辺は私の家のあたりと異なって道幅もせまく街灯もなく設備にも不便なところがあるらしいが、「雉に嫌われる」建物や庭がなく、落ち着いていて快かった。堀氏の向かい側にドイツ大使の借りている家は、見晴らしの良い斜面の庭に秋の花が美しく咲いていたが、その一軒おいて隣にイタリア大使が借りていた家は、建物の明るい異郷的な味が私を楽しませてくれた。

この家は、赤く塗った南京下見に白の窓縁と框、それに濃い緑の鎧戸、という具合である。赤と白と緑と強い色を三種とり合わせながらデザインと良く調和し、思い切って派手なくせにどことなく渋味を含み、明るく和やかで可愛らしかった。これに似た意匠を日本人の山荘が真似るとしたら、恐ろしく嫌味なものになるであろう。そういうところは女の服装と少しも違わない。真似ようとしても真似られないところに、特別な魅力がひそんでいるのかも知れないのである。

空の晴れた朝この家の前を通るのが、いつの間にか私の習慣になっていた。立ちどまってゆっくり眺めたり見取図をとったりすることは、飼い犬に吠えられそうでできなかったが、この家は私に一人の年若い洋画家を思い出させた。新制作派の展覧会が始まった頃、この画家は毎年つづけて幾枚かの作品を出していたが、どれもみな神戸に残る古風な洋館を描いたものであった。二回目に五点出ていたうち「赤い窓の家」という三〇号ほどの絵は、買いたいほどに私の心を惹いた。もし私にあの洋画家の半分ほどの画才があって、六月の軽井沢の豊かな色彩を背景にこの赤い家を描くことができたら、どんなに楽しみであろう。

昨年私は、五月の半ばから九月の半ばまで、まる四カ月を軽井沢の家で送った。東京の家が強制移築になり借屋もなかった時代なので、軽井沢から東京に長距離通勤をしていたのである。雨のない年で東京は用水に困っていたが、滞京中はホテルにいて朝晩のバスも不自由なく使えたし、軽井沢では「一年中で一番美しい季節」を心ゆくまで味わうことができた。私の庭には高原のツツジが幾つかの大株に育っているが、落葉松の新緑を通してこの花をみるのは快かった。それまで毎年、折角咲いているのに観てやらなかったのが、ツツジに気の毒なようにも思われた。

長距離通勤から帰り、迎えの車を乗りすて、夜庭の香をかいでガラス戸をあけると、

軽井沢の家で過ごす板垣と妻直子
木村伊兵衛撮影
一九三六（昭和一一）年

デッキチェーアの上に三匹の仔猫がかたまり、首を並べて私の方をみている。この仔猫達と戯れ庭のツツジを楽しんで暮らした私は、堀辰雄氏の『美しき村』に描かれたアカシアの花を思い出さず、その季節に居合わせながら、小川に沿う小道を一度も歩かずにしまった。しかし、あのときこの小道を訪れていたら、住む人のない「赤い家」をゆっくり味わうことができたに相違ない。

建築史家

イタリアの古都に残る優れた遺構の美しさを時折追憶の中に描きながら、こういう世界が地球上に現存するのを不思議に思うことがある。そう思うとき私が感じるのは、自分が今住んでいる世界をイタリアの古都からへだてている距離の、測り知れない遠さであるが、これに似た気持は、イタリア建築史学の歴史上に美しい堂宇をたてたヤコブ・ブルクハルトの姿を心のうちに仰ぎ、その日常生活の断片にまで身にしむ尊さを感じるときにも経験する。

ブルクハルトは神学に志し美術史に変わり、一時は政治評論の筆さえとり、地位が安定するまで貧しく忙しい教職に時を費やしながら、心の明るさを失うこともなく、澄み切った直観と不断の努力とで文化史の世界を築き上げた。しかし、一般文化史の上では「作品」らしく特にまとまったものを残さず、いわば彼自身をChef-d'œuvre

〔傑作〕として残したのであるが、イタリア建築史学の業績だけは、あたかも古都に保存された美しい遺構のように、ただ一つ輝いてみえるのである。
ブルクハルトの優れた伝記者トゥローグの記述によれば、彼の近親が保存している一組の人形芝居は、この大建築史家が少年時代に描いた背景をもつという。ゴート式寺院の内部やイタリア風の庭園を描いて幼い得意さを楽しむブルクハルトを想像するのは、私にとっても楽しい追憶であるが、少年の頃から彼は、建築の結構や装飾の細部を正確に写す才能をもっていたらしい。学生時代に各地を旅行したときにも、主要な建築を取り合わせた都会のスケッチをとっているが、この習慣は自分で指導した学生達にもすすめていた。ガイミュルラーのように歴史的遺構の復原工事に深く関係した技術家出身の建築史家もこの特徴を認め、技術家として訓練をうけなかったブルクハルトの強い直観力を裏書する例にあげている。

一八三九年の秋、二一歳の学生だったブルクハルトはベルリンに旅し、レオポルト・フォン・ランケの指導をうけた。ランケは、四年前から大学正教授となり、はじめて歴史学の演習を開き人材を集めていたので、ブルクハルトは学生らしい誇りを感じたらしい。歴史的関係の主脈を観得し、基本的な史料を鑑別し、人物の個性を心理的に深く把握する、等ランケ学風の奥義をここで授けられたが、一つの教訓はとりわけブルクハルトに感銘を残した。Meine Herren, Sie müssen den Sinn für das Interessante in sich entwickeln〔註25〕——この言葉を聴いた彼は、「この先生たいしたことを何でもないようにいう」と密かに驚いたそうだが、この教訓をブルクハルトほど体現した学生は、その時の聴講者の中にいなかったようである。私は、ランケの演習に彼が提出したConrad von Hochstaden〔コンラート・フォン・ホーホシュターデン〕を全集の第一巻ではじめて読んだとき、この話をすぐ思い出した。ケルンの本山の建設者をテーマに選んだところはブルクハルトらしいが、叙述の形式にはランケ風の長所が感じられたのである。

しかし、このときのベルリン在学がブルクハルトの一生に与えた大きな恵みは、建築史家フランツ・クーグラーを識ったことである。ランケが歴史学の完成者であるという意味で、クーグラーは建築史学の完成者であるが、彼は一八三三年以来、若くして美術学校に美術史の教授となっていた。先生のクーグラーと学生のブルクハルトとは一〇年の隔たりがあったが、二人の関係は間もなく親友に変わり、仕事にも協力するようになった。私はクーグラーのGeschichte der Baukunst〔建築史〕に簡潔明快な文体を読み、その美しさに驚いた経験をもっているが、この建築史の続編として刊行されたブルクハルトのGeschichte der Renaissance in Italien〔イタリア・ルネサンス史〕には、厖大な史料を簡潔明快に整理した把握の力を感心した。クーグラーの他の著書を増訂する仕事が、これに先立ってブルクハルトに委ねられていたが、それはやがて、建築史家の聖典Ciceroneをまとめるための準備訓練となったのである。Ciceroneは不思議な魅力をもつ案内書〔註2〕である。例えば、ある建築作品についてこの書が的確な性格描写をしていたのを思い出し原文を開いてみると、どこにもそういう叙述がない——というようなことがある。実は、私の記憶の中で数行の文章に展開しているものが、原文ではわずか数個の言葉にすぎず、読者の心に暗示的な余韻を残しているのである。

ブルクハルトの講義振りを記した追憶によると、彼は前夜に講案をまとめ、当日の午前と午後とに繰り返して、三回の準備の後に講壇に昇ったという。したがって、一字一句まで整然と予定され、覚書を使うことなどはまったくなかった。ただ一度の例外は、ビザンツ後期のヘクサメーターを引用したときだそうである。聴講席は充満していても静粛だったが、どうかして障りが起ると、その時だけは講義の調子が乱れたらしい。そういう風だったから、愛すべき逸話も残っている。中世史を広範囲の聴衆に講じていたとき、その中にいた数人の老女が靴下を編みながら講義をきいていて、それがブルクハルトを悩ましたので、彼はこの悪癖を退治する準備をととのえ、ある女王の話を機会に一つの傍註を加えた。Die Königin hatte die schlechte Gewohnheit, auch sehr zur Unzeit zu arbeiten, indem sie sogar auf ihrem Pferd spann〔註26〕——靴下はたちまち消え、再び現れることがなかったそうである。惜しいことに、ブルクハルトの全集が刊行されても、講義の速記録は残されていない。一般文化史に関する彼の代表的な著書は、『コンスタンティヌス大帝時代』でも『イタリア・ルネサンス文化』でも、プラスティックな描写に欠け、快い読書に適していないから、講義の速記録でも出版されていたら、彼の面影は遥か豊かになったであろう。

パウル・ハイゼはイタリアの詩に関する仕事にちなみ、ブルクハルト宛の回想文を記して、クーグラーの家庭の和やかな雰囲気を述懐している。当時ブルクハルトは改訂の仕事を引き受けていたのでこの家庭の常客だったが、ハイゼはまだ一七歳の青年であり、二人の優れた美術史家の交友を傍観する位置にいたらしい。クーグラーとブルクハルトはピアノを弾いたりイタリアの民謡を歌ったりして青年ハイゼに影響を残したわけだが、感興がイタリアからドイツに移って、クーグラーがアイヘンドルフの歌謡曲を「低く上品な」声で歌ったことなどを記している。この習慣はクーグラーからブルクハルトが受け継いだらしく、ガイミュルラーの追憶にも似たような言葉がある。

... Er war weder, was man einen Klavierspieler noch einen Sänger nennt, und doch habe ich selten eigenartigere, feinere musikalische Freuden erlebt, als wenn Burckhardt eine der Opern Glucks, die Messen Mozarts und dergleichen alleredelste Kompositionen spielte und dazu sang. Es waren Genüsse, die man auf keinem Theater der Welt findet, und die kein Kaiser und kein König haben kann ... 〔註27〕

ブルクハルトがイタリアの「土」をはじめて踏んだのは一八三七年である。Fünf Tage jenseits der Alpen に記された愛すべき冒険の結末は Passgeschichten, schlechtes Wasser, Wanzen in den Betten, ja —— Niemand weiss wie schön Italien, der nicht all den Jammer sah.〔註28〕であった。その翌年、休暇を利用して「正式」にイタリア旅行を試み、青年の才筆にBilder aus Italienを描いている。最後に彼がイタリアを訪れたのは一八八三年であるから、その間に四五年の豊かな調査期間が恵まれたわけである。最後の旅にブルクハルトは永別の時機が来たことを自覚し、ローマを訪れて生涯親しみ続けたモニュメントに挨拶を送り、ピンチオの丘から生涯の展望を追懐した。恐らく彼は、旅の終りにラッゴ・マジオーレの甘美な風光を味わいながら、学生時代の無分別な冒険を思い出し、和やかな老顔に微笑を浮かべたことであろう。

敬虔な建築史家ハイリヒ・フォン・ガイミュルラーは、二〇歳年上の親友ブルクハルトのために祈禱文の草稿を残している。窓際の肘掛椅子に力なく沈んだ生涯の友に手をさしのべてから五日後、恐れていた電報が彼のもとにとどいた。その時ガイミュルラーはユージェン・ミュンツと会談する約束をしていたが、彼はバーゼルに急行しなければならなかった。ガイミュルラーは弔辞を心に用意したが、埋葬式の雰囲気が彼の口を閉ざしてしまったので、We left him alone with his glory〔註29〕という言葉に彼自身を慰める他なかった。ガイミュルラーは、ブルクハルトから受けた手紙を内容にしたがって分類し丁寧にしまって置いたほどこの老友を尊敬していたが、この書簡集は、イタリア建築史の研究家にとってもきわめて貴重な文献である。ブルクハルトの埋葬式にガイミュルラーが用意した袂別の辞は伝わっていない。しかし私は「建築史学の聖典」に与えた彼の感謝の辞をここに思い出して満足する。Als diplomierter Ingenieur und Architekt bekenne ich, neben den Studien der

Denkmäler selbst aus keiner Quelle so viel gelernt zu haben als aus Burckhardts Cicerone ... 〔註 30〕

建築史学

歴史哲学の一課題として、建築史学の認識論を実証的に扱う場合を仮定してみるとする。ブラマンテのように、建築史上に占めている「存在」だけ大きく、それでいて、詳細な設計図面も主要な遺構もほとんど残していない作家を選ぶ歴史家の仕事などは、資料として特に興味深いわけであるが、中でも、サン・ピエトロ寺院の再建設計に関するガイミュルラーの研究のごとき、そういう問題を豊かに含むもっとも典型的な示例であろう。

ハインリヒ・フォン・ガイミュルラーの自叙伝と遺稿とを読むと、国際的に込み入った家系や履歴をもち、建築技術家として多忙な公務を帯びていたことが解るが、同時に彼は、建築史家として非凡な努力に優れた功績を残し、建築思想家としても「形而上学」めいた信仰を守り続けていた。それらの事情から総合される彼の「人物」は甚だ複雑なものになり、したがって、建築史学の「歴史」上にみるガイミュルラーの性格を、興味深い一つのタイプに造りあげているのである。

ガイミュルラーは、ブルクハルトを知ってからブラマンテ研究を「発願」し、ウフィチ美術館所蔵の九〇〇〇枚に近い素描を調査しているうち、一枚の赤筆素描を発見した。サン・ピエトロ旧堂の平面図とロセリノ設計のトリブナ図面との中にブラマンテの新堂平面図を描き込んだものであるが、これを発見した日付「一八六六年二月五日」を彼は生涯忘れなかったそうである。サン・ピエトロ寺院の再建史に関するブラマンテの真筆素描は、このときまで建築史家にまったく知られていなかったが、従来ただ仮想されていたこの巨匠の構想は、ここに史料の確実な礎石をもつこととなり、ガイミュルラーの創意のうちに詳細なディテールまで築き上げられたのである。

一八六八年ガイミュルラーは、Notizen über die Entwürfe zu St. Peter in Rom〔ローマ、サン・ピエトロ設計案メモ〕をまず刊行したが、これについで、七五年から八〇年にかけLes projets primitifs pour La Basilique de Saint-Pierre de Rome par Bramante etc.〔ブラマンテによるローマ、サン・ピエトロ、バシリカ聖堂の初期計画〕を上梓、八二年にはCento Disegni di Fra Giocondo〔フラ・ジョコンドのデザイン一〇〇点〕を、九一年にはTrois Albums de Fra Giocondo〔フラ・ジョコンドの三つのアルバム〕を発表した。なお、その前後にわたって、彼は随伴的な研究も著し、サン・ピエトロの再建を中心とする大作家の研究を発表して、Raffaello Sanzio, studiato come architetto〔建築家ラファエロ・サンツィオ研究〕を八四年に、Michel Angelo als Architekt〔建築家ミケランジェロ〕を一九〇四年に出している他、リヒターの Leonardo da Vinci〔レオナルド・ダ・ヴィンチ〕のうちの建築に関する部分をまとめている。建築史学の歴史上に残した彼の偉業の全貌がここに開けたわけであるが、その主要な研究は未完成に終り、生涯の念願だったブラマンテのモノグラフィーは執筆の機会を恵まれず、貴重な時間を他の二つの著書 Die Architektur der Renaissance in Toskana〔トスカーナのルネサンス建築〕と Die Baukunst der Renaissance in Frankreich〔フランス・ルネサンス建築〕に与えている。

　ブルクハルトに宛てた一八九七年四月八日付の書簡で、死期のせまっているこの老友に思い残すことのないほど心の披瀝を述べているガイミュルラーは、ブラマンテに抱く憧憬の気持をも諧謔的な言葉で描き、「母系の曾祖父が喇叭手《らっぱしゅ》だったせいか益々声を大きくして巨匠の功績を後世に吹き込む」と言っている。そして、この書簡の最後に信頼に溢れた挨拶を記し、... damit Sie länger von den innigsten Gefühlen der Dankbarkeit und most heartfelt sympathy *Ihres alten St. Peter und Bramante Geymüller überzeugt sein*〔註31〕と結んでいるのである。この挨拶は、生涯の友に与えた最後の言葉となったが、この不思議な署名は、ガイミュルラーの残した建築史学の特徴を簡明に性格づけている。

　ブルクハルトとガイミュルラーとの交友関係は、イタリア・ルネサンスに二人の捧げた憧憬で結ばれたものらしいが、それにもかかわらずこの二人は、建築史家としての性格を著しく異にしていたようである。ブルクハルトは透徹した直観で複雑な史料を整理し、本質的なものを的確に選び出し、時代の個性を鋭く洞察しながら、イタリア・ルネサンスに「心の郷土」を求めたのであるが、これに対してガイミュルラーは、建築史家の立場からブラマンテを研究しながら、この作家にイタリア・ルネサンスの典型を認め、そこに自ずから建築家らしい願望を寄せ、彼の時代の建築界に贈るべき理想を見出した。いわば、歴史家としての「反省」の立場と技術家としての「希望」の立場とが、複雑に融合していたのである。

一八八一年一月二九日付でブルクハルトからガイミュルラーに送った書簡をみると、サン・ピエトロ再建設計に関する厖大な図集におくれて刊行されたテキストの感想が記してあるが、その中で Nur ganz allmählich werde ich mich nun in den Gang Ihrer Gedanken und Beweise hineinmachen können〔註32〕といっている。この言葉を私は特に注目するのである。

ガイミュルラーの研究遺産を厳格な史学の基礎から再吟味して一九一五年にダゴベルト・フライが発表した報告書 Bramantes St. Peter-Entwurf und seine Apokryphen〔ブラマンテのサン・ピエトロ設計案と聖書外典〕によると、この建築史家の思考経路は、あらゆる細部に精通しわずかな素描の断片をも的確に組み込む綿密な労作ののち、重点を次第に幻想に傾け、仮想された前提を巧妙に立証しながら、反証の隙を与えず自己の信仰を強いる、という結果になっているらしい。史料の限りを使いつくした模範的な態度を確保しながら、史料のつきるところからガイミュルラーの個性が現れ、彼の時代の形式観が作用しはじめているのであろう。フライが指摘するところによれば、ペレルの設計したブリュッセルの裁判所とガイミュルラーが再現したブラマンテの構想とは、エレベーションの総体的な印象を比べる限り、明らかな類似を示しているという。ダゴベルト・フライが指摘しているこの点は興味を惹くが、別個の材料として、一八七〇年五月六日にブルクハルトからガイミュルラーに宛てた書簡を加えてみるとする。この書簡は、ガイミュルラーがガゼット・デ・ボザールに発表した Trois dessins d'architecture inédite de Raphael〔ラファエロの未発表建築図面三点〕の考証の進めかたと、彼の復原したブラマンテのサン・ピエトロ設計図面らしいものとについて、若干の感想を書き送ったものであるが、ブルクハルトはガイミュルラーの推察の結果を自分の豊富な知識で詳細に裏付けながら、その的確さを称讃しているのである。特に、穹窿と塔との厳格な調和に関しては、この復原が「唯一の正確なもの」であり、当時の建立になるモンテプルチアノの寺院によって立証されていることを認めている。ここに引き合いに出されている遺構は恐らくサン・ビアジオであろう。

ブルクハルトの書簡とフライの報告書との間に矛盾があるのではない。ダゴベルト・フライは、ブラマンテの構想を一層完備した姿に再現するため、ガイミュルラーの未完に終った研究を「批判」しながら、継続事業として受け継ぐ立場にあるが、ブルクハルトは二〇歳年下の友人の努力に深い好意を寄せ、様々の遺構を連想しながら「理解」しようとしているのである。しかし、ガイミュルラーが建築史学の歴史上に占めている位置をもう少し正確に測定するためには、さらに二種の著作を引用しておく方が良かろう。

ブラマンテのサン・ピエトロにつき古来の伝統的見解を代表していたウィルヘル

ム・リューブケはGeschichte der Architektur〔建築史〕の一八八四年増訂版の序でガイミュルラーに敬意を表し、この増訂版を刊行するまでに建築史学が進歩した跡を回顧しているが、サン・ピエトロ寺院の新堂を述べるに先立って特に断り、Die Geschichte dieses gewaltigsten Tempels der Welt ist erst neuerdings durch die verdienstvollen Forschungen H. von Geymüller , s, namentlich durch seine Untersuchungen über die auf St. Peter bezüglichen Handzeichnungen der Uffizien in ein neues Licht anzutreten〔註33〕と記している。

法王庁の歴史を厳密な史学的基礎の上に築いたルードウィヒ・フォン・パストールの大著Geschichte der Päpste〔教皇史〕のユリウス二世篇は、総本山再建の次第を詳細に考証するにあたり、ダゴベルト・フライとガイミュルラーの研究に深い敬意を表しているが、特にガイミュルラーについて記す追憶は私を感動させるのである。… Der Name dieses genialen Mannes, mit dem ich in der Ewigen Stadt Freundschaft schloss und dessen Führung durch St. Peter zu den wertvollsten Erlebnissen meines römischen Aufenthaltes gehört, wird für immer mit der Grabeskirche des ersten Papstes verbunden bleiben.〔註34〕

私の貧しい書棚から取り出した四種の文献は、歴史科学がどういう性質の「協力事業」であるかを、簡明に理解させるに役立っているが、ここにガイミュルラーの遺稿Architektur und Religion〔建築と宗教〕を添えてみると、歴史科学の背後にひそむ「時代」と「個人」との思想が鮮明に浮き出て来るのを感じる。敬虔なクリスト教徒だった彼は「神授の美的調和」を信じ、その権化をブラマンテに観ようとする人であった。古典建築とゴート建築との調和をルネサンス建築に認めるメタフィジクは、現代の建築技術家からみれば、甘い夢のような玩具にすぎぬであろう。しかし、一八世紀後半期以来の一世紀にわたって建築思想の変遷を経験した後の時代では、この「甘い夢」も技術家を導く一つの「理想」であったろう。建築思想上の歴史主義についてヴィオレ・ル・デュックと対抗していたガイミュルラーは、彼の時代の新しい信念に導かれてブラマンテのサン・ピエトロの再現を発願し、技術上の優れた訓練を力に数千枚の素描を整理しながら、建築史学の偉業を築いたのである。

私はここに、建築史学の認識を制約している一つの「限界」をみるが、それとともに、Leben erfasst hier Leben〔註35〕というディルタイの言葉を思い出し、これにちなんで一つの空想を感じるのである。仮にもしディルタイのように優れた学者がガイミュルラーの思索の跡を詳細に nacherleben〔追体験〕し、beschreibende und zergliedernde Psychologie〔記述および分析心理学〕を働かせて、この大建築史家の精神の Struktur-zusammenhang〔構造上のつながり〕を「復原」するとしたら、建築史学の認識論は非常に興味深い一つの資料をもつことになるであろう。

建築史観

『チチェローネ』の序でブルクハルトは Im einzelnen wird man sehr verschiedene Gesichtspunkte befolgt finden〔註36〕と断っているが、私はこの短い言葉に、この書を建築史学の「聖典」たらしめている第一条件をみるのである。

不思議なことに、「聖典」のこの特徴を正しく理解し、文字に表して明瞭にいい切っているのは、私の知る限りでは、ハンス・トゥローグ一人だけのようである。ブルクハルトが世を去った直後にこの優れた伝記者が書いた Jakob Burckhardt, Eine biographische Skizze〔ヤーコプ・ブルクハルト伝記メモ〕を読むと下の言葉を見出す。Die Vorzüge des "Cicerone" liegen vielleicht gerade darin, dass sein Verfasser nicht zu Gunsten irgend einer ihm besonders am Herzen liegenden Methode oder Betrachtungsweise in Einseitigkeit verfallen ist, sondern dem Kunstwerk in völlig freier

Wahl des Standpunktes jedesmal gerade das abzugewinnen gesucht hat, was ihm für die Betrachtung und Würdigung als besonders fruchtbar und anregend erschien.〔註37〕

トゥローグの小冊子をバーゼルの書肆《しょし》から私が取り寄せて読んだのは、今から一〇年ほど前である。当時の私は、一時心を惹かれていた美術史学の方法論から解放されていたし、そういう方面の問題を標榜した美術史家の仕事に向かって私なりに貧しい思索を弄ぶ興味も失っていたから、古風な装釘をもつこの小冊子に、かえって落ち着いた親しみを味わったのである。それだけに、『チチェローネ』の長所を指摘した上記の言葉は、ブルクハルト以後のドイツ系美術史界に与えた鋭い「訓戒」のように聞こえ、現代の建築史家が心に銘すべき貴い「警告」のごとく思われたのである。

『チチェローネ』がドイツ系の建築史家達に残した影響は随分大きかったらしいが、有効な教示を与えた範囲は案外に狭く、イタリア・ルネサンス建築の部分に限られていたようである。そこには勿論、ブルクハルトの他の一冊の著書『イタリア・ルネサンス建築史』の影響も加わるわけであるが、当時の建築界の「時代思潮」にみる特殊なルネサンス趣味の方が、むしろ強く働いていたのであろう。『チチェローネ』そのものは、古典ギリシャからバロック時代に及ぶイタリア半島の遺構を扱い、各時代の造型的形式観に即し、イタリア固有の空間的表現を洞察しながら、深く理解し正しく判断しているにかかわらず、当時の専門家達には、この「聖典」を隅々まで味わう心の余裕がなかったようである。

しかし、ブルクハルトの後に出て来たドイツ系美術史家達が、この「聖典」の貴重な精神を時折見失う原因はまだ他にもある。元来ドイツ系の学者の中には、一種の指導観念や方法論的形式に基づいて史実を整理する人が多いが、この性格がブルクハルトの著書を解釈する場合にも自ずから現れ、必然的に「聖典」の精神から遠ざかり、建築史学の正道から外れる、等の結果に導いたものであろう。

これらの事情を思い合わせながら、ブルクハルトの『チチェローネ』を後代の若干の有力な建築史家の仕事と対比させてみる場合、特に興味深いのはイタリア・バロック建築に関する部分である。現在に至るまで奇怪にも一般の定見になっているのは、ブルクハルトがバロック建築を甚だしく嫌い、忌憚ない非難を浴びせたというのであるが、『チチェローネ』を一読すれば、この定見がどうして生れたか想像することができないほどである。むしろ、イタリア・バロック建築の特殊性はブルクハルトによって発見された——という方が至当なくらいで、後の専門研究家達がブルクハルトの真意を余り誤解しすぎているのに、私は非常な驚きを感じるのである。

ハインリヒ・ウェルフリンが一八八八年に刊行したRenaissance und Barock〔ルネサンスとバロック〕の序をみるとMeine Absicht war, die Symptome des Verfalls zu beobachten und in der“Verwilderung und Willkür”womöglich das Gesetz zu erkennen, das einen Einblick in das innere Leben der Kunst gewährte〔註38〕と記している。この著書で年若いウェルフリンは、ブルクハルトの『イタリア・ルネサンス建築史』に暗示されてKünstlergeschichte〔美術家の歴史〕から画然と区別されたKunstgeschichte

〔美術史〕を標榜しはじめているとともに、一六世紀初頭の美術に発展過程の頂点を認めようとするクラシック芸術論をすでに表示している。この「美術史的芸術理論家」は、ブルクハルトの開拓した境地を継承する自覚をもっているようであるが、事実はある程度まで反対だといってよい。そういう意味で『ルネサンスとバロック』は、偉大な師匠の正道から彼が離れた第一歩の作品である、と私は考えているのである。

コルネリウス・グルリットが一八八七年に編纂したGeschichte des Barockstiles in Italien〔イタリア・バロック様式の歴史〕は、フランツ・クーグラーの建築史続篇としてブルクハルトとリューブケが著したルネサンス以後を継承するものであるが、その序でグルリットは以下のような意味を記している。「リューブケとブルクハルトがルネサンス建築史を編纂した頃は、世の中がまだここに扱われている建築の価値を理解していなかったが、現在はすでにバロック様式を扱う機運に向かっている……」。けれどもグルリットの著書は、彼の「雄図」にもかかわらず混沌とした史料の集積にすぎない。彼の先進者二人は各異なる把捉形式をもって、その『イタリア・ルネサンス建築史』と『フランス・ルネサンス建築史』を的確に整理した開拓者であるが、グルリットの仕事には、そういう建築史学上の建設的な意味が欠けていた。私はこの場合にも、『チチェローネ』のバロック建築の部に、遺構の整理の遥かな的確さをみるのである。

アロイス・リーグルは、一九世紀の末から二〇世紀のはじめにかけて、イタリア・バロックの研究を講義や演習の主題に扱っているが、草稿Die Entstehung der Barockkunst in Rom〔ローマにおけるバロック芸術の成立〕の序説には、下の言葉がある。Dazu kam noch, dass der grösste deutsche Kunstforscher im dritten Viertel des 19. Jahrhunderts, Jakob Burckhardt, aus Begeisterung für die Renaissance am Barockstil eine äusserst schonungslose Kritik geübt hat, die in allen seinen Schriften wiederkehrt.〔註39〕

リーグルはその主著『後期ローマ時代』で一種の「精神史的芸術史観」を具体化し、Kunstwollen〔芸術意志〕の時代史的解釈を標榜しているが、この草稿の背後にも同様な歴史観が予想されるわけであり、したがって、現在までその価値を低く評価されていたバロック美術の特殊性を描き出すことが、この場合の主要目標になるわけである。しかし、バロック建築に関する限り、リーグルの与えた「新しい解釈」は、もっと明快な形ですでに『チチェローネ』が述べているのである。

ブルクハルトの『チチェローネ』はバロック様式の内蔵するイタリア的特質を認め、その創造的な意義と廃頽的な症状とを明らかに区別しているばかりでなく、似たような作品の間にも価値の優劣を正確に判断して、少しの誤りもないのである。私はローマ滞在中バロック様式の建築に興味を感じていたので、帰ってからもこの方面の主だった著書は相当に眼を通したが、私が特に注意し専門家の研究にも指摘されているような当代遺構の性格は、ほとんど総て『チチェローネ』の中に記されているのである。

ブルクハルトがどうしてもその価値を認めようとしなかったのはイタリア・バロックではない。イタリア以外の土地に発生した所謂「ルネサンス様式」とその現代的亜流とである。この考えかたは初期の著書 Kunstwerke der belgischen Städte〔ベルギーの都市の芸術作品〕にもすでに現れているし、ガイミュルラーやリューブケのような親友達に与えた書簡にも窺われる。のみならず、この二人の友がいずれもイタリア以外のルネサンス建築に貴重な労作を分かっているのを惜しむ気持さえ披瀝しているほどであるが、こういう全面的な否定的態度でイタリア・バロックを扱ってはいないのである。

偏った建築史観や芸術思想に捉われた多くの建築史家が、その尊敬すべき業績にもかかわらず、正しい静観的態度を失い、史眼をくもらされているのに、『チチェローネ』は、建築史学の聖典にふさわしく、著者の趣味に合わない時代様式の特殊性までも、透徹した洞察のうちに良く識別していた。ブルクハルトがバロック建築を述べるにあたって断っている下の言葉は、この場合特に教訓的である。Unsere Aufgabe ist: aufmerksam zu machen auf die lebendigen Kräfte und Richtungen, welche sich trotz dem meist verdorbenen und konventionellen Ausdruck des Einzelnen unverkennbar kundgeben. Die Physiognomie dieses Stiles ist gar nicht so interesselos, wie man wohl glaubt.〔註40〕

映写室

「帝劇」のできたのは明治四四年二月であった。その三月、当時「中央ステーション」と呼んだ東京駅の建設工事が始まっている。現在からみれば、都心に広大な操車場を置くことも都市計画上の問題を含むであろうし、宮城外苑の厳粛な記念地域に接して私営の興行建築をもつことも考慮の余地を残すであろう。しかし、同じ年の五月には文部省に文芸委員会が設けられ、この会の決議で委員長の森鷗外が「ファウスト」の翻訳にとりかかることになったのである。明治四四年という年代にちなんで、「中央ステーション」と「帝国劇場」と「ファウスト」という三つの固有名詞を並べて考えると、一種の時代思潮史的連関をここに観たくなって来る。

「ファウスト」の翻訳が完成したのは大正二年であった。この第一部を同年三月に近代劇協会が上演することになり、舞台は帝劇にきまった。私は予約券の発券を待って観よい席を求めたが、自分で芝居見物をする気になったのはこれがはじめてである。幼い頃から能楽に親しんでいた私は、電車の開通していない時分の遠い道に父母と車を連ね観世の舞台を訪れることが多かったが、演劇は余り好まなかったらしい。「ファウスト」の翻訳なって間もなく神田に大火があったが、訳書の刊行がおくれて晴れの観劇までに読了できないようでは困ると心配したものである。青年の眼に帝劇の内部は美しく、後年パリのオペラ座を最初に訪れたときより、華麗な印象を味わうほどであった。

欧州戦争の後、レコードで聴きなれた幾人かの音楽家を帝劇の舞台にみる機運が現れた。その頃は、日本の知識階級が西洋音楽に心酔の状態であったから、帝劇はひととき、「日本に移築した欧州芸術の殿堂」という観を呈したようである。ロシアの歌劇団が来て「グランド・オペラ」の片影を楽しませたのも帝劇であったし、変態な好景気を利用した映画興行主に法外な観覧料を払ったのもここであった。

震災後に更正した帝劇は、欧州から襲って来た熱病の侵入をうけ、荒々しい党歌を観衆が声援する場所になったこともあるが、この熱病は間もなく終焉し、外国映画封切館として平穏な何年かを送る日が来た。その間一本の国際映画を礼装してみる儀式的な会場になったこともあるから、ノー・ネクタイの大衆とタキシード姿の貴顕名士とを、帝劇の観覧席は前後して迎えたわけである。

文化統制の強化される時代となり、しばらく帝劇は中央官衙の代用を務めていた。情報局が「国民映画」の企画を実施してから、委員会のあるたび、三階にできた映写室に私も通った。世界歴史が太平洋を中心に光輝ある展開を示しはじめたある日、私はこの映写室にいて、ハワイ爆撃のニュースとともに紀元二千六百年の式典記録『天業奉頌』をみた。遠く皇軍の戦果を偲びながら盛儀の尊い体験を新たに追懐するのは、まことに感銘の深いものである。三〇年のむかし官選の翻訳劇をみるため帝劇に入った私は、人生五十の終末に近づく頃、同じ建物の中で、荘厳な歴史の瞬間に活きる悦びを今更ながら味わったのである。

映写幕に視野を限られた映像の世界が「フィルム工業」を勃興させ「国民娯楽」となり「宣伝技術」に利用されて著しい社会性を獲得している時代相——というものを、一〇〇年後の建築史家が回顧する場合を想像してみるとする。未来の建築史家がここに扱う史料は非常に雑多であり込み入っているに相違ないが、派生的な現象までくるめて考察するとすればさらに面倒なものになろう。

まず、映画に関係ある建造物の種類を列挙してみるとする。撮影所や映画館などもっとも直接なところであるが、借事務所の中に組み込まれている配給会社の映写室、官庁、公共事業団体、新聞社・その他の映写室、国民学校はじめ各種の教育施設に付帯する映写室、等、等、現代建築が必要とする「現代的条件」も設計技術上の問題を含んでいるし、建築セットのようなものも興味ある資料になるから、これら様々の建造物について、その各々に付随する諸件を整理するだけでも、相当に煩瑣な手数であろう。

次に、映画を観覧に供する興行建築である。第一に、各種の技術的処理に関する映画館特有の条件がある。拡音器の性能に従い吸音率の高い材料を内部意匠に使用する考案、外光の射入を遮断しながら保健と保安を考慮する注意、映写幕に対する客席の視角度を制限しながら観客収容率を高める平面設計、そういう事情が音楽堂や演劇場と著しく異なるから、これらの条件を満足させようとする種々の解答ができる。第二に、経営の立場から要求される面倒な注文がある。地価や賃貸価額の高い消費区域の中枢を求める興行建築のことであるから映画館だけを独立した一戸建てにする場合と、商店その他と組み合わせてブロック・プランをまとめる場合と、その間には経済上の大きな開きが出るが、この二つの形式のうちいずれを選ぶかによって、外観の意匠やその広告効果も変わって来る。また、映画を日常の糧とする需要者の雑多な好みに応じるため、大掛りな映画劇場からこぢんまりしたニュース館まで様々の形態をとるが、極端なものになると、自動車の普及に伴い運転台に坐ったまま「立見」する興行場もあるらしい。その他、演劇場や競技場を映画館に改造したものも興行形態の転換期には多かったし、トーキー誕生期に館内装備を変えた頃にも特殊な問題があったのである。

しかし、映画館を時代の流れに織り込んでみるとき不思議な面白味を感じさせるのは、映写室内部の装飾意匠である。仮にもし物好きな人があって、世界各地の映写室内を撮した写真を蒐集し、年代により性格に従って丁寧に分類しておくとすれば、一〇〇年後の建築史家はこの「根本史料」に沈潜して、万華鏡をのぞく子供のような楽しさを味わうに相違ない。

これから先のことは解らないが、現在各国の映画館にみる内部装飾を大別してみると、大体のところ四つの型に分類できそうである。A型は、映画特有の大胆な創造性と平行して新鮮な様式を考案する傾向である。いわば、室内意匠の「純粋派」である。B型は、消費生活の流行意識を敏活に追求する試みである。時代の流行感覚が描く投影図のごときものである。C型は、興行番組に加えるアトラクションを建築意匠で代用する着想である。思い切り派手に場内を装飾して興を添える計画である。D型は、上映中の映画場面を模倣して館内の壁面にセットを組む方法である。見世物趣味の豪華版と称すべき類である。

こういう性質の建築意匠であるから、その大部分は、セルロイド帯を透す映像のように、はかなく消えてしまうに相違ない。それだけに、物好きな蒐集家の出現を必要とする次第である。

私が映画の「黎明期」に親しんだのは、日露戦争の始まる何年か前であった。まだ「常設館」などという言葉さえ生れなかった時代である。「常設館」ができはじめた頃から、私は「活動写真」をみなくなった。滞欧中には古典音楽のほか心を寄せるものがなかったから、映画館には入ったことがない。そののち、仕事の必要から映画をみはじめたが、しばらくは独りで映画館に入る勇気をもたず、いつも家の者にいっしょに来てもらった。「小屋」の雰囲気にようやく馴れてからは、浅草興行組合のパスに

「特」という判を捺したのをもって、勝手に小屋をのぞきまわったこともあるが、やがて、そのパスを年に一度も使わずにしまう癖がついた。製作会社、輸入会社、配給会社、新聞社、官庁、などの試写室で映画をみるため、いつの間にか私は、映画館に入る習慣をなくしてしまった。館の環境が煩わしく侘しく、観衆と溶け合う気持になれなくなった。その代わり会社の小さい試写室には親しみ馴れて、自分のいつも坐る場所まで、どこにもきまっていたほどである。昭和のはじめ頃から十数年の間は、世界各国の映画が日本に輸入されていたし、日本の映画界も急激な進展をみせた時代であったから、その長い間、私は方々のビルディングにある会社の試写室に「通勤」していたのである。それから、内務省、文部省、鉄道省などの映写室も、震災の名残を止めるバラック時代から本建築の庁舎に移った後まで、淡い公務に関係していた間、親しんだ経験をもっている。

色々の映写室で、私は数え切れないほどの映像をみた。ある映写室は地下二階の物置きのようなところにあった。別の映写室はビルディングの八階にあった。昇降機を出るとダンス・ホールのブラス・バンドが廊下に流れる事務所、金庫のように厳めしい扉のしまる検閲室、その折々にみた映画の場面が、壁に張った大型ポスターの図柄や忙しそうなタイプライターの音といっしょに、雑然と記憶の底に積み重なっている。

映画の一観衆にほかならぬ私であってみれば、はかない夢と様々の世相と世界史の断片とを限りなく見送った今、映写室に別れを告げるのが賢明な処置かも知れない。

しかし考えかたによっては、私の五〇年の生涯もまた、この映写室のごときものかも知れない。

後記

この書に収めてある四四篇の随筆は、岩波書店発行の月刊雑誌『思想』に連載したものである。昭和一二年七月号から一七年四月号に及んでいる。

この四四篇を一冊の著書としてまとめるにあたり、補筆や訂正は、できるだけ加えない方針である。事情上ごくわずかの字句を訂正した他、修正を加えたのは次の二ヵ所だけである。その一つは「柱」である。はじめこの連載の第二回目に書いた稿は随筆として私の意に満たず、編集者の許しを得て第一七回目にもう一度「柱」を書き、これを正篇とし旧稿を続篇として一貫したものにまとめ、他の諸稿と同じ基調にととのえることとした。そのため、旧稿の一部をこの機会に書き改めたのである。また他の一つは、第一六回の「家」である。連想の具合で他の稿と同じことを述べている部分があるのに気付いたため、この部分に筆を加えたのである。

以上の修正を除けば、配列の順序も掲載の通りである。掲載しながら私は、数篇ずつ一組にまとまるように主題を選んで行った場合が多いので、そのままの順序で著書にまとめることができたのである。

この随筆が連載されていた五年間は、偶然にも、私の生涯にとって特に追憶の豊かな期間にあたっている。本書に先立って刊行した『造形文化と現代』に収めてある諸稿も、この期間内に発表したものである。しかし、仮にもし本書に収めた諸稿が、五年にわたる時間的経過の中に一篇ずつ綴られたものではなく、全篇を一度に現在の私が執筆していたのであったら、主題によっては、内容が相当に変わっているであろう。例えば、執筆したときには近い将来に仮定されていたことが、現在からみればすでに過去の追憶となっているのである。

ここに収録してある稿を年次別に分ければ、昭和一二年には「階段」から「屋根」まで、一三年には「天井」から「新聞社」まで、一四年には「美術館」から「事務街」まで、一五年には「商店街」から「門」まで、一六年には「浴室」から「街道宿」まで、一七年には「建築史家」から「映写室」まで、となっている。

一回切りのつもりで書いた随筆が縁となって終に五カ年の長期連載となった。これひとえに編集者諸氏の援助と激励とによるものである。この連載随筆ほど「住み心地の良い境地」を得た経験は、私の生涯を通じて他になかったようである。

五年前の良く晴れた朝であった。谷川徹三氏が上京の途中だといって、私の山荘を訪れてくれた。そのおり氏から「階段」の続稿を送っておいてくれたかといわれ、予定して待っているのだからと励まされた。「後記」を書きながら私はこの朝を思い出す。

昭和一七年八月

軽井沢の山荘にて　著者

註

1〔19頁〕「その（柱の模様である縦の）溝には、ひとりの人間がすっぽりとはまり込むほどである。」

2〔49頁〕Jacob Burckhardt, *Der Cicerone, eine Anleitung zum Genuss der Kunstwerke Italiens*, 1855. 建築編の翻訳には、ヤーコプ・ブルクハルト『チチェローネ［建築編］イタリア美術作品享受の案内』瀧内槇雄訳、中央公論美術出版、二〇〇四（平成一六）年がある。

3〔49頁〕「内部は、巨大な円堂をその光線と反射で見事に満たしている上方から光の統一と美しさがすべてを圧倒している。」瀧内訳、前掲、二四頁

4〔62頁〕「寡欲な美の真の模範である。」瀧内訳、前掲、二〇〇頁

5〔117頁〕「ロシアの偉大な駅舎、ヘルシンキ駅が偉大なフィンランドの建築家、エリエル・サーリネンに託されたことは、ロシアの事情に対する羨望の念をもって伝えられた。」

6〔138頁〕「四年前にこの建物の定礎式が行われたときに、新しい施設のために礎石が置かれるだけでなく、新しい真のドイツ芸術のための基礎がつくられなければならないということをわれわれ全員が意識していた。」

7〔149頁〕「我等殉職航空戦士。我等は勝利者となつた。我等自身の力だけで。国民よ、再び大空に飛べ！　かくして、諸君は勝利者となるのだ。諸君自身の力だけで。」板垣鷹穂『造形文化と現代』育生社弘道閣、一九四二（昭和一七）年、八八頁。なお、現地の碑文は以下の通り（/は改行位置を示す）。WIR / TOTEN FLIEGER BLIEBEN / SIEGER / DURCH UNS ALLEIN. / VOLK, / FLIEG DU WIEDER / UND DU WIRST / SIEGER / DURCH DICH / ALLEIN.

8〔193頁〕「そして、われわれが行進をすれば、光がわれわれを照らす。暗闇と雲を光輝が打ち抜く。」

9〔193頁〕「運動の目的と同様に単純、明瞭、偉大であるのは、ミュンヘンの『ナチ党員の家』であり、そこには国家社会主義ドイツ労働者党の全国指導者の拠点が置かれている。」

10〔201頁〕「歓喜力行団（かんきりっこうだん）」。旅行、コンサート、スポーツなどのレジャーがドイツ労働者の生活改善になるとし、ナチス・ドイツにおいて様々な余暇活動を提供した組織。

11〔225頁〕「……もっとも良い例は、現代の公務員、商社マン、工業関係者で、彼らは昼間には西洋風の衣服を着てアメリカ風の事務机に向かい、夜には……キモノを着る。そして彼らの和風の住まいのマットの上にじかに腰をおろす……お茶席では花や絵を賛美し、バショウ様式の歌を紙に読む……このきわめて複雑な生活が可能であるのは、つぎのような理由からしか説明し得ない。すなわち、生活の基盤や理念の内容ではなく、むしろ活動や行為の形式が、純然たる形式としてとらえられ、繰り返し実行されているのである。つまりこの民族の才能は、創造的・精神的な価値やその表現形式を自らの中から生み出す能力ではなく、すでに存在する外面の形式を絶えず新たに習得する能力、受動力で型を守る能力なのである。」

12〔227頁〕「それはヨーロッパにおいて、もっとも規模の大きなアーケード（ガラス屋根のある遊歩道）である。」

13〔244頁〕「わたしも言っておく。あなたはペトロ。わたしはこの岩の上にわたしの教会を建てる。陰府（よみ）の力もこれに対抗できない。」「マタイによる福音書」第一六章第一八節、新共同訳、日本聖書協会、一九八七（昭和六二）年

14〔249頁〕「神への愛と聖ペテロへの敬意のために。」

15〔255頁〕「一九一九年六月二八日、ヘルマン・ミュラーとベル博士は、帝国に強制された条約にヴェルサイユ宮殿の鏡の間において署名する。」

16〔256頁〕「朕は芸術なり。」

17〔258頁〕「亡き父よ！　もしも父さんが生きていて、父さんの息子であるちっぽけな庭師が、この世でもっとも偉大な王様の隣で移動椅子に乗って散

歩するのを見ることができたならば、私の喜びに欠けるものは何ひとつないでしょう。」

18〔２５９頁〕「サン・ミシェル騎士団の一員であり、王の参事官であり、王の建造物、そしてフランスの芸術と工芸の監査役であり、ヴェルサイユなど王宮の造園の主任であったル・ノートルの遺骸ここに眠る。彼は仕えた王の偉大さ、華やかさに相応しい優秀な作品を残した。フランスは彼の技能を独占しなかったが、彼に比肩しうるライバルはなく、ヨーロッパの全君主が彼の弟子を召し抱えることを望んだ。」

19〔２６４頁〕「常に生き生きとし、まじめで、活力があり、知的であり、勤勉。」

20〔２６５頁〕「昔ながらの姿を今日までたもってきたパリの美の信奉者であるわれわれ画家、彫刻家、建築家、美術愛好者一同は、この都の中心に、不要であり、あまりにも醜いエッフェル塔の建造に対して、不遇にあるフランスの趣味の名において、危機に陥ったフランスの芸術と歴史の名において、憤慨を込め、全力をあげて抗議する。」

21〔３０２頁〕「すべての時代において街路は時代の歴史を表現し、そこに残る轍は過去を物語っている。道と国民の運命は象徴的な関係にある。その施工方法に、その国の路線の管理の中に、様々な世紀の技術だけでなく、その世紀の創造者の精神と意志までも映し出している。」

22〔３２３頁〕「今こそ安らかに死ぬことができよう。なぜなら、ラファエロをもう一度見ることができたのだから……。」

23〔３４４頁〕「なぜA・レーモンドがこのように忠実な模倣を行ったのかは別として、この模倣は彼の建築家としての想像力の弱さというよりも、むしろ現代建築の力強さの証のように思われる。」

24〔３７２頁〕「われらのガラス付き窓が、風と寒さからわれらを守りながらも、なおかつ愛しい太陽と日光を、居間や部屋まで運ぶことを感謝しよう。」

25〔３８５頁〕「みなさん、興味深いものへの感覚をみなさんの内に培わなくてはなりません。」

26〔３８７頁〕「この女王は、時をわきまえずに働くという悪癖を有していました。彼女は乗馬中でさえ糸を紡いでいたのです。」

27〔３８８頁〕「彼はピアニストとも声楽家ともいわれるような者ではなかったが、それでも私は、ブルクハルトがグルックのオペラやモーツァルトのミサ曲をはじめその種のこの上なく高貴な曲の数々を演奏し、また歌った折には、稀にみるほど独特かつ洗練された音楽的感興を体験した。それは世界中のいかなる歌劇場でも見出すことができず、いかなる皇帝や王でも得ることができない楽しみであった。」

28〔３８９頁〕「出入国をめぐるいざこざ、質の悪い水、ベッドの中の南京虫、そう、こうした困難のすべてに見舞われたことのない者には、いかにイタリアが美しいかはわからないだろう。」

29〔３８９頁〕「私たちは彼をブルクハルトへの讃美にひたらせておいた。」

30〔３９０頁〕「ディプロマを授けられたエンジニア兼建築家として私は告白する。記念建造物そのものの研究と並んで、ブルクハルトの『チチェローネ』以上に多くのことを学んだ文献はない……。」

31〔３９３頁〕「……それによって、旧知のサン・ピエトロとブラマンテ、ガイミュラーの深い感謝の念と心からの共感とを、あなたが末永く信じてくださいますように。」

32〔３９４頁〕「本当に少しずつですが、私はあなたの考察と裏付けのプロセスをどうにか摑むことができるようになりそうです。」

33〔３９６頁〕「世界で最も巨大なこの寺院の歴史は、ようやく最近になって、H・フォン・ガイミュラーの賞讃に値する諸研究、つまりウフィッツィ美術館に所蔵されているサン・ピエトロに関わる素描の調査によって、新たな光が当てられた。」

34〔３９６頁〕「私がこの永遠なる都において友誼を

交わした人であり、そのサン・ピエトロの案内が、私のローマ滞在の中でも最も価値ある体験の一つとなっているのだが、この天才的な人物の名は、初代教皇の墓所である教会と永久に結び付けられ続けるであろう。」

35〔397頁〕「この科学では生が生をとらえるのであり」尾形良助訳、以文社、一九八一年、八四頁

36〔398頁〕「個々の場合に実にさまざまな視点に立っているのが見られよう。」瀧内訳、前掲、四頁

37〔399頁〕『チチェローネ』の長所は、恐らく、著者が自らにとってとりわけ心酔する方法論や鑑賞法に従って偏向することなく、芸術作品についての観点を全く自由に選択し、それを鑑賞し、讃嘆するにあたり、とりわけ実り豊かで刺激的だと思われるものを引きだそうと試みている点にある。

38〔400頁〕「私の意図は崩壊する徴候を観察することであり、〝野生化と恣意〟の中に、場合によっては芸術の内的生命を洞察できるような法則を認識することであった。」ハインリッヒ・ヴェルフリン『ルネサンスとバロック』上松佑二訳、中央公論美術出版、一九九三（平成五）年、四頁

39〔402頁〕「これに加えてさらに、一九世紀の第三四半期における最も偉大なドイツの芸術研究家、ヤーコプ・ブルクハルトが、ルネサンスへの熱狂的愛好から、彼のあらゆる著作の中で繰り返しバロック様式に対して仮借ない批判を展開した。」

40〔403頁〕「個々のもののたいていは退廃した因習的表現にもかかわらず、まぎれもなく表明されている生き生きとした力と傾向に注意を喚起するのがわれわれの課題である。この様式の相貌は人々が思っているほど面白くないものではない」。瀧内訳、前掲、四一三頁

図版出典一覧

- 〔12頁〕オペラ座　André MICHEL, *Histoire de l'Art*, Tome VIII-Première Partie, Paris, Librairie Armand Colin, 1925
- 〔14頁〕スペイン階段『建築国策と史的類型』板垣鷹穂、六興出版部、一九四四（昭和一九）年
- 〔15頁〕サンタ・マリア・マジオーレ寺院背面、同右
- 〔19頁〕ポセイドンの神殿『建築の様式的構成』板垣鷹穂、刀江書院、一九三一（昭和六）年
- 〔20頁〕レジア階段『建築国策と史的類型』前掲
- 〔21頁〕サンタ・マリア・イン・カムピテルリ　André MICHEL, *Histoire de l'Art*, Tome VI Première Partie, Paris, Librairie Armand Colin, 1921
- 〔22頁〕サン・ロレンツォ『建築の様式的構成』前掲
- 〔23頁〕サンタ・マリア・イン・コスメディン　Bruno ZEVI, *Architecture as Space*, New York, Horizon Press, 1957
- 〔24頁〕サン・ピエトロ広場『建築国策と史的類型』前掲
- 〔25頁〕イタリア建国記念碑、同右
- 〔30頁〕三菱銀行本店『明治大正建築写真聚覧』建築学会、一九三六（昭和一一）年
- 〔31頁〕ラヴェンナの洗礼堂『イタリアの寺』板垣鷹穂、大鐙閣、一九二六（大正一五）年
- 〔32頁〕ケルンの本山『建築の様式的構成』前掲
- 〔34頁〕パラッツォ・ファルネーゼ『建築の様式的構成』同右
- 〔35頁〕丸ビル『明治大正建築写真聚覧』前掲
- 〔36頁〕そごう百貨店『近代建築画譜』近代建築画譜刊行会、一九三六（昭和一一）年
- 〔37頁〕ショッケン『国際建築』第一二巻、一九三六（昭和一一）年
- 〔41頁〕東大寺法華堂『建築の様式的構成』前掲
- 〔42頁〕サンタ・マリア・デル・フィオーレ、同右
- 〔43頁〕サン・ピエトロ寺院背面、同右
- 〔44頁〕大阪軍人会館『建築と社会』一九三七（昭和一二）年八月号
- 〔47頁〕シクストゥス礼拝堂天井『西洋美術史要』板垣鷹穂、岩波書店、一九三七（昭和一二）年第四刷
- 〔49頁〕パンテオン『建築の様式的構成』前掲
- 〔50頁〕カンピドリオ広場　André MICHEL, *Histoire de l'Art*, Tome VIII-Seconde Partie, Paris, Librairie Armand Colin, 1926
- 〔51頁〕サン・ピエトロ広場　Rudolf WITTKOWER, *Art and Architecture in Italy 1600 to 1750*, Penguin Books, 1958
- 〔52頁〕サン・イニアチオ寺院天井『建築国策と史的類型』前掲
- 〔58頁〕サン・ベルナルディーノ『イタリアの寺』前掲
- 〔59頁〕チェルトーザ・ディ・パビア『西洋美術史』板垣鷹穂、武蔵野美術大学、一九五二（昭和二七）年
- 〔60頁〕パラッツォ・ピッティ『建築の様式的構成』前掲
- 〔61頁〕スペダーレ・デリ・インノチェンティ、同右
- 〔63頁〕ルーヴル　André MICHEL, Histoire de l'Art, Tome VI-Seconde Partie, Paris, Librairie Armand Colin, 1922
- 〔64頁〕ベルニニの設計図、同右
- 〔70頁〕サン・ジミニアノ『建築の様式的構成』前掲
- 〔81頁〕三信ビルディング『建築と社会』一九三〇（昭和五）年一一月号
- 〔82頁〕そごう百貨店『建築と社会』一九三七（昭和一二）年四月号
- 〔88頁〕逓信病院『国際建築』第一三巻、一九三七（昭和一二）年
- 〔98頁〕大丸大阪店『近代建築画譜』前掲
- 〔99頁〕大丸神戸店『国際建築』第一三巻、一九三七（昭和一二）年
- 〔107頁〕高輪台小学校『建築の東京』都市美協会、一九三五（昭和一〇）年
- 〔109頁〕江戸川区篠崎尋常高等小学校押上分教場『民族と造営』板垣鷹穂、六興商会出版部、一九四三（昭和一八）年
- 〔112頁〕名古屋駅、コンコース『建築と社会』一九三七（昭和一二）年四月号
- 〔115頁〕サンタ・マリア・ノヴェラ中央駅　*L'Architecture d'Aujourd'hui*, Août 1938
- 〔119頁〕開設当時の新橋駅『民族と造営』前掲
- 〔120頁〕東京駅『明治大正建築写真聚覧』前掲
- 〔122頁〕都新聞社、同右
- 〔122頁〕東京日日新聞社、同右
- 〔122頁〕東日会館『国際建築』第一四巻、一九三八（昭和一三）年
- 〔124頁〕東京朝日新聞社『東京横浜復興建築図集』建築学会編纂、丸善、一九三一（昭和六）年
- 〔124頁〕報知新聞社『明治大正建築写真聚覧』前掲
- 〔124頁〕国民新聞社『建築の東京』前掲
- 〔126頁〕朝日ビルディング（大阪）『建築と社会』一九三二（昭和七）年二月号
- 〔126頁〕大阪朝日新聞社京都支局『近代建築画譜』前掲
- 〔126頁〕大阪朝日新聞社名古屋支社『国際建築』第一四巻、一九三八（昭和一三）年
- 〔132頁〕ルーヴルの全景　MICHEL, 1925
- 〔136頁〕グリプトテーク　MICHEL, 1926
- 〔137頁〕ドイツ芸術の家『建築雑誌』一九三七（昭和一二）年三月号
- 〔138頁〕東京帝室博物館本館『明治大正建築写真聚覧』前掲
- 〔139頁〕ニコライ堂、同右
- 〔144頁〕アレッサンドロ七世の墳墓　WITTKOWER, 1958
- 〔145頁〕ウルバノ八世の墳墓、同右
- 〔150頁〕イギリスの住宅　Albert SARTORIS, *Encyclopédie de l'Architecture Novelle*, Ulrico Hoepli Éditeur, Milan, 1957
- 〔162頁〕靖国神社『明治大正建築写真聚覧』前掲
- 〔164頁〕中央郵便局『建築の東京』前掲
- 〔165頁〕鉄道省本庁舎『国際建築』第一四巻、一九三八（昭和一三）年
- 〔166頁〕第一生命保険相互会社、同右
- 〔167頁〕明治生命館『建築の東京』前掲
- 〔168頁〕帝室林野局庁舎『建築雑誌』一九三八（昭和一三）年三月号
- 〔174頁〕興風会の会堂、財団法人興風会（撮影年不明）
- 〔175頁〕日立海岸工場『国際建築』一三巻、一九三七（昭和一二）年

・〔175頁〕煙草工場『建築雑誌』
一九三八（昭和一三）年八月号
・〔180頁〕比叡山ホテル『民族と造営』前掲
・〔188頁〕聖パウロカトリック教会
L'Architecture d'Aujourd'hui, Octobre 1936
・〔190頁〕ツェッペリンフェルト
『民族と造営』前掲
・〔191頁〕フォーゲルザングの
オルデンスブルク『建築雑誌』
一九三六（昭和一一）年一一月号
・〔192頁〕ケーニヒス広場
L'Architecture d'Aujourd'hui, Octobre 1939
・〔196頁〕航空省『建築雑誌』
一九三七（昭和一二）年三月号
・〔214頁〕明治生命保険会社、東京商業会議所、
東京会館、日本郵船ビルヂング、東京海上ビルヂ
ング『明治大正建築写真聚覧』前掲
・〔216頁〕鉄道院、同右
・〔217頁〕東京中央電信局、同右
・〔218頁〕陸軍省、外務省、鹿鳴館、海軍省、
司法省、東京裁判所、同右
・〔220頁〕警視庁、内務省、会計検査院、文部省、
特許局『建築の東京』前掲
・〔222頁〕丸ノ内食堂、同右
・〔227頁〕ミラノの本山『建築の様式的構成』
前掲

・〔228頁〕ガレリア・ビットリオ・エマヌエレ
二世 *The Builder*, vol.52, 1897
・〔229頁〕パリの自動車ショールーム
『民族と造営』前掲
・〔231頁〕日本劇場『建築の東京』前掲
・〔240頁〕サン・ピエトロ寺院の大穹窿
『西洋美術史要』前掲
・〔242頁〕サン・ジョワンニ・イン・ラテラノ
『イタリアの寺』前掲
・〔243頁〕サン・パオロ・フオリ・レ・ムラ、同右
・〔246頁〕ダ・ヴィンチの素描
『建築の様式的構成』前掲
・〔246頁〕テンピエット『西洋美術史概説』
板垣鷹穂、岩波書店、一九二二（大正一一）年
・〔246頁〕サンタ・マリア・デラ・コンソラツィ
オーネ『建築の様式的構成』前掲
・〔246頁〕マドンナ・ディ・サン・ビアジョ、同右
・〔246頁〕イル・ジェズー『西洋美術史概説』
前掲
・〔246頁〕サンティ・ピエトロ・エ・パオロ寺院
『建築雑誌』一九三九（昭和一四）年七月号
・〔248頁〕ガイミュルラーの考証による
ブラマンテのサン・ピエトロ寺院構想
『建築の様式的構想』前掲
・〔249頁〕ミケランジェロの構想、同右
・〔252頁〕ヴェルサイユ宮殿　MICHEL, 1921

・〔253頁〕鏡の間、同右
・〔263頁〕パリ万国博覧会
『建築国策と史的類型』前掲
・〔264頁〕パリ万国博覧会機械館、同右
・〔265頁〕パリ万国博覧会（エッフェル塔）
L'Architecture d'Aujourd'hui, No. 586
・〔266頁〕東京勧業博覧会
『明治大正建築写真聚覧』前掲
・〔272頁〕愛知県庁舎『建築雑誌』
一九三八（昭和一三）年五月号
・〔273頁〕京都市（岡崎）公会堂『建築と社会』
一九三一（昭和六）年八月号
・〔274頁〕独逸文化研究所『建築と社会』
一九三五（昭和一〇）年一月号
・〔275頁〕関西日仏学館『近代建築画譜』前掲
・〔284頁〕川崎市役所『建築雑誌』
一九三八（昭和一三）年一二月号
・〔292頁〕サン・フランチェスコの寺院
『イタリアの寺』前掲
・〔293頁〕サン・タポリナーレ・イン・クラッセ、
同右
・〔296頁〕サン・ダミアノの僧院、同右
・〔308頁〕アルク・ドゥ・レトワール
『建築の様式的構成』前掲
・〔309頁〕アルク・デュ・カルーゼル
MICHEL, 1926

・〔310頁〕ブランデンブルゲル・トール、同右
・〔311頁〕プロピュレーン、同右
・〔316頁〕慶應義塾大学予科寄宿舎の浴室
『民族と造営』前掲
・〔321頁〕署名の間『建築国策と史的類型』前掲
・〔327頁〕板垣家書斎、板垣家アルバム
・〔337頁〕モン・レアーレ寺院僧院廻廊
『建築の様式的構成』前掲
・〔339頁〕サンタ・マリア・デレ・グラチエ、同右
・〔341頁〕サン・ジョワンニ・デリ・エレミティ
『建築国策と史的類型』前掲
・〔344頁〕東京女子大学講堂及び礼拝堂
『国際建築』第一四巻、一九三八（昭和一三）年
・〔347頁〕メディチ家の礼拝堂内
『建築の様式的構成』前掲
・〔348頁〕サン・ロレンツォ寺院旧聖具室
MICHEL, 1926
・〔349頁〕パッチ家の礼拝堂内
『建築の様式的構成』前掲
・〔352頁〕フィレンツェの洗礼堂第二門扉
優秀作、ブルネレスキ『西洋美術史要』前掲
・〔352頁〕フィレンツェの洗礼堂第二門扉
優秀作、ギベルティ、同右
・〔372頁〕《書斎の聖ヒエロニムス》同右
・〔382頁〕軽井沢の家で過ごす板垣と妻直子、
板垣家アルバム

解題・年譜

板垣鷹穂の『建築』

丹尾安典

武蔵野美術大学の前身は帝国美術学校である。その開校式は、一九二九(昭和四)年一〇月二七日に挙行された(『武蔵野美術大学六〇年史』一九九一年)。当日午後に記念の特別講演をかねた初講義がおこなわれ、板垣鷹穂が講師をつとめた。入学生、教員、来賓をまえにして、板垣はイタリア・ルネサンスの話をした。板垣はまだ三五歳になったばかりだった。武蔵野の櫟林に百舌《もず》の声がひびく晴天の午後、狭い講堂は満員であった。「板垣氏の内容も態度もまことに人をうつものがあって、今も鮮やかにおもい出されるほどである…(略)…その時板垣氏が講演題目にイタリイルネサンスを選ばれたということは、本校の創立記念日の題目としてまことにめでたいものであり、本校の運命というか使命というかを予言せられたものかとおもわれていよいよ意味深いものにおもわれる」。

同校創立に尽力した名取堯は「初の講義」（『武蔵野美術』三二号、一九五九年一一月）と題する小文のなかで以上のように回想している。続けて名取はこんな話を記している。僧院の一室で若き学徒たちが、蝶の羽の数を論じていた。六枚という者、四枚あるいは二枚という者がいる。根拠は古文書の記述であったが、外の蝶をつかまえて確かめようとする者は誰もいなかった。レオナルド・ダ・ヴィンチは、そうではなかった。固定観念を排して、自分の眼で見ようとした。それがルネサンスだ。「わが学園の教授たちも学生たちも、僧院の厚い壁の中にいることに窒息を感ずる人々であった、窓を押し開いて、野の、荒々しいが、新鮮な、かぐわしい空気の中に出た」云々と。これが名取自身の着想による記述であったのか、板垣の話に導かれた語りであったのかは知りえないが、この話は板垣の生涯変わらぬ姿勢、すなわち常に「自分の眼」で対象と向き合う態度と響き合っている。

板垣は創立時から晩年にいたるまで、武蔵野美術大学の講師を勤め続けた。学生たちに教えようとした要所は、虚心に「自分の眼」で見つめつくすことにあったのだと思う。このたび復刊のはこびとなった『建築』は、そんな板垣の眼のありようを如実に映し出した著作である。読者は「新鮮な、かぐわしい空気の中」できらめき続けている眼から、多く啓発されることであろう。復刊の意義は、この一点にある。

板垣鷹穂は戦後の美術史界ではほとんど忘れられた存在であったが、近年にわかにその業績に対する関心がよせられるようになった。『彷書月刊』は古本屋通いをしている者にはよく知られている雑誌だが、二〇〇七年三月号（二五七号）には、「板垣鷹穂

＊板垣鷹穂『建築』初版本
育生社弘道閣
一九四二（昭和一七）年

の照準儀」という特集が組まれている。こうした動向は古書値にも反映されているようで、板垣の戦前の本で「万」の単位で取引されるものも少なくない。このところの板垣再評価は、大正・昭和期の文化活動によせられる興味の上昇と連動した現象といってよいが、美術や建築のみならず、映画や写真、デザイン等にいたるまで幅広く考察を展開している板垣の知的営為をはずして、時代の文化的相貌は把握しがたいという共通認識が生まれつつある。

二〇〇三年九月二七日に、筑波大学の五十殿利治を中心とした企画「板垣鷹穂シンポジウム」が早稲田大学で開催された。基調報告（五十殿利治「板垣鷹穂の現在性」）に続いて研究発表（安松みゆき「美術史家板垣鷹穂の軌跡」・吉田千鶴子「東京美術学校における板垣鷹穂」・鬼頭早季子「板垣鷹穂と堀野正雄の共同実験」・河田明久「板垣鷹穂―戦時下の思考―」・鈴木貴宇「モダニストと戦争」・川畑直道「批評空間としてのブックデザイン」）がおこなわれ、そのあと長谷川堯・岩本憲児・川崎賢子・五十殿利治の四氏が壇上で板垣についての見解をのべ、最後に髙橋榮一が総合コメントを付した。このシンポジウムのなかで板垣が晩年に勤めた早稲田大学の教え子である長谷川と髙橋がおなじ思い出を語っている。髙橋のコメントから引く。「あるとき先生に、一番お気に入りのご著書は何ですかと伺いました。すると一言――長谷川さんがおっしゃったように――『建築』。余計なことはおっしゃらないで、『建築』と。ちょっと嬉しそうになさるのです。あとの本は見つかったら全部焼いてくれ、とおっしゃる」（『板垣鷹穂シンポジウム報告書』二〇〇四年一月）。

＊『板垣鷹穂シンポジウム報告書』
板垣鷹穂シンポジウム実行委員会
二〇〇四（平成一六）年

数ある板垣の著作のうちから、武蔵野美術大学出版局が『建築』をあらたに上梓しようとしたのは、これが卓越した内実をそなえており、かつ板垣自身の自薦した一書であったからである。

武蔵野美術大学出版局が『建築』の復刊を実現しようと思い立ったのは二〇〇六年の夏であった。その解説は髙橋榮一（早稲田大学名誉教授）に依頼された。すでに髙橋は病巣をかかえていたが、恩師の著作への理解をうながすこの仕事をよろこんでうけた。体調の波もあって、筆はなかなかすすまなかった。しかし、髙橋は、死の数日まえまで、病床にあって、筆記具を手にして解説の想を練っていた。それができなくなると、朦朧となりかかる意識をたてなおしながら付き添う家人に口述筆記をたのんだが、二〇〇七年八月七日、脱稿をはたせずに息をひきとった。書きだしのある程度まとまった部分と、記述すべき内容の要点を書きとめた断片の幾葉かがあとに残された。解説の冒頭を髙橋は以下のように書いた。

本書は、昭和一七年一〇月初版刊行の同名著書の復刻版である。巻末の著者の「後記」にあるとおり、目次に掲げた項目は、昭和一二年から足かけ六年にわたり、岩波書店発行の雑誌『思想』に随筆のかたちで連載されたものである。どの主題も幅広い読書層に大きな反響を呼び、連載の完結を待ちわびるかのように、その半年後には育生社弘道閣よりほぼ構成を変えることなく『建築』と題する単行本として刊行されたのが原著である。

著者の板垣鷹穂は、二八歳の大正一一年、改造社刊『新カント派の歴史哲学』を皮切りに、昭和三八年発行の雑誌『美学』所載の論文「史的認識と価値判断——芸術史学の一課題——」に至るまで、七一年の生涯をつうじて、およそ芸術にかかわる広範な課題について数多くの著書や論文の筆をとり、あるいは講演や対談のかたちで、大正・昭和の言論界に文字どおり指導的な役割を果たしてきた。大学や専門学校など教育の現場においても後進の育成に情熱を傾けた板垣は、文字通り終生現役を貫いたことでもしられている。

その論考は、美術史と建築史を中心に据えながらも、写真やデザインの評論など、まさにその時代の先端を拓く分野から、映画、そして文学と、文字通り多岐にわたっており、豊かな感性に裏打ちされた明快な分析が、それぞれの領域での先駆者として、同時代の人々に大きな影響を及ぼした。

近年、とくに国際的に注目を集めつつあるわが国の建築界を中心に、「板垣再評価」の声をしきりと聞く。彼の業績をめぐる論文の発表やシンポジウムの開催の続くありさまを見るにつけ、われわれは改めて時代を先駆けた彼の識見の高さ、その存在の大きさを実感せずにはいられない。

あらためて本書をひもとく人は、総数四四編からなる目次の構成に驚かれるかもしれない。あつかわれるのは建物の構造体であったり、社会生活に欠いてはならぬ公共施設であったり、壮麗な記念建造物であったりする。またときには住む人の趣味をうかがわせる住居への想いが語られ、共同体を支える都市の性格が史的変遷のなかで論じられる。
この幅の広さ、視野の広さ、洞察の深さは、建築という名のさまざまな人間の営みに注ぐ彼の柔軟で暖かいまなざしからもたらされたものであって、彼が好んで口にした言葉「創造的個性の伸展」にその姿勢がよく表れている。

このほかの多くは、心覚えの走り書きだが、それらに目をとおすと、髙橋は、板垣の独自な思考や眼の形成の背景をさぐり、どう書けば本書に体現されているその精神や感性を読者に解説しうるかを模索していたようである。
髙橋の記述を引いてみよう。

著者が美術史や建築史の研究を志し、はやくも学会・論壇に多角的な活躍を始めた時期、ヨーロッパでは、独墺系の研究者を中心に、芸術史学の分野にめざましいばかりの新展開をみせはじめた時代にあたる。その成果をわが国でいち早く吸収したばかりか、画期的な視点で構成された「体系」にひそむあらたな課題の指摘や的確な批判が、著者に大きな発展の契機をもたらしたように思われる。

この記述のなかで髙橋が言いたかった要点は、美術史上に画期的な様式論を打ち立てたかに見えるウィーン学派のリーグルやバーゼル学派のヴェルフリンのような「体系化」に刺激されながらも、そういった「型」に美術をはめこむようなありかたを板垣はとらなかったということである。「プロクルステスのベッドのような論考を、板垣先生は嫌っておられたのです」と髙橋は私に語ったことがある。伝説によれば、強盗プロクルステスはつかまえた旅人をベッドに寝かせ、その身長を寝台にあわせて切断したり、無理に引き延ばしたりしたという。

小林多喜二は豊多摩刑務所の独房で板垣の『美術史の根本問題』（天人社、昭和五年）を「大変面白くよみ、急に、何か書きたく」なり、著者に手紙をしためた（「古い手紙 小林多喜二氏のこと」『観想の玩具』所収、大畑書店、昭和八年）。このプロレタリア文学者は板垣に「ぼくがあなたに一番大きな不満を感じたことは、マルクス主義の基礎である唯物弁証法を、その他の例へばリーグルやウエルフリンの「学派」と同列に、即ち相対的に理解してゐることです」と訴えた。さらに小林は言う、「あなたは一つの「史観」と歴史の「理解」の間に、大変懐疑的であるやうに思ひます」と。板垣の立場からのべるなら、おそらく史観という物差しに理解を追随させることよりも、人間を介在させた動態としての歴史は、定点を構える史観の目盛を常に逸脱するのであって、そこに生ずるブレやズレをも見据えた探索にこそ活きた芸術史の課題はあるのだ、ということになろうか。

髙橋は書いている。

これら諸説が板垣にもたらした示唆は少なからぬものがあった。しかしこれらの諸説が明快な体系化を目指すがゆえに根本的な課題の残されていることにも彼は気づいていた。彼が抱いた疑念について、実証による裏づけを手にするためにも、このような時期での滞欧は貴重かつ決定的な機会であった。滞欧という現地・現実の体験は、板垣の疑念を裏付け、「体系」に収まりきれないのが人間であり、とりわけその矛盾を包含しつつ人間が造りあげたのが芸術であり、その歴史であることを、彼に確認させた。

板垣のヨーロッパ留学期間は一九二四（大正一三）年夏から翌年の春までである。年齢にすれば二九歳から三〇歳にかけての半年あまりの短い滞在であった。板垣は新伝記叢書の一巻『レオナルド・ダ・ヴィンチ』（昭和一八年、新潮社）のなかに、ミラノのサンタ・マリア・デッレ・グラツィエ教会でレオナルドの《最後の晩餐》を目にした際の思い出をこんな風に書いている。高橋の指摘が確認されることであろう。

「私は食堂の中を歩きながら、室内空間と壁画との関係を遠近法の扱ひかたに就いて目測したり、食卓の配列形式を想像の中に描いてみたりしながら、レオナルドが目論んだ写実的な迫真性を今更のやうに思ひ出し、学生時代に信用してゐた美術史家の学説を根本的に疑ふ気持になつた。ハインリヒ・ウェルフリンが『Die klassische Kunst』〔『古典美術』〕の中に述べてゐる解釈が、この学者の抱く形式主義的芸術論に過ぎないことも良くわかつた。日本の書斎で書物から受けた知識が、ここでもまた訂正されるのを感じた。／何かしら眼の展けて来るやうな悦びであつた」。

同じ話は本書の「僧院」のなかにも書かれている。

板垣は、リーグルをも批判の俎上にのせることをためらわなかった。晩年の論文「史的認識と価値判断——芸術史学の一課題——」（『美学』五四号、一九六三年）では、ブルクハルトに言及しながらリーグル学説の問題点を決然と批判している。いわく、「……（ブルクハルトは）いわゆる「バロック」の中にも、優れた点はよく理解し、悪作を否定したのである。リーグルのようにKunstwollen〔芸術意志〕で玉石混同し、この「価値関係」だけで全部を否定しようとする態度とは、根本的にちがっている。「学説」の色眼鏡で強引に価値を認めさせるようなことはしなかったのである。私はリーグル独自の功績は認めている。然し、上記の点はハッキリ指摘する。」と。

板垣の、リーグルやヴェルフリンあるいはヴォリンガーやドヴォルジャークといった理論家たちの言説にたいする疑義は、すでに大正一二年から昭和五年に発表した論考をまとめた『美術史の根本問題』に十分表明されているし、この態度はそれ以降もゆらぐことはなかった。そしてかれらの対極に位置づけたブルクハルトに対する尊敬の念も生涯かわるところなくずっと抱き続けていた。

髙橋は言う。

芸術史学に一期を画した理論家たちと正面から向き合った板垣であったが、一人敬愛の念を隠さなかった存在を忘れてはなるまい。ヤーコプ・ブルクハルトである。彼の大著『チチェローネ』は、ルネッサンスとバロック期のイタリア建築に限っても、膨大な数の作例をめぐる簡潔な記述のゆえに、ともすれば一種の「総

にとって、文字通りの「チチェローネ＝道案内」であったことがわかる。

をこめた引用や言及を見るにつけ、このスイスの碩学の仕事が、欧州を歩く板垣

覧」と誤解されかねない面を含む労作であった。しかし本書〔『建築』〕の随所に共感

本書末尾近くに収められている「建築史観」は、一九四二〔昭和一七〕年二月号の『思想』に掲載された文章であるが、初出誌の稿末には〔追記。「建築史家」「建築史学」「建築史観」の三篇は、ブルクハルトを主題に求め一組にまとめたつもりである。〕と記されている。「建築史観」のなかにある板垣の以下のような述懐も、ブルクハルトの業績への讃辞だと言ってよい。「私はローマ滞在中バロック様式の建築に興味を感じてゐたので、帰つてからもこの方面の主だつた著書は相当に眼を通したが、私が特に注意し専門家の研究にも指摘されてゐるやうな当代遺構の性格は、殆ど総て「チチェローネ」の中に記されてゐるのである」。

板垣の『建築』は「階段」から語りだされている。そのなかで、板垣はさりげなくローマのサンタ・マリア・マジョーレ寺院の背面にある階段に言及している。髙橋は、武蔵野美術大学出版局の編集担当者にこう語ったという。「板垣先生が『建築』を〈階段〉から始められたのは、きっとブルクハルトですらあの美しさに気づいていないぞ、というところを最初に書いておきたかったのですね。板垣先生が、ブルクハルトそのままではなくて、ブルクハルトを咀嚼して、ご自分の見方で、独自の考え方で、建築を見ていたということがよくわかります」と。

「建築史家」のなかで板垣は、ブルクハルトが少年時代に描いた人形芝居の背景画にふれ、「ゴート式寺院の内部やイタリア風の庭園を描いて幼ない得意さを楽しむブルクハルトを想像するのは、私にとつても楽しい追憶である」と書いている。板垣はきっとブルクハルト少年の姿に幼少時代の自分を重ねながらこの文章を綴っていたのであろう。本書にはときおり板垣の少年期の回想がはさみこまれている。たとえば「新都」に記述された中学時代の横浜での思い出——「そのころの私には、外国土産にもらふ写真帳と船会社のカタログとが一番気に入つた本で、暇さへあればさう云ふ本を取り出して勝手な空想を描いてゐたものである」——といった述懐のうちに浮かびあがる板垣の姿は、自ら描いた背景のなかで人形をあやつりながら空想の庭で遊ぶいとけなきブルクハルトの姿に通じていよう。

板垣の少年時代の回顧には、かすかに孤独の影がはかれている。駿河台の邸内での記憶を語る際の「五歳のときに会つた母の臨終前後の有様は、この家を背景として系統だつた印象にまとまつてゐる」（「家」）といった調子もそうだし、次のような叙述にも短調はひびいている。「冬の朝陽がこの窓にさしはじめるころ、女中が室にはこんで来るトーストと紅茶の食事をすませると、次の訪問者は一匹の白猫にきまつてゐた。鳴声を待つやうに扉を開けてやると、猫はまつすぐに室内を横ぎり、この窓縁に置いてあるクッションに飛びあがる。それが毎日の習慣であつた。また夕方になると、室内が薄暗く沈み南側の窓だけが明るく浮出して、夕陽をうけたステンドグラスの色が鮮かな朱味を帯びるのであるが、私はそれを眺め、幼なく甘く取りとめのない空想を楽しんでゐた。当時の私が甘えながら親しむ相手は、この一枚のステンドグラスのほかになかつたのである」(「硝子」)。

このようなちょっとした挿話が、冴えた理知と鋭敏な感性の骨組みのあいだに、人間的な微光をそそぎ、やわらかなグラデーションをそえ、本書に魅力的なニュアンスを付与している。空想のなかに楽しみを見出す少年時代からのくせは、ずっとのちまでも板垣から消えることはなかったし、「塔」に書かれている「積木を弄ぶ子供達」の「愛すべき童心」も保持されていた。本書のなかにいくどとなく使用されている「若し仮に」というフレーズは、きっとそうした「空想」や「童心」の変奏なのであろう。

髙橋があまりふれていないところに言及しておく。髙橋は西洋美術史研究者であったから、メモにのこした大半はヨーロッパ、とりわけ自身にとってもなじみ深いイタリアの建築についてであったが、一読すればわかるとおり『建築』には板垣自らが身を置く同時代の日本の建築についても多くのページがさかれている。この本の魅力は、遠い異国の過去の構築物から、当時のわが国の建物までを俯瞰し、地域や時間を自在に横断して、建築と人間の眼が接する活きた空間の諸問題を具体的に鋭く切り取って、読者に開示し、その本質的な要点をぴたりと指摘しているところにある。一例を示す。

「窓と壁」において、板垣はローマのパラッツォ・ファルネーゼと東京の丸ビルがほとんど同じ高さであることをさらりと指摘する。そして高さにかわりがないのに、見上げたときの効果に著しい差異がうまれるのはなぜか、と問う。前者の「気品と威力」「跪拝したくなるほどの厳粛さ」に対して、後者の「大きさの効果を故意に殺し建築固有の品位を強ひて卑下してゐるやうな」造形の相違の原因、それを板垣は「窓と壁とのプロポーション」に集約し、簡潔に語っている。さらに板垣は、当時の日本の建築のなかに、「窓と壁との構成する外観の面白い作例」をひろいだす。大阪のそごう百貨店について、板垣は「軽い弧線を引く道路にそうて九階の高さに聳えてゐるが、壁と窓とが外面の全長に亙つて中断されることのない横縞を描いてゐる。昼間には壁が明るく窓が暗く、夜になると反対に、壁が暗く窓が明るくなる」と記しているが、その眼は、ともすれば見落としがちな夜の建物の表情までしっかりと観察している。

そごう百貨店は村野藤吾の設計である。板垣がこの建築家を高く評価していたことは、村野の比叡山ホテルを「注目に価する優秀作」（観光地区）と賞賛し、独逸文化研究所を「感覚の細かい関西の建築家M氏の設計である」（古都）と紹介し、都ホテル新館について「いつまでも住んでゐたい欲望を誘はれた」（浴室）と述べているところからもわかる。「古都」のなかに「関西地方の主要都市で最も活躍してゐる建築事務所の経営者で…（略）…しかも、充分に思考の訓練をもつ人」と評されたZ氏も村野のことである。

板垣は晩年に早稲田大学の教授となった。式典のおりに着るガウン姿の写真＊がのこされている。背景は一九六二年竣工の早稲田大学文学部校舎である。村野の設計であった。

＊早稲田大学のガウン姿の板垣
一九六五（昭和四〇）年頃

最後に、通し番号を付して、初出一覧をまとめておく。

1 階段 『思想』第一八二号 昭和一二年七月号
2 柱 『思想』第一八四号 昭和一二年九月号
3 窓と壁 『思想』第一八六号 昭和一二年一一月号
4 屋根 『思想』第一八七号 昭和一二年一二月号
5 天井 『思想』第一八九号 昭和一三年二月号
6 正面 『思想』第一九〇号 昭和一三年三月号
7 塔 『思想』第一九二号 昭和一三年五月号
8 昇降機 『思想』第一九三号 昭和一三年六月号
9 病院 『思想』第一九四号 昭和一三年七月号
10 百貨店 『思想』第一九五号 昭和一三年八月号
11 学校 『思想』第一九六号 昭和一三年九月号
12 停車場 『思想』第一九八号 昭和一三年一一月号
13 新聞社 『思想』第一九九号 昭和一三年一二月号
14 美術館 『思想』第二〇一号 昭和一四年二月号
15 墓 『思想』第二〇二号 昭和一四年三月号
16 家 『思想』第二〇四号 昭和一四年五月号
17 柱（正篇） 『思想』第二〇五号 昭和一四年六月号
18 記念地域 『思想』第二〇六号 昭和一四年七月号
19 工場地帯 『思想』第二〇七号 昭和一四年八月号
20 観光地区 『思想』第二〇八号 昭和一四年九月号
21 建築政策 『思想』第二〇九号 昭和一四年一〇月号
（「特輯　文化創造と文化混淆」）
22 娯楽街 『思想』第二一〇号 昭和一四年一一月号
23 事務街 『思想』第二一一号 昭和一四年一二月号
24 商店街 『思想』第二一二号 昭和一五年一月号
25 本山 『思想』第二一三号 昭和一五年二月号
26 王宮 『思想』第二一四号 昭和一五年三月号
27 博覧会 『思想』第二一七号 昭和一五年六月号
28 古都 『思想』第二一八号 昭和一五年七月号
29 新都 『思想』第二一九号 昭和一五年八月号
30 廃都 『思想』第二二〇号 昭和一五年九月号
31 橋 『思想』第二二二号 昭和一五年一一月号
32 門 『思想』第二二三号 昭和一五年一二月号
33 浴室 『思想』第二二四号 昭和一六年一月号
34 書斎 『思想』第二二五号 昭和一六年二月号
35 茶室 『思想』第二二六号 昭和一六年三月号
36 僧院 『思想』第二二八号 昭和一六年五月号
37 礼拝堂 『思想』第二二九号 昭和一六年六月号
38 洗礼堂 『思想』第二三〇号 昭和一六年七月号
39 国立公園 『思想』第二三一号 昭和一六年八月号
40 硝子 『思想』第二三二号 昭和一六年九月号
41 街道宿 『思想』第二三三号 昭和一六年一〇月号
42 建築史家 『思想』第二三五号 昭和一六年一二月号
43 建築史学 『思想』第二三六号 昭和一七年一月号
44 建築史観 『思想』第二三七号 昭和一七年二月号
45 映写室 『思想』第二三九号 昭和一七年四月号

「後記」にあるとおり、本書におさめる際に「柱」と「家」には手が加えられた。

「柱」は、初出17の「柱（正篇）」のあとに、初出2の「柱」をおいた形にまとめられている。一節〜三節までが前者、四節〜六節が後者である。末尾の一行は「さう云ふ意味では、この柱列も、一種の教訓を暗示してゐるのである」と閉じられているが、初出では「ところが、三菱銀行の石柱では、上記の解り切つた「常識」が守られてゐないばかりか、「柱の解剖学」や「柱の生理学」まで完全に無視されてゐる。元来が現代建築に内在する必然性をもたない「柱」のことだから、伝統を無視した設計は常に拙い「模写のくづれ」でしかあり得ぬであらう。／断るまでもなく、此処には「柱の模写」だけを問題にしたから三菱銀行が悪役を演じる結果になつたが、同じ標準で現代日本の建築作品を評価すれば、三井銀行本店が最も出来の良い建物であると云ふ結論になつてしまふ」云々と書かれている。「家」の大きな改変部は五節の冒頭あたりの記述で、そこが「病院」の二節末尾の巣鴨拘置所参観の記憶にふれた部分と類似しているので、書き改めたのである。

本書の『思想』連載時のタイトルは「建築随筆」であった。一九九号の「新聞社」から稿末に（建築随筆）と記されはじめた。上記初出一覧で確認できるように、この随筆は昭和一二年七月号から昭和一七年四月号にかけて連載された。この雑誌には、同時期に児島喜久雄の「塡空随筆」が併載されている（昭和一二年五月号〜昭和一六年九月号）。児島は昭和一二年に東京帝国大学の助教授、同一六年に教授となった美術史家である。「塡空随筆」も名随筆として名高く、昭和二四年に一書にまとめられ全国書房より上梓された。

　板垣と児島とでは、今日の一般的な知名度からいっても、評価にしても、まだずっと児島の方が高いが、この二人は互いに互いをみとめあっていた。七歳年上の先輩児島とパリですごした時間は板垣にとってかけがえのない思い出でもあった。

「レオナルドに因む追憶」（前掲『レオナルド・ダ・ヴィンチ』所収）に、板垣は書いている。

「私にとつて最後の滞欧生活となつたこの半月余り、私は殆ど毎日の午後を児島喜久雄さんと語り過した。午前のうち私はルーヴル美術館に残つた調べものを片付け、午をまつてレオナルドの作品を陳列した長廊にゆく。廊の中央に一つだけ置いてある「聖アンナ」の前に、脚榻に乗つて模写をしてゐる児島さんの後姿がみえる。此処に待ち合はせて昼食を共にし、夕方まで話すのが私の日課である。学生時代の私を懇切に指導された先輩から、遽しい旅を終つて日本に帰る後輩に贈られた厚い好意である」。

　板垣に対する児島の友愛の情は、一枚の油彩画＊によくあらわれている。ふたりの連載が『思想』の誌面をかざっているころ、児島は板垣の肖像画を描いている。画面の左上には「一九三八年の秋、わが友はおよそかくのごときであった」と児島はドイツ語で記している。

　おそらく「建築随筆」の最良の読者は児島であったし、「塡空随筆」をよく味読した筆頭は板垣であったろう。両者のあいだにかわされた幸福な刺激の触発が、このふたつのすぐれた随筆を生んだともいえよう。

　板垣にとってはまことにうれしい連載であった。

＊児島喜久雄の描いた板垣鷹穂の肖像
一九三八（昭和一三）年

「この連載随筆ほど「住み心地の良い境地」を得た経験は、私の生涯を通じて他になかつたやうである」と板垣は「後記」に書いている。

＊板垣の著作からの引用は、原本に即した仮名遣いを採用した。

板垣鷹穂年譜

一八九四（明治二七）年
一〇月一五日、医師板垣亨の長男として東京市神田区駿河台に生れる。四歳のときに実母逝去

一九〇七（明治四〇）年　一三歳
独逸学協会学校中学入学、大正元年、同校卒業

一九一三（大正二）年　一九歳
第一高等学校第三部入学

一九一五（大正四）年　二一歳
同校退学後、東京帝国大学文科大学哲学科撰科生として西洋美術史を学ぶ（大正一〇年三月まで）

一九二一（大正一〇）年　二七歳
東京美術学校講師、西洋美術史担当（昭和五年一二月まで）。日本大学法文学部美学科講師、西洋美術史担当

一九二二（大正一一）年　二八歳
『新カント派の歴史哲学』改造社、『西洋美術史概説』岩波書店

一九二三（大正一二）年　二九歳
平山なお（板垣直子、文芸評論家）と結婚。その後、長女哲子、次女禮子の娘に恵まれる。慶応義塾大学文学部講師、西洋美術史担当（隔年、昭和一九年九月まで）。『西洋美術主潮』岩波書店

「東大美学研究室、矢代君うつす」
一九二〇年頃　←

「大塚稔がパスポート用にうつしてくれた。人間をうつしたのははじめてだと言った。」
一九二四（大正一三）年頃　←←

1

一九二四（大正一三）年　三〇歳
文部省在外研究員（私費）として八月より翌年春まで欧州（英、仏、独、伊）に滞在。シュミット著『現代の美術』（翻訳）岩波書店、『西洋美術史要』岩波書店、『表現と背景』改造社

一九二五（大正一四）年　三一歳
東京女子大学講師、西洋美術史担当（隔年、昭和四年まで）。法政大学文学部講師、西洋美術史担当

一九二六（大正一五）年　三二歳
『イタリアの寺』大燈閣[1]

一九二七（昭和二）年　三三歳
『フランスの近代画』岩波学芸叢書、『民族的色彩を主とする近代美術史潮論』大燈閣

一九二九（昭和四）年　三五歳
帝国美術学校（現武蔵野美術大学）講師、西洋美術史担当（昭和四一年まで）。坂倉準三らと『新興芸術』、『機械と芸術との交流』岩波書店[2]、『国民文化繁栄期の欧州画界』芸文書院

一九三〇（昭和五）年　三六歳
堀野正雄とコロンブス号等の「機械建造物」を撮影（春から一年間）。『伊太利亜美術史』春秋社、『新しき芸術の獲得』天人社、『優秀船の芸術社会学的分析』天人社[3]、『美術史の根本問題』天人社[4]、増訂『西洋美術史要』岩波書店

一九三一（昭和六）年　三七歳
民衆娯楽調査委員会委員（文部省嘱託、昭和一四年まで）。明治大学文芸学科講師、美術解説担当（昭和八年に教授に就任。美術解説、戯曲、映画研究等担当）。東京写真専門学校（現東京工芸大学）非常勤講師、芸

2

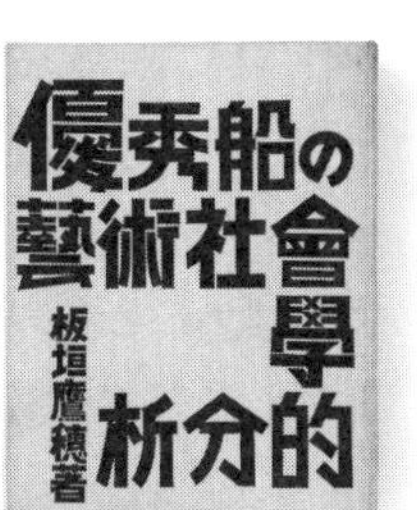

3

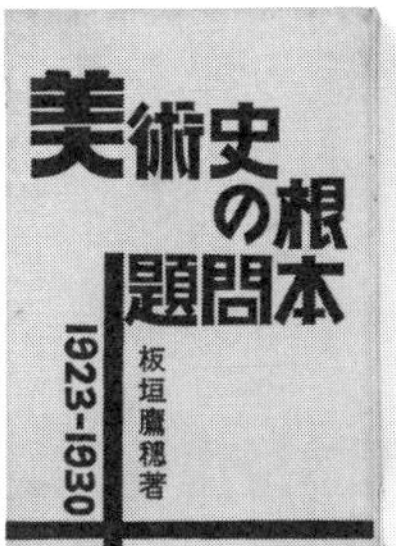

4

術学担当。新興写真研究会（堀野正雄、木村専一らが結成）顧問に就任。『建築の様式的構成』刀江書院、『芸術的現代の諸相』六文館、増訂版『近代美術思潮論』六文館、「イタリア寺院様式史の一提案」を『大塚博士還暦記念美学及芸術史研究』岩波書店に寄稿

一九三二（昭和七）年　三八歳

『芸術界の基調と時潮』六文館、『現代芸術の展望』六文館、『芸術閑考』六文館、堀口捨己と『建築様式論叢』[5] 六文館を編著

一九三三（昭和八）年　三九歳

『現代の建築』岩波書店、『観想の玩具』大畑書店

一九三五（昭和一〇）年　四一歳

都市美協会評議員（任期二年）。国際文化振興会事業部写真委員会委員。大東京建築祭の写真懸賞審査、ポスター、映画「建築の東京」の制作に関与

一九三六（昭和一一）年　四二歳

映画「小学校」を谷口吉郎らと制作（翌年八月六日、第七回世界教育会議映画部会で上映）

一九三七（昭和一二）年　四三歳

『現代日本の芸術』信正社

一九三八（昭和一三）年　四四歳

ヴェネチア映画祭出品作品審査委員。「軽井沢風物を描いた写真」展を企画（野島康三とともに審査・展示）

一九三九（昭和一四）年　四五歳

演劇、映画、音楽等改善委員会映画部会主任（内閣、昭和一六年まで）。都市美協会常務理事（昭和一六年まで）。石川栄耀とともに雑誌『都市美』編集に加わる

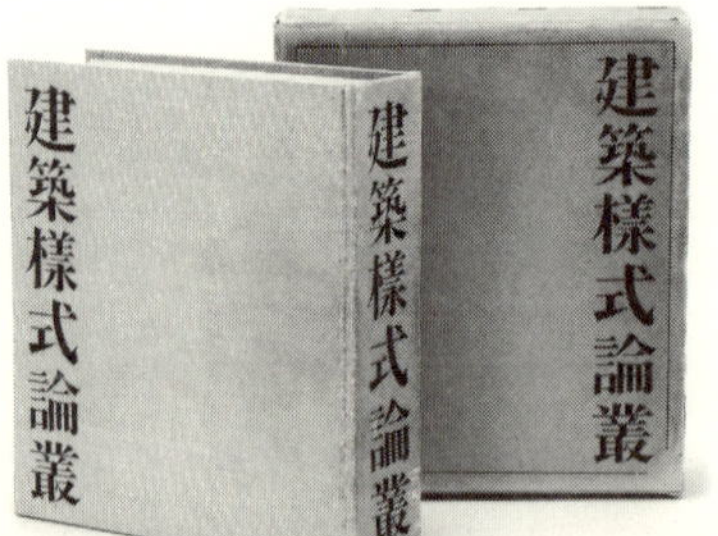

5

「昭和九年、渡辺義雄うつす」
軽井沢の板垣邸、一九三四年

「野島康三邸、衣笠貞之助、長谷川如是閑、木村伊兵衛、原弘」
一九四〇（昭和一五）年頃 ←

一九四〇（昭和一五）年　四六歳
鉄道省嘱託（昭和一八年まで）。映画教育中央会評議員（文部省）。国民映画制作審査委員会委員（情報局）。『ミケランジェロ』新潮社

一九四一（昭和一六）年　四七歳
東京高等師範学校（現筑波大学）非常勤講師、西洋美術史担当

一九四二（昭和一七）年　四八歳
『レオナルド・ダ・ヴィンチの創造的精神』六興商会出版部、『建築』育生社弘道閣、『造形文化と現代』育生社弘道閣、『古典精神と造形文化』今日の問題社

一九四三（昭和一八）年　四九歳
『写実』今日の問題社、『民族と造営』六興商会出版部、『芸術観想』青葉書房、『レオナルド・ダ・ヴィンチ』新潮社

一九四四（昭和一九）年　五〇歳
『建築国策と史的類型』六興商会出版部

一九四七（昭和二二）年　五三歳
東京都都市美審議会委員。『肖像の世界』六和商事出版部、『写真は生きている』六和商事出版部

一九四八（昭和二三）年　五四歳
金沢美術工芸専門学校教授（昭和三七年三月まで）。『芸術概論』理想社

一九四九（昭和二四）年　五五歳
『映画の世界像』理想社

「昭和一八年、写専の校庭で学生が撮ってくれた。学徒出陣の近いころ、数人の生徒と共に撮ったときである。その学生がこれを引伸して宅にとどけてくれたものである。」一九四三年　「写専」は東京写真専門学校、現在の東京工芸大学

一九五〇（昭和二五）年　五六歳
東京都広告審議会委員

一九五一（昭和二六）年　五七歳
多摩美術大学講師、西洋美術史、芸術学担当。東京都博覧会審議会委員。『肉体と精神』雲井書店

一九五二（昭和二七）年　五八歳
『西洋美術史』武蔵野美術大学（通信教育課程教科書）

一九五四（昭和二九）年　六〇歳
東京大学文学部美学・美術史学科講師、建築美学担当。「別府駅前広場の装飾企画」に都市計画研究家として原案を提示（同年、完成）

一九五五（昭和三〇）年　六一歳
「小野田市モニュメント」に都市計画研究家として原案を提示（同年、完成）

一九五七（昭和三二）年　六三歳
早稲田大学文学部講師。魯迅訳『近代美術朮史潮論』人民文学社（北京）

一九五九（昭和三四）年　六五歳
早稲田大学文学部教授

一九六二（昭和三七）年　六八歳
『寺田寅彦』有信堂

一九六五（昭和四〇）年　七一歳
早稲田大学を定年退職。東京写真大学教授

一九五〇（昭和二五）年 ←

「一九五六年六月、武蔵美控、旧館最後の日」 武蔵野美術大学の前身である帝国美術学校時代から、板垣は「武蔵美」でながらく講師をつとめた ←←

一九六六（昭和四一）年　七月三日病没
八王子市富士見台霊園に眠る

一九八六（昭和六一）年
新装復刻『イタリアの寺』用美社 6

二〇〇八（平成二〇）年
復刊『建築』武蔵野美術大学出版局

〔安松みゆき編（協力・白政晶子）〕

6

＊書影以外の写真は板垣家アルバムより（板垣哲子氏、竹内禮子氏蔵）

建築
二〇〇八年一〇月一五日　初版第一刷発行

著者
板垣鷹穂

—

編集・制作
株式会社　武蔵野美術大学出版局

ブックデザイン
白井敬尚形成事務所

発行者
小石新八

発行所
株式会社　武蔵野美術大学出版局
〒一八〇-八五六六　東京都武蔵野市吉祥寺東町三-三-七
電話：〇四二二-二三-〇八一〇（営業）
〇四二二-二二-八五八〇（編集）
http://www.musabi.co.jp/

印刷・製本
株式会社　精興社

定価はカバーに記載されています
落丁・乱丁本はお取り替えいたします

Printed in Japan
ISBN978-4-901631-79-2　C0052